KB070206

시민의 광장으로 내려온 법정

시민을 위한 배심재판 입문

나남
nanam

김인회

1964년 부산에서 태어나 동래고와 서울대 법대를 졸업했다. 대학시절 학생운동과 노동운동에 참여했다. 1993년 제 35회 사법시험에 합격하여 1996년부터 변호사 활동을 시작했다. 민주사회를 위한 변호사모임 수석사무차장, 통일위원장, 사법위원장을 역임하고, 노무현 대통령의 참여정부 시절에는 청와대 사회조정비서관, 시민사회비서관으로 재직했다. 대법원 산하 사법개혁위원회 전문위원, 대통령 자문 사법제도개혁추진위원회 기획추진단 간사로 일했다. 서울대에서 박사과정을 수료하고 현재 인하대 법학전문대학원에서 형사법과 법조윤리를 강의하고 있다. 사람사는세상 노무현재단 상임운영위원을 역임했고 한국미래발전연구원 원장을 맡고 있다.

저서로는 《형사소송법》, 《문재인, 김인회의 검찰을 생각한다》(공저), 《법조윤리》(공저), 《로스쿨 실습과정》(공저), 《이토록 아찔한 경성》(공저), 역서로는 《전락자백》(공역)이 있다.

나남신서 1853

시민의 광장으로 내려온 법정
시민을 위한 배심재판 입문

2016년 3월 20일 발행
2016년 3월 20일 1쇄

지은이_ 김인회
발행자_ 趙相浩
발행처_ (주) 나남
주소_ 413-120 경기도 파주시 회동길 193
전화_ (031) 955-4601 (代)
FAX_ (031) 955-4555
등록_ 제 1-71호(1979.5.12)
홈페이지_ http://www.nanam.net
전자우편_ post@nanam.net

ISBN 978-89-300-8853-4
ISBN 978-89-300-8655-4 (세트)
책값은 뒤표지에 있습니다.

나남신서 1853

시민의 광장으로 내려온 법정

시민을 위한 배심재판 입문

김인회 지음

나남
nanam

시민사회 속에
국민참여재판 바로 세우기

한승헌(변호사)

우리나라의 국민참여재판은 노무현 정부 때 이룩된 사법개혁의 일환으로 제도화되었다. 국민주권의 원리를 사법 분야까지 확장시켰다는 점에서 국민참여재판의 도입은 참으로 획기적인 진전이었다. 그러나 법률전문가가 아닌 일반시민 중에서 무작위로 선정된 배심원이 형사재판이라는 고난도의 직무를 감당하기에는 어려움과 걱정이 따를 수밖에 없다. 그것은 사건의 심리 및 평의 과정에서 직업법관으로부터 듣는 몇 마디 설명이나 간략한 〈배심원 안내서〉를 통해 해소될 문제가 아니다.

사실, 직업법관도 하기 어려운 재판에 일반시민이 참여하는 것은 위험한 일면이 없는 것도 아니다. 그러나 우려와 달리 제도 시행 초기부터 배심원들의 평결이 대부분 재판부의 판결로 받아들여지는 것을 보고, 법조계와 언론에서는 긍정적인 반응이 나왔다. 우리나라에 낯선 제도인 배심제의 연착륙에는 배심원으로 참여하는 시민들의 양식과 의식수준이 크게 작용한 것으로 보인다. 다행스런 일이 아닐 수 없다.

그러나 법률지식이 많지 않은 일반시민이 참여한 배심재판의 잠재적 위험과 부작용에 대해 결코 방심할 수 없다. 국민의 인권과 사법 정의를 위해서도 배심원들의 법에 대한 지식과 이해를 높이는 일은 매우 절실하다. 또한 '국민에 의한 재판'이라는 민주적 자부심을 위해서도 이 점은 진지하게 강조되어야 한다.

이 책의 저자 김인회 교수는 사법제도개혁추진위원회(2005~2006년)가 바로 이 국민참여재판 제도의 최종 성안 작업을 할 때 그 기획추진단 간사로서 법안 완결의 중심에서 일했던 분이다. 그러기에 이 저서는 문자화된 법조문의 풀이에 그치지 않는다. 국민참여재판의 입법 정신과 생성 과정, 그리고 우리 사회에서 새로운 규범으로 자리 잡기 위한 개혁방향이 아울러 반영된 깊이 있는 저술로 평가받기에 모자람이 없다.

또한 저자는 변호사이자 교수로서 법과 재판의 이론과 실무를 겸비한 위에 민주화와 인권운동의 현장까지 경험한 사람이다. 그만큼 참다운 민주사법의 구현을 지향하는 신념과 열정이 이 책에도 짙게 배어 있어서 더욱 값지다고 하겠다.

이 책은 또한 저자 특유의 쉬우면서도 깊이 있는 문장, 그리고 시민사회를 뒤흔든 생생한 이슈들이 돋보인다. 지금까지 법률서적이 벗어나지 못했던 건조함과 난삽함, 그리고 해석법학의 틀에 갇힌 지루함이 이 책에서는 잘 극복되었다.

입문서처럼 친절하면서도 전문서 못지않게 자상하고 깊이 있는 책이다. 이 책이 널리 읽힘으로써, 배심원의 기본 자질과 판단 역량이 강화될 뿐 아니라, 배심원 되기를 회피하거나 망설이는 시민들에게도 사법 참여의 의지와 긍지를 북돋아 주는 촉매가 될 것으로 믿는다. 그런 의미에서도 이 책이 법조계와 학계는 물론, 공직사회 및 시민단체의 여러분과 학생 수험생들에게 널리 읽히기를 바란다. 그리고 이런 역작을 출간한 저자에게 경의를 표한다.

지금 국회에는 대법원 국민사법참여위원회가 입안하고 법무부가 손질한 개정법률안(국민참여재판 최종형태 안)이 제출되어 있다. 거기에는 "재판부가 유무죄의 판단을 할 때에는 원칙적으로 배심원의 평결 결과를 존중하지 않으면 안 된다"는 '배심원 평결 존중 의무' 조항이 들어 있다. 법적으로 배심원 평결의 구속력을 인정한 것은 아니지만, 사실상 구속력에 준하는 힘을 부여한 것이다. 그만큼 배심원들의 판단에 강한 효력이 인정되는 단계까지 온 셈이다. 그렇다면 배심원들의 법과 재판에 관한 지식과 사고의 업그레이드는 더욱 중요하다.

이 책이 이런 전환기에 출간된 것은 참 시의적절하다. 이른바 '신청주의의 예외'라든가 '배제사유의 확대' 등 정부(검찰) 측 수정안에 끼어 있는 문제 조항, 즉 국민참여재판을 가로막는 장애물을 걸러내는 입법론을 판가름하는 데도 이 책은 좋은 논거를 제공할 것이다.

저자의 부단한 정진을 빌어 마지않는다.

이 책은 배심원으로 형사재판에 참여하는 시민을 위한 책이다. 형사재판은 범죄가 과연 발생했는지, 범죄가 발생했다면 지금 재판을 받고 있는 사람이 그 범죄를 저질렀는지, 범죄를 저질렀다면 범죄의 정도에 따라 어떤 형을 얼마나 선고하는 것이 바람직한지 결정한다. 무겁고 어려운 일이다. 만일 범죄가 살인과 같은 잔혹하고 무거운 범죄라면 더욱 어렵다.

배심원은 이 어려운 일에 심판자로 직접 관여한다. 판사가 도와주고 다른 배심원들과 토론을 거치지만 일반시민에게 법률과 재판은 여전히 생소하다. 배심원으로 선정된 이후 판사가 배심원의 임무에 대해서 설명하지만 이것으로는 부족하다. 배심원이 되는 시민들은 학교와 사회에서 형사재판과 배심재판에 대해 미리 교육을 받고 많이 접해봄으로써 좀더 친숙해져야 한다.

이 책은 이처럼 모든 시민들이 배심원이 될 가능성이 있지만 그에 대한 준비가 부족한 현실에서 배심원으로 참여하는 시민을 돕기 위해 마련되었다. 배심재판이 과연 무엇인지, 세계적으로 얼마나 시행되고 있는지 이해하면 배심원의 임무를 잘 알 수 있다. 형사재판에 대한 기본 지식을 이해하면 법정에서 벌어지는 복잡한 절차의 원리를 파악할 수 있다.

예를 들어, 피고인에게 불리한 진술은 하지 않아도 되고 유리한 진술은 할 권리가 인정되는 이유를 이해하면 자연스럽게 누가 범죄를 입증해야 하는지 알 수 있다. 범죄의 성립요건을 이해하면 과연 피고인이 범죄를 저질렀는지 더욱 정확히 판단할 수 있다. 형벌에 대한 이해가 깊으면 범인에게 가장 적합한 형벌이 무엇인지 생각해 볼 수 있다.

형사절차는 개인, 사회, 국가, 세계를 지탱하는 가장 기본적인 제도 중의 하나다. 즉, 인류가 사회를 이루면서 함께 시작되었으며 개념상으로 수사와 기소, 재판을 모두 포함한다. 범죄가 발생하면 이에 대응하는 것은 사람과 사회의 본성이다. 사실관계를 밝혀내고 그에 걸맞게 처벌하는 것, 이를 정의라고 부른다. 인류는 범죄와 형벌에 관한 한 고대부터 현대까지, 그리고 동양과 서양에 관계없이 정의를 실현하기 위해 노력해왔다. 다만 이러한 대응을 본능적으로 할 것인가, 아니면 문명화된 세련된 방법으로 할 것인가의 차이만 있다.

범죄는 먼저 개인에게 엄청난 영향을 미친다. 범죄가 발생하면 개인은 안정적인 가족생활이나 사회생활을 할 수 없다. 특히, 치명적 범죄가 발생하면 한 사람의 인생 자체가 바뀐다. 중대한 장애를 안고 평생을 살아야 할지도 모른다. 만일 살인이 발생하면 소중한 목숨까지 빼앗긴다. 하나밖에 없는 인생을 허무하게 마감하는 것이다. 범죄가 계속되면 범죄에 대한 두려움 때문에 개인은 자신의 미래를 설계할 수도 없다. 최근 시리아나 아프리카 지역 주민들이 죽음을 각오하고 난민이 되어 유럽으로 이동하는 것은 계속되는 전쟁과 범죄로 안정적인 생활을 할 수 없기 때문이다.

범죄는 사회와 국가에도 큰 영향을 미친다. 끔찍한 범죄가 발생하면 사회와 국가는 엄청난 충격에 휘청거린다. 범인을 찾아내 처벌하지 않으면 사회와 국가는 무능한 집단이 되고 재편을 강요받는다. 사회와 국가는 개인의 자유와 권리를 보호해야 하는 공동체로서 정의를 세워야 한다. 이것이 공동체의 본질적 역할이다. 이 역할을 제대로 하지 못해 범죄를 방치하면 사회와 국가는 존재 이유가 없다.

과거 국가가 개인보다 중요하다고 보는 이론이 있었다. 독일 나치의 이론이었고 일본 군국주의 이론이었다. 독재의 논리이고 특정 계급, 계층의 논리다. 다행히 독재의 논리는 민주주의와 인권의 발전으로 극복되고 있다. 특정 집단이나 계급이 아닌 다수와 개인을 존중하고 보호하는 민주주의와 인권의 발전으로 사회와 국가가 그 구성원인 개인을 존중하고 보호할 때 존재 가치가 있다는 점이 명확해졌다.

따라서 사회와 국가는 개인의 자유와 권리를 침해하는 범죄를 방지하고 처벌해야 할 의무가 있다. 국가가 이러한 의무를 다하지 않고 오히려 개인의 자유와 권리를 지속적으로 침해한다면 혁명이나 개혁을 통해서라도 이를 바꾸어야 한다.

최근 범죄가 국제화되면서 국제사회에도 큰 영향을 미치고 있다. 예컨대 테러, 마약·무기·인신매매, 조직범죄 등은 이미 국제화되었다. 여기에 더해 정보통신혁명, 교통혁명의 결과로 일반범죄도 국가 단위를 넘고 있다. 회사의 대표이사가 비자금을 조성해 외국 부동산을 구입하는 행위, 외국으로부터 마약이나 무기 등 금제품을 수입하는 행위, 외국에 서버를 두고 인터넷 판매 사기 혹은 보이스 피싱을 하는 행위, 국내에서 범죄를 저지른 후 외국으로 도주하는 행위 등이 자주 발생한다. 이러한 범죄의 국제화 경향은 국가 간 협조와 초국가적 조직의 창설을 요구한다.

범죄의 양상이 변화하고 민주주의와 인권이 발전함에 따라 형사절차도 변화, 발전해왔다. 먼저 범죄가 잔혹해지고 조직화, 대형화, 국제화되는 데 따른 대책이 필요하다. 그렇다고 과거처럼 범죄를 해결한다고 민주주의와 인권을 희생시켜서는 안 된다. 나아가 형사절차 자체를 현대의 가치인 민주주의와 인권에 맞게 개혁해야 한다. 민주주의와 인권의 가치에 맞도록 형사절차에서 국가공권력을 견제하여 남용하지 않도록 해야 한다. 이런 면에서 형사재판은 이중의 개혁과제를 안고 있다.

국가공권력이 남용되면 개인에게 치명적인 결과가 발생한다. 통제되지 않는 공권력은 무고한 자를 수사 대상으로 하여 고문과 폭행, 협박을 가한다. 공정한 재판을 거치지 않은 채 무고한 자를 처벌한다. 극단적인 경우 사형에 처하기도 한다. 이 과정에서 정치적 반대파, 소수파 지도자, 민주주의 운동가, 민중생존권 투쟁에 나서는 노동자와 농민 등이 희생된다. 먼 과거의 일이 아니다. 독일 나치, 일본 군국주의, 우리의 군부독재 시절의 이야기이다.

독일 나치 시절, 대학 구내에서 히틀러 반대 낙서를 하고 유인물을 뿌렸다는 이유로 대학생들이 단심으로 사형선고를 받은 일이 있었다. 우리에게는 '아무도 미워하지 않는 자의 죽음'으로 알려진 백장미단 사건이다. 일제 강점기에는 수많은 우리의 독립영웅들이 일제에 의해 희생되었다. 그리고 일본이 배출한 걸출한 민주 변호사인 후세 다쓰지 변호사도 「치안유지법」에 의해 처벌받고 변호사 자격을 박탈당했다. 후세 변호사는 일본 변호사임에도 조선인을 변호한 공로로 대한민국 애국장을 받은 인물이다.

우리도 예외는 아니다. 이승만, 박정희 정권 때에는 유독 많은 정치적 탄압이 있었다. 진보당 당수 조봉암이 사형되었고, 〈민족일보〉 조용수 사장 역시 사형되었다. 모두 정적을 제거하기 위한 국가권력의 음모였다. 조봉암과 조용수 사건은 모두 재심에서 무죄를 선고받았다.

박정희 1인 체제였던 유신시대에는 판사들이 가장 부끄러워한다는 전국민주청년학생총연맹(이하 민청학련)과 인민혁명당(이하 인혁당) 사건(1974년)이 있었다. 조작된 사건이었지만 8명이 사형되었다. 이들은 민주화 이후인 2000년에 들어서야 겨우 재조명되었고 재심으로 무죄를 선고받았다. 하지만 사법살인을 당한 8명의 목숨을 포함해 관련된 수많은 사람들의 인생은 회복되지 않는다.

군부독재의 연장이었던 전두환 정권 때에는 사법 역사상 최악의 재판인 송씨 일가 간첩단 사건(1982년)이 있었다. 피고인들이 영장 없이 불법연행되어 백 일 넘게 고문당하고 거짓자백을 했음에도 이 자백을 근거로 사법부는 유죄판결을 선고했다. 이 사건에는 국가안전기획부(이하 안기부), 검찰, 법원이 모두 개입되어 있었다. 이 사건 역시 재심으로 무죄를 선고받았지만 재심은 무려 27년 이후에 이루어졌다. 그동안 간첩으로 살았던 이들 피해자들의 인생은 어떤 보상으로도 회복될 수 없다.

민주화 이후 인권침해는 줄어들었다. 특히 김대중 정부, 노무현 정부를 거치면서 고문이나 폭행, 협박 등 노골적인 사건조작, 정치적 사건조작은 사라지기 시작했다. 구속자 수도 10만 명 줄었고 교도소와 구치소에 수용되는 사람도 2만 명 이상 줄었다. 하지만 이명박 정부,

박근혜 정부가 시작되면서 야당 정치인에 대한 탄압, 민주주의 활동가, 노동자, 농민에 대한 탄압은 강화되었고 정치적 의도로 많은 기소가 이루어지고 있다. 심지어 중국의 공무소 기록을 조작한 서울시 공무원 간첩조작 사건도 발생했다. 마치 옛날로 돌아가는 것 같다.

배심원이 형사재판에 참여하는 근본적 이유는 국가공권력이 개인의 자유와 권리를 침해하는 것을 막기 위해서다. 독재체제하에서 국가가 공권력을 동원해 개인의 삶을 침해하고 사회 정의를 무너뜨릴 때 형사재판은 최후의 보루로서 역할을 해야 한다. 법원이 인권의 최후의 보루가 될 수 있도록 해야 한다.

사법부가 공권력의 남용을 견제하고 인권의 최후의 보루가 되려면 시민이 직접 재판을 해야 한다. 판사만의 재판은 인권보호에 취약하다. 독재체제하에서는 더욱 취약하다. 판사는 국가공권력에 우호적일 수밖에 없는 공무원이고, 특히 우리나라처럼 관료조직에 속한 판사는 정치적 독립성이 약하다. 판사가 인권 보루의 역할을 하기 위해서는 민주주의가 완전히 정착되어야 한다. 재판에서 민주주의의 정착은 곧 배심제의 정착을 말한다.

배심제는 민주주의와 긴밀하게 관련되어 있다. 민주주의가 발전하면 배심제는 발전하고 민주주의가 쇠퇴하면 배심제도 후퇴한다. 역의 명제도 사실이다. 배심제가 발전하면 민주주의 역시 공고해진다. 노무현 정부 당시 한국형 배심재판인 국민참여재판이 도입된 것은 민주주의와 배심제의 관계를 잘 보여준다. 박근혜 정부 들어서 국민참여재판의 대상을 줄이는 개정안을 정부가 제출한 것 역시 민주주의와 배심제의 관계를 보여준다.

배심원은 시민 중에서도 국가의 사법업무에 능동적으로 참여하는 민주시민이다. 배심원으로 참여한다는 것 자체가 민주주의를 지키고 발전시키는 것이다. 단 한 명이라도 억울한 시민을 구한다면 이것은 곧 국가공권력을 견제하는 것이며 민주주의를 지키는 것이다.

이 책은 배심원이 형사재판에서 공정하고 합리적인 결정을 내리기 위해 사전에 알고 있으면 좋을 내용을 담고 있다. 법적 지식이 많지 않은 예비배심원을 고려하여 배심원 선정절차와 형사재판 절차 및 「형사법」의 기본 내용을 알기 쉽게 설명하려고 했다. 배심재판에 참여하면 판사가 배심재판에 관한 기본 지식을 알려 주기는 하지만 매우 제한적이다. 이 책을 통해 미리 폭넓은 지식을 습득한다면 배심원 활동이 훨씬 쉽고 의미 있을 것이다.

또한 형사절차나 「형사법」의 기본 내용에 그치지 않고 수사와 재판 과정에서 반드시 지켜야 할 원칙과 철학을 많이 소개한다. 민주주의와 인권의 관점에서 형사절차를 재해석한 것이다. 형사절차의 근본을 생각하는 책이므로 배심원만이 아니라 「형사법」에 관심 있는 일반시민이나 학생에게도 도움이 될 것이다.

제1장은 배심원이 참여하는 배심재판이 과연 무엇이고 어떤 의의가 있는지 설명한다. 배심재판은 국민주권주의, 시민주권주의라는 민주주의의 가장 기본적인 가치를 형사재판에서 실현하는 제도다. 이런 이유로 배심제는 봉건제도에 대항하는 혁명적 제도이며 지금도 발전하는 제도다. 많은 민주국가가 배심제를 시행하고 있고, 우리를 포함한 수많은 국가가 배심제를 연구하는 것은 바로 이 때문이다.

제2장은 시민이 배심원으로 소집되어 거치는 절차를 설명한다. 정식으로 사건을 심리하기 전, 배심원 후보로 소집되어 배심원으로 선정

되기까지의 절차를 다루었다. 배심원을 소집하여 선정하는 절차를 진행하는 법원은 기본적으로 배심원들을 존중하고 친절하게 대한다. 하지만 평생 한 번도 재판정에 가 보지 못한 이들이 설명을 잘 듣는다고 재판정 분위기에 익숙해질 리 없다. 절차에 대한 사전 지식이 있다면 절차과정에서 느끼는 불편함은 덜게 될 것이다.

제3장은 국민참여재판의 대상을 소개한다. 현재 우리나라에서 어떤 사건들이 배심재판인 국민참여재판으로 진행되는지 살펴보고 널리 알려진 중요한 사건들도 소개한다. 배심재판과 관련해 가장 많은 오해를 받는 오 제이 심슨 사건도 자세히 소개해 그 오해를 해소하려 했다.

제4장은 형사재판의 절차를 소개한다. 여기서 소개하는 형사재판 절차는 배심재판과 법관재판을 포함하여 정식으로 법정에서 유무죄를 다투는 모든 재판에 적용된다. 형사절차의 핵심은 공정성에 있다. 현대 형사절차는 피고인으로 기소된 개인이 강대한 권력을 가진 국가에 대항해 자신을 충분히 방어할 수 있도록 설계되었다. 공정성은 형사재판의 목숨과도 같은 것이다. 공정성이 깨진 재판은 재판이 아니라 국가공권력의 남용일 뿐이다.

제5장은 형사재판의 기본 원칙을 설명한다. 현대의 형사재판은 공정성을 확보하기 위해 여러 장치를 갖추고 있다. 근대 시민혁명 이후 발전시켜 온 원칙과 이론으로서 강력한 국가의 권한을 통제하고 개인의 방어권을 보장하는 데 초점이 맞추어져 있다. 형사재판의 기본 원칙은 대부분 「국제인권법」과 우리 「헌법」의 규정으로 보장되어 있다.

제6장은 위법수사와 위법한 공소제기에 대한 통제방안을 설명한다. 수사와 재판에서 가장 주의해야 할 것은 공권력의 남용이다. 공권력 남용은 위법수사와 위법기소에서 나타난다. 「헌법」과 「형사소송

법」, 「국제인권법」은 개인의 자유와 권리를 보장하기 위한 많은 규정을 두고 있다. 이를 위반하면 위법수사 및 위법기소가 된다. 이러한 공권력 남용을 통제하는 방법은 위법수사로 얻은 증거를 증거로 사용할 수 없도록 하고 위법기소는 재판을 거부하는 것이다. 더불어 이 장은 「증거법」 원칙을 설명함으로써 배심원의 사실인정에 도움을 준다.

제 7 장은 유무죄를 결정하는 기준을 소개한다. 모든 권리침해 행위가 범죄가 되는 것은 아니다. 범죄는 권리침해 행위 중 중대한 경우에만 성립한다. 그리고 정당방위나 어린이의 행위는 범죄가 되지 않기도 한다. 범죄가 성립되려면 법률에 규정된 행위에 해당해야 하며 위법하고 또 책임이 있어야 한다. 이러한 범죄성립 요건을 검토함으로써 범죄인정에 대한 이론을 습득한다.

제 8 장은 형벌에 대한 소개이다. 형벌은 범죄와 범인이 확정된 이후 범인을 처벌, 교정, 교화하기 위해 과하는 것이다. 형벌은 항상 과도할 위험이 있으니 주의해야 한다. 잔인하고 비인간적인 형벌은 인권에 위배된다.

제 9 장은 국민참여재판의 개혁방향을 제시한다. 요컨대 한국형 배심재판인 국민참여재판은 형사재판의 기본형태로 정착되어야 한다. 또한 배심원이 참여하지 않는 법관재판도 국민참여재판을 기본모델로 이론과 실무를 발전시켜야 한다. 이러한 관점에서 국민참여재판의 기본적인 개혁방향을 제시한다.

책을 쓸 때마다 이 책이 내가 생각하는 관문을 통과했다고 자신할 수는 없다. 이전에 《형사소송법》을 쓰면서 밝혔던 관문은 여전히 유효하다. 첫째, 글의 내용이 새로운 것인가, 둘째, 새로운 생각이 알릴 만한 가치가 있는가, 셋째, 새로운 생각을 알릴 만한 실력이 있는가, 넷째, 새로운 생각을 뒷받침할 정도의 인격, 인생이 되는가, 다섯째, 이 모든 관문을 통과했음에도 혹시 글을 쓰지 않는 것이 낫지 않을까 하는 점이 다섯 관문이다. 이 모든 관문을 자신 있게 통과한 것은 아니지만 어느 정도 통과한 것도 사실이다. 독자의 비판이 다섯 관문을 통과했는지 결정할 것으로 믿는다.

책은 인생의 결정판이다. 아무리 전공서적이고 교양서적이라고 하더라도 자신의 인생관이 나타나지 않을 수 없다. 이런 점에서 나는 나의 인생관을 형성하게 한 많은 경험에 대해 고맙게 생각한다. 대학시절 학생운동과 노동운동, 민주사회를 위한 변호사모임(이하 민변) 활동, 사법개혁위원회와 사법제도개혁추진위원회 활동, 노무현 정부 청와대 시민사회비서관 근무, 교수 생활 등은 지금의 나를 만든 계기였다. 노무현재단과 한국미래발전연구원에서의 활동도 나에게는 소중한 경험이다.

법률가로서 시작이 그리 이른 편은 아니지만 법률가는 나를 규정하는 가장 큰 요소다. 전두환 군부독재 시절 대학에서 학생운동과 노동운동에 참여했던 나는 1992년 변호사를 목표로 사법시험을 준비했다. 다행히 공부 시작 1년 2개월 만에 사법시험에 합격하여 변호사가 되었다. 변호사가 되자마자 민변의 구성원이 되었고 그때부터 민변은 나에게 가장 중요하고 큰 영향을 미치는 모임이 되었다.

민변에서 나는 법률과 인권의 소중함을 깨달았다. 훌륭한 분들을 만나고 좋은 생각을 하게 되는 결정적인 계기였다. 민변의 활동과 생각은 우리 사법제도 전반을 바꿀 정도로 넓고 깊다. 사람이 사람으로 대접받고 인권이 존중받는 사회를 위한 민변의 활동은 나의 일부가 되었고 이 책에도 많이 반영되어 있다.

노무현 대통령의 참여정부에서 비서관으로 근무하게 된 것도 민변 활동에서 비롯되었다. 노 대통령 때 이루어진 사법개혁에는 처음부터 참여하여 '사법개혁위원회'와 '사법제도개혁추진위원회'에서 일했다. 김대중 정부 당시 민변의 사법개혁 의견서 중 일부를 작성했던 경험이 사법개혁에 본격적으로 참여하는 계기였다. 법조일원화와 법학전문대학원 도입, 법조윤리를 담당했으나 이외에도 「형사소송법」 개정, 「국민의 형사재판 참여에 관한 법률」 제정, 「변호사법」 개정 등에 관여하면서 우리 사법제도 전반을 조망할 수 있었다. 그리고 이 과정에서 실력이나 인격이 뛰어난 판사, 검사, 변호사, 학자들과 함께 근무한 것도 개인적으로 잊을 수 없는 경험이다.

참여정부의 사법개혁은 그 어떤 정부의 사법개혁보다 많은 성과를 남겼고 사법제도의 변화를 몰고 왔다. 특히 법조일원화 도입, 법학전문대학원 체제 출범, 「형사소송법」 개정, 국민참여재판의 시행 등은 우리 사법의 근간을 바꿀 정도로 큰 개혁이다. 이 개혁 과정에 함께한 여러 법률가, 학자분들께 깊은 감사를 드린다. 그리고 사법개혁을 시대적 과제로 인정하고 이를 전폭적으로 지원한 고(故) 노무현 대통령께도 감사드린다. 고인의 사법개혁에 대한 의지는 사법개혁을 가능하게 한 중요 요소다.

참여정부 시절 청와대의 시민사회비서관 생활은 민주주의와 정치에 대한 인식이 깊어지는 계기였다. 민주주의는 그 자체로 문제가 많은 제도이다. 하지만 우리는 민주주의에 의지해 문제를 해결할 수밖에 없다. 독재나 다른 체제로 돌아갈 수는 없다. 정치 역시 문제가 많지만 우리의 문제는 정치로 해결할 수밖에 없다. 민주주의와 정치는 정치인들의 전유물이 아니다. 정치인과 시민들이 함께 만들고 함께 지켜야 하는 것이다.

나는 법률가치고는 제법 많은 경험을 했다. 지금은 법학전문대학원에서 「형사법」과 법조윤리를 강의하고 있으니 나의 직업도 여러 번 바뀌었다. 사회활동도 계속하고 있다. 민변 활동에 더해 지금은 '한국미래발전연구원'의 원장으로 심부름을 하고 있다. 이전에는 '사람사는 세상 노무현재단'의 상임운영위원으로 활동했다. 한국미래발전연구원은 노무현 대통령의 뜻에 따라 만들어진 연구원이다. 법률문제를 전문적으로 다루는 곳이 아니라 한국의 총체적이고 종합적인 발전방향, 정책, 철학을 연구하는 곳이다. 원장으로 심부름하기 쉽지 않아 어려움도 있으나 새로운 생각을 배우고 익히니 즐거움도 적지 않다.

이러한 많은 경험을 통해 나는 법률가로서 성장할 수 있었고 이 책을 쓸 수 있는 힘을 얻었다. 사법 민주화 역사와 함께한 나의 인생이 녹아 있는 이 책이 독자들에게도 큰 울림을 전하길 바란다.

2016년 3월

감사의 글

적지 않은 경험 속에서 여러 고마운 분들을 만났다. 이들의 생각과 활동은 나에게 큰 영향을 미쳤고 이 책을 쓰는 데 중요한 밑거름이 되었다. 이 자리를 빌려 감사함을 전한다.

　인생의 스승이시고 시대의 스승인 한승헌 변호사님께 먼저 감사드린다. 분단시대, 독재시대를 거치면서 인권의 화신으로 우뚝 선 한 변호사님의 철학에서 많은 것을 배웠다. 동아시아 시민들이 함께 존경할 만한 법률가가 별로 없는 현재 한승헌 변호사님의 존재는 한국 변호사의 자랑이기도 하다. 그리고 수많은 사건을 기록으로 남겨 후세에도 가르침을 주는 사관으로서의 자세도 존경스럽다.

　문재인 의원께도 잊을 수 없는 가르침을 받았다. 《문재인, 김인회의 검찰을 생각한다》를 집필하면서 검찰개혁에 관한 철학과 정책을 함께 고민했다. 근본적이고 철저하되 현실에 기반을 둔 개혁방안을 마련하는 경험을 공유한 것이다.

　사법개혁 과정에서 만난 분들께는 따로 감사를 드려야 한다. 이들과의 논쟁, 토론, 회의, 공동작업, 정책결정, 법안성안 등은 큰 경험이었다. 제법 큰 마찰도 있었지만 모두의 노력이 있었기에 사법개혁이 가능했다고 생각한다. 전 민변 회장이자 사법제도개혁추진위원회 기획추진단 단장 김선수 변호사, 사개추위 실무위원이었던 정미화 변호사, 사개추위 1팀장이었던 홍기태 변호사, 사개추위 구성원이었던 정한중, 장낙원, 유승룡, 이승련, 김현석, 박광배, 이석수, 김수창, 김호철, 박균택, 권익환, 박경춘, 최정숙, 최필재, 마석우, 김진욱, 김행선, 이동원, 하태훈, 서보학, 문재완, 한상훈, 정인섭, 이은, 최수령 등 판사, 검사, 변호사, 학자들과 다른 분들에게도 감사드린다.

민변 변호사들에게도 감사를 표해야 한다. 존경하는 선배들이 많이 계신다. 고 조준희 변호사님은 사법개혁위원회 위원장으로 활동하시면서 많은 가르침을 주셨다. 최영도, 최병모, 송두환, 백승헌, 이석태 변호사님은 회장으로 활동하시면서 민변을 이끌었다. 김형태, 조용환, 김갑배, 유남영, 민경한, 정재성, 이덕우 변호사 등 선배 변호사들로부터도 도움을 많이 받았다. 민변 사법위원회 이재화, 장주영, 김남준 등 여러 변호사와의 토론은 항상 나를 긴장시키고 또 가다듬게 한다. 고마운 분들이다.

청와대와 한국미래발전연구원 활동을 하면서 만난 분들에게도 많은 영향을 받았다. 법률은 다른 영역의 철학과 이론, 경험을 수용하지 않으면 안 된다. 열린 법학, 열린 법치주의는 다른 학문과 사회활동과 교류해야 가능하다. 청와대 시민사회비서관 시절의 이병완 전 비서실장, 시민사회수석비서관이었던 이정호 교수와 차성수 금천구청장, 한국미래발전연구원의 이정우 이사장과 성경륭 교수, 송재호 교수께 특별히 감사를 표한다. 이분들의 확고한 철학과 해박한 지식은 항상 나를 새롭게 만드는 요소다.

내가 민변에 가입하고 민주주의와 인권을 사랑하게 된 출발점은 학생운동과 노동운동이다. 학생운동과 노동운동의 경험은 법률과 인권의 소중함을 깨닫는 데 밑거름이 되었다. 전두환 군부독재 시절 같이 대학을 다니면서 학생운동을 한 친구들은 지금도 만난다. 어려움이 있을 때, 초심을 생각해야 할 때 항상 도움이 되는 친구들이다. 이들이 없었다면 나는 출세를 지향하는 그저 그런 법률가가 되었을 것이다. 이 자리를 빌려 친구들의 이름을 새기고 감사의 마음을 전한다. 고명주, 김근식, 김보경, 김연지, 김영규, 박규대, 박홍태, 백광조, 유승우, 윤대진, 정재훈, 조상수, 최이교, 표재진, 허탁에게 고마움을 전한다.

대학원 지도교수인 서울대 한인섭 교수님께 감사를 전한다. 항상 기백 넘치고 감동적인 글을 쓰시는 한 교수님은 나와 사법개혁 작업도 함께 했다. 더 많은 활동으로 후학을 이끌어 주시기를 기대한다. 서울대 조국 교수는 대학시절부터 알고 지내는 관계이고 공익인권 활동, 민주주의와 인권 활동에서 많이 배움을 받았다. 고등학교, 대학교 선배인 이상근 변호사는 내게 항상 글을 쓸 것을 권유했다. 내가 연구와 집필에 관심을 가지게 된 것은 이 변호사의 영향이 크다. 인하대 법학전문대학원의 박시환 전 대법관, 원혜욱 교수, 장연화 교수, 최준혁 교수에게도 많은 도움을 받았다. 고마움을 전하고 싶다. 국민참여재판에 관한 통계를 비롯해 많은 자료를 제공해 주신 서울중앙지방법원 관계자분들에게도 감사를 전한다.

그리고 처 박승연에게도 고마움을 표하고 싶다. 사랑하는 처 박승연의 내조가 없었다면 이 책은 물론 내 생활도 불가능했을 것이다.

이 책은 부산에 계신 김윤회 형님께 바친다. 형님은 가난했던 시절 나에게 공부에 흥미와 자신을 갖게 해 주었다. 그때 생긴 지적 호기심이 지금의 나를 만들었다. 내 인생을 바꾼 책 중의 하나도 형님의 서가에서 찾았다. 바로 《말콤 엑스 자서전》이다. 이후 학생운동과 노동운동, 사법고시, 변호사 활동, 청와대 비서관 근무, 교수 생활까지 형님은 항상 나를 응원해 주고 지원해 주었다. 부산에 출마할 때에도 격려를 아끼지 않았다. 감사함을 담아 형님께 이 책을 바친다.

나남신서 1853

시민의 광장으로 내려온 법정

시민을 위한 배심재판 입문

차 례

01 시민 법정의 탄생
한국형 배심제, 국민참여재판

01
시민 법정의 탄생
한국형 배심제, 국민참여재판

배심원이 된 나

나는 배심원으로 선정되었다. 태어나서 처음으로 넓은 법정에서 배심원석에 앉아 재판을 하고 있다. 검사, 피고인과 변호인도 잘 보인다. 3명의 판사도 열심이고, 특히 재판장은 배심원인 우리에게 가능한 한 친절하게 대해 주려고 애쓰고 있다. 검사와 변호인은 자신의 주장을 잘 들어 달라고, 자신의 주장이 실체적 진실에 가깝다고 계속 주장하고 있다.

나를 포함한 배심원들이 재판을 받아 본 적은 있을지 몰라도 재판을 하는 것은 처음이다. 재판을 받는다는 것은 내가 당사자가 되어 상대방을 공격하고 방어하는 것, 그리고 판사로 대표되는 판단자로부터 공적인 판단을 받는 것을 말한다. 이런 경험은 인생에 한두 번쯤 있을 수 있다. 하지만 직접 재판을 하는 것은 처음이다. 내가 판단자가 되어 내 앞에 앉은 저 사람, 피고인의 유죄와 무죄를 결정해야 한다.

재판을 한다는 것은 한 사람의 인생을 결정하는 일이다. 나를 포함한 배심원의 판단으로 한 사람의 인생이 완전히 바뀔 수 있다. 생명을 잃을 수도 있고 사회생활이 영원히 불가능해질 수도 있다. 명예도 추락한다. 그러므로 신중해야 한다. 그리고 정확해야 한다. 주어진 증거에 의해서만 판단해야 한다. 섣불리 예단을 갖지 말아야 한다. 만일 증거가 부족하다면 과감히 피고인에게 무죄를 선고해야 한다.

　한편 피해자를 생각하면 가슴이 먹먹해진다. 피해자의 고통, 억울함을 생각하면 울컥해진다. 잔혹한 범죄라면, 피해자가 아동이나 여성과 같은 약자라면 더욱 가슴이 아프다. 배심원 중에는 겉으로는 아무 내색하지 않지만 속으로는 눈물을 흘리는 사람도 있을 것이다. 사회가 받은 충격도 크다. 정의를 세워 사회도 범죄인으로부터 지켜야 한다. 여러 생각이 계속 머리를 맴돈다.

　지금 피고인석에 앉은 사람은 범죄를 저질렀다고 검사에 의해 기소되었다. 피해자도 있는 중대한 사건이다. 중대한 사건이 아니라면 국민참여재판으로 진행하지도 않았을 것이다. 검사는 피고인이 공소사실의 범죄를 저질렀다고 주장한다. 증거도 제시하고 있다. 증거는 생각보다 많아 보인다. 아니 어쩌면 핵심적 증거는 별로 없을 수도 있다. 증거는 공소사실을 증명하는 데 충분한가? 나 스스로에게 묻고 또 묻는다. 재판장의 설명대로 합리적 의심이 없을 정도로 검사의 입증이 이루어지고 있는가?

　피고인은 무죄를 주장한다. 억울함을 호소하고 있다. 변호인은 피고인의 주장을 논리적으로 깔끔하게 잘 전달한다. 검사의 주장과는 정반대이다. 피고인의 주장은 무고한 시민의 절규인가, 아니면 반성도 하지 않는 뻔뻔한 범죄인의 사기극인가. 편견을 가지면 안 된다.

죄수복을 입었다고 죄수일 수는 없다. 기소된 사람들 대부분이 유죄 판결을 선고받지만 아직 재판은 끝나지 않았다. 재판이 끝날 때까지 피고인은 무죄로 추정된다. 유죄와 무죄를 결정하는 사람은 바로 나를 포함한 배심원들이다. 마음을 열고 편견 없이 피고인의 주장에 귀를 기울여야 한다.

검사, 피고인과 변호인의 주장을 모두 듣고 이제 배심원들끼리 모여 평의를 시작한다. 이번 재판은 하루에 끝나지 않았다. 이틀이나 걸렸다. 이틀째 일정도 아침부터 저녁 늦게까지 진행되었다. 피곤하다. 다른 배심원들도 피곤해 보인다.

피곤함을 이기고 피고인이 유죄인지 무죄인지, 유죄라면 어떤 형을 얼마나 선고하는 것이 좋은지 이제부터 의논해야 한다. 사건이 생각만큼은 어렵지 않다. 원래 일상생활에서 벌어지는 것이 범죄라 신중하게 생각하면 유죄와 무죄는 가릴 수 있을 것 같다. 나도 판사 정도의 판단력을 가진 것일까? 아니면 판사에게 필요한 판단력이 나와 같은 일반시민의 건전한 상식에 근거한 것이기 때문일까? 아마 후자이겠지만 어쨌든 일반시민인 나도 사건의 실체적 진실을 판단하는 데 큰 어려움은 없어 보인다. 검사와 변호인이 열심히 설명해 준 것도 사건 이해에 많은 도움이 된다.

토론과 협의는 언제나 익숙하지 않다. 더구나 배심원들은 오늘 처음 본 사람들이다. 이름도 모른다. 번호로만 불린다. 아무리 생각해도 어색한데 오늘의 사건에 대해 함께 의논하여 결론을 내려야 한다. 내가 의견을 제대로 조리 있게 말할 수 있을까? 다른 사람은 어떨까? 그래도 계속 이야기하다 보면 결론을 찾을 수 있지 않을까? 집중해서 다른 사람의 말을 들어보고 나의 의견도 피력해 보자.

가만, 그런데 왜 이렇게 중요하고 힘든 일을 이 사건과 아무 관계없는 배심원이, 일반시민이 재판을 할까? 이런 일을 전문적으로 하기 위해 판사가 있는 것인데 그들이 재판을 하는 것이 더 타당하지 않을까? 사건은 생각보다 어렵지 않고 판단을 내리는 데도 큰 어려움은 없지만 그래도 판사가 낫지 않을까?

재판이란 피고인 개인의 운명을 좌우할 뿐 아니라 사회공동체의 유지를 위해서도 필요한 제도이다. 재판이 없는 사회, 국가는 상상할 수 없다. 이렇게 중요한 일에 일반시민이 직접 참여한다는 것은 큰 의미가 있을 것이다. 국가의 업무를 직접 시민이 수행한다는 것은 민주주의라는 측면에서도 큰 의미가 있는 것 같다. 이런 생각으로 마음을 다잡고 다시 토론에 집중해 보자.

국민주권주의의 실현, 시민에 의한 재판

만 20세 이상의 대한민국 국민이면 누구나 배심원이 될 수 있다. 일반시민이 직접 재판에 참여하는 것이다. 현행 국민참여재판은 유무죄 평결과 양형의견에 구속적 효력, 즉 법원이 반드시 따라야 하는 효력을 부여하지 않고 권고적 효력, 즉 법원이 참고만 하는 효력을 부여하고 있을 뿐이다. 하지만 일반시민이 재판에 참여한다는 것은 획기적인 일이다. 조선말에 시작되어 일제 강점기를 거쳐 지금까지 이어진 우리나라 사법 역사에서 일반시민이 참여한 재판은 한 번도 없었다. 생소하지만 생소한 만큼 혁명적이다.

국민참여재판은 국민주권주의를 사법 분야에서 실천하기 위해 도입된 제도이다. "대한민국은 민주공화국이고 모든 권력은 국민으로부터 나온다. "국민주권주의는 대한민국 「헌법」 제 1조의 내용이다. 국민주권주의는 대한민국 구성원리이고 일상생활에서도 관철되어야 할 원칙이다. 사법 분야에서도 당연히 적용되어야 한다.

하지만 그동안 시민들은 사법 분야에서 구조적으로 배제되어 왔다. 사법부의 구성은 시험과 대법원장에 의한 판사임용으로 이루어져 시민의 의사는 반영되지 못했다. 사법부의 작용인 재판에서도 시민은 참여할 수 없었다. 재판을 구경할 수 있었을 뿐이다. 사법부의 평가에서도 배제되어 시민의 목소리는 반영되지 못했다.

국민주권주의의 왜소화는 현대 사회 특징 중의 하나다. 현재 국민주권주의는 선거권과 같은 말이 되었다. 선거 때만 국민은 주인이 되고 주인 대접을 받는다. 여기에 더해 우리의 선거제도는 제한된 국민주권원리도 제대로 구현하지 못한다. 사표가 지나치게 많고 한 표의 가치도 평등하지 않기 때문이다. 국민주권주의가 선거권으로 축소되었는데 선거도 국민의 의사를 제대로 표현하지 못하는 것이 현실이다. 대의민주주의의 위기로 직접민주주의, 직접행동민주주의, 숙의민주주의, 참여민주주의 등이 대안으로 거론된다.

사법의 국민주권주의는 대의민주주의, 선거보다 비참하다. 사법부의 구성, 운영, 평가의 전 과정에 시민이 전혀 참여할 수 없기 때문이다. 이 중 핵심적인 재판에 대한 시민 참여는 세계 여러 나라에서 볼 수 있는 보편적인 제도인데 우리는 전혀 보장되지 않았다.

국민참여재판, 배심재판은 국민주권주의를 재판에 관철하기 위하여 채택한 제도이다. 재판에 시민을 철저하게 배제해온 역사에 대한 반성으로 도입되었다. 배심재판은 국민의 자격을 가진 시민이 직접 재판작용을 하는 것을 말한다. 그동안 국가가 독점해온 재판을 시민의 손으로 직접 하는 것이다. 이로써 사법 분야에서 가장 중요한 재판, 사법작용 분야에서 국민주권주의를 실현하는 계기가 마련되었다. 시민의 대표인 판사가 재판을 하는데 시민이 직접 재판을 못할 이유는 없다.

국민참여재판은 시민을 위한 재판을 넘어 시민에 의한 재판을 의미한다. 시민을 위한 재판은 독재시절에는 이루어질 수 없다. 민주주의 사회에서만 가능하다. 하지만 시민을 위한 재판이 민주적 재판의 완성은 아니다. 특정 계급이나 관료집단이 재판업무를 장악함으로써 언제든지 시민을 위한 재판이 아닌 정치권력을 위한 재판, 관료집단을 위한 재판으로 바뀔 가능성이 있기 때문이다. 이런 면에서 시민을 위한 재판은 불완전하고 계속 개혁되어야 한다.

국민참여재판은 시민에 의한 재판이므로 구조적으로 특정 계급이나 정치집단, 관료집단을 위한 재판이 되는 것을 막는다. 아무리 민주적인 정권이라고 해도 장기집권하면 타락하고 부패할 수 있다. 이를 막기 위해서는 끊임없이 시민이 참여하고 견제하고 간섭하고 통제해야 한다. 그리고 직접 선거를 통해 정권의 정당성을 심판해야 한다. 국민참여재판은 재판업무, 사법부의 운영에 시민이 직접 참여함으로써 법원의 부패, 독선, 타락을 막을 수 있다. 시민을 위한 재판으로부터 시민에 의한 재판으로 발전하는 것은 민주주의 발전의 자연스러운 경로다.

민주사회의 특권, 배심재판

국민주권주의는 왕이나 귀족과 같은 특정 계급, 계층이 아닌 일반시민이 통치하는 제도다. 봉건시대까지 재판은 왕이나 귀족의 전유물이었다. 조선시대에는 양반이 노비를 직접 재판했다. 서구사회에서는 근대 혁명 이후 재판은 시민의 몫이 되었지만 조선은 그렇지 못했다. 일제 강점기, 재판은 일본인 판사와 검사의 몫이었다. 조선인은 판사의 20%, 검사의 10% 정도로 숫자도 적었지만 본질적으로도 일본인 판검사와 아무런 차이가 없었다. 당시의 조선인 판검사는 모두 《친일인명사전》에 올라 있다. 해방 이후 이들은 관료집단이 되어 재판과 수사를 독점했다. 조선의 법조인들은 해방 이후 민중 속으로 들어가 민중의 인권을 지키기보다는 자신의 지위를 지키는 데 더 열중했다.

관료집단에 의한 수사와 재판은 정치권력의 요구에 따라 사건을 조작할 수 있는 기초를 제공했다. 유신독재 시절 '육법당'이라는 말이 있었다. 육군사관학교 출신 군인과 서울대 법대 출신 법률가들의 지배를 상징하는 말이다. 군인집단과 법률관료집단에 의한 통치는 군부독재를 지탱하는 두 기둥이었다.

민주화 운동의 결과 군부독재는 끝났고 민주주의가 정착되었다. 이로써 군부독재를 지탱하는 군인집단의 통치는 사라졌으나 관료집단에 의한 법률지배는 사라지지 않았다. 여전히 사법부의 구성, 운영, 평가에 시민들의 참여는 철저히 배제되었다. 봉건시대, 일제 강점기, 군부독재 시대를 거치면서 왜곡된 우리 사법 시스템에 대한 근본적인 반성과 개혁이 없었기 때문이었다.

관료집단으로 구성된 사법부가 좋은 시스템으로 인정받고 좋은 결과를 낳으려면 수많은 조건이 동시에 충족되어야 한다. 민주적인 정부, 사법부의 독립을 존중하는 정권, 장기집권 욕심이 없는 대통령, 법원을 존중하면서도 견제하는 정치권, 권력을 자제하는 수사기관과 검찰, 인격적으로 훌륭한 대법원장, 출세를 원하지 않는 고위직 판사, 사법부의 독립을 가장 중요한 가치로 보는 대다수의 판사, 민주적이고 인권의식에 충실하면서 평등한 생활방식에도 익숙한 판사와 법원의 구성원, 법원을 존중하면서도 견제하고 감시하는 일반시민, 그리고 높은 시민의식과 좋은 역사와 전통 등이 동시에 모두 존재해야 한다. 이 가운데 하나라도 부족하면 관료집단으로 구성된 사법부는 타락한다. 이미 우리 역사에서 충분히 경험했다. 수많은 독립운동가, 민주투사, 양심적 지식인, 야당 정치인, 노동자, 농민, 학생들이 법이라는 미명하에 가혹하게 처벌받았다. 그 대가로 사법부는 권력을 얻었다.

우리나라의 국민참여재판은 1987년 민주화 이후 도입 논의가 시작되었다가 2008년 도입되었다. 완전한 형태는 아니고 불완전한 형태다. 도입에 따른 문제점을 최소화하고 제도를 서서히 정착시키기 위해 제1단계로 도입한 제도가 현행 제도다. 비록 완성된 제도는 아니지만 시작 자체가 큰 의미를 가진다. 도입된 이상, 앞으로 제도의 확대와 발전이 기대될 뿐 후퇴는 있을 수 없기 때문이다.

국민참여재판의 민주성은 근본적으로 치자(治者)와 피치자(被治者)의 동일성에 근거한다. 민주주의 사회에서는 다스리는 자와 다스림을 받는 자가 같다. 누구나 선거로 대표자를 뽑을 수 있고 누구나 선거로 대표자가 될 수 있다. 이와 똑같이 민주사회에서는 누구나 재판을 받을 수 있고 누구나 재판을 할 수 있어야 한다. 형사재판은 특별한 자격이 있는 사람이 높은 자리에서 일방적으로 결정하는 절차가 아니라 사회에서 벌어진 범죄행위에 대해 사회가 처벌을 결정하는 과정이다.

치자와 피치자의 동일성 원리는 상호 견제라는 점에서도 중요하다. 다스리는 행위는 다스림을 받는 시민의 자유와 권리를 지키고 확대하기 위해 필요하다. 하지만 다스리는 권력이 커지면 다스림을 받는 시민의 자유와 권리는 위협받는다. 그렇다고 다스리는 행위를 없앨 수는 없다. 다스리는 행위가 없으면 사회 공동체의 안정과 번영, 개인의 자유와 권리를 보장할 수 없기 때문이다. 따라서 권력은 행사되어야 한다. 하지만 남용되어서는 안 된다. 지배하되 과도하지 않고 효과적으로 지배하도록 하는 원리가 바로 치자와 피치자의 동일성 원리다. 이 원리가 형사재판에 관철됨으로써 재판을 하되 과도한 인권침해는 막게 된다. 여기에서도 역시 개인의 자유와 권리가 우선이다. 사회공동체는 궁극적으로 개인의 자유와 권리를 보장하기 위해 존재한다.

배심재판은 시민이 재판에 판단자로 직접 참여함으로써 치자와 피치자의 동일성 원리를 구현한다. 시민이 직접 시민을 통치하고 지배하기 때문에 구조적으로 개인의 자유와 권리를 과도하게 침해할 수 없다. 재판하는 자도 언제든지 재판받는 입장이 될 수 있기 때문이다. 알렉시스드 토크빌은《미국의 민주주의》(1권 1835년, 2권 1840년 간행)에서 이러한 내용을 다음과 같이 압축적으로 표현한 바 있다.

국민이 지배하도록 하는 가장 활기찬 수단인 배심원 제도는 국민이 잘 지배할 수 있도록 가르치는 가장 효과적인 수단이기도 하다.[1]

---

1 멜빈 I. 우로프스키, 2004,《국민의 권리: 개인의 자유와 권리장전》, 미국 국무부, 170면.

배심재판과 사법의 신뢰

국민참여재판은 사법에 대한 신뢰를 회복하는 방안이기도 하다. 시민이 직접 재판에 참여하는 국민참여재판은 재판의 투명성을 획기적으로 높인다. 시민이 검사와 피고인, 변호인의 공방을 바로 옆에서 보고 판단을 내리므로 문자 그대로 공개재판이 실현된다.

재판에 시민이 참여하지 않으면 재판은 판사와 검사의 전유물로 남는다. 수사와 재판의 과정과 결과가 모두 검사실과 판사실에서 이루어진다. 공개재판주의라는 재판의 기본 원칙에 어긋나지만 누구 하나 반박할 수도 없었던 것이 현실이었다. 이러한 불투명은 부패를 낳고 부패는 불신을 낳는다. 부패와 불신을 추방하는 데 공개보다 좋은 처방은 없다. 국민참여재판은 시민이 직접 재판에 참여하고 이를 통제함으로써 부패의 뿌리를 도려내는 역할을 한다.

국가권력에 대한 불신, 사회에 대한 불신, 다른 사람에 대한 불신 등 우리나라의 불신 수준은 매우 높다. 경제협력개발기구(OECD)의 〈한눈에 보는 정부 2015〉라는 보고서에 의하면 2014년 기준 한국 정부에 대한 국민의 신뢰도는 34%로 조사 대상 41개국 가운데 중하위권인 26위다. 이는 우리 국민 10명 중 7명은 정부를 믿지 않는다는 것을 말한다. OECD 평균 41.8%보다 낮고 개발도상국인 인도네시아 5위(65%), 터키 10위(53%), 에스토니아 22위(41%), 브라질 24위(36%)보다 낮다.

사법 분야는 더욱 심각하다. 우리나라의 사법제도 신뢰도는 27%(2013년 기준)로 조사 대상국 42개국 가운데 뒤에서 4번째였다. OECD 평균은 54%이다. 우리나라보다 하위의 신뢰도를 기록한 나라는 콜롬

비아(26%, 2014년), 칠레(19%, 2013년), 우크라이나(12%, 2014년) 등 3개국이다. 국민참여재판이 시행되었음에도 불구하고 사법제도에 대한 불신이 높은 것은 본격적인 시행이 이루어지지 않았기 때문이다.

신뢰는 사회의 부패에 반비례하고, 투명에 비례한다. 사법이 불신을 받는다는 것은 사법이 부패했고 투명하지 않음을 의미한다. 최소한 국민들로부터 이와 같은 의심을 받고 있다.

사법부의 부패와 불투명은 전관예우 사례에서 잘 드러난다. 전관예우는 현직을 그만둔 고위 판사나 검사에게 눈에 보이지 않는 편의와 혜택을 제공하는 것을 말한다. 이처럼 현직이 전관에게 사건처리 과정에서 혜택을 주는 이유는 전관을 존경해서가 아니다. 자신이 현직을 그만두고 전관이 되었을 때에 혜택을 받기 위해서다. 일종의 보험인 셈이다.

전관예우가 통용되는 이유는 판사나 검사가 하나의 관료조직으로 구성되어 있기 때문이다. 관료조직은 특성상 조직의 이익을 최고의 가치로 여긴다. 개인은 조직의 이익을 극대화하면서 자신의 이익도 극대화한다. 관료조직의 조직이기주의는 조직의 강화와 자신의 승진을 동일시하고 나아가 자기 조직과 가까이 있는 사람과 조직의 이익도 중요하게 생각한다. 전관은 바로 직전까지 조직의 일원이었고 지금은 조직과 가장 가까운 사람이므로 그 이익을 보장해 준다. 이렇게 조직과 가까운 사람의 이익을 보장할 때 조직의 이익도 잘 보호되기 때문이다. 그리고 나중에 자신도 조직을 그만두면 조직과 가까운 사람이 되므로 자신의 이익도 잘 보호된다.

불신이 부패와 불투명에서 비롯되므로 투명성을 높여 부패를 추방하면 신뢰는 높아지게 마련이다. 투명성을 높이는 데 가장 효과적인 방법은 공개와 참여다. 필요한 정보를 제공하고 의사결정구조에 시민이 직접 참여하면 투명성은 획기적으로 높아진다. 국민참여재판은 사법의 핵심인 재판을 시민이 직접 하는 것을 의미한다. 이보다 더한 공개와 참여는 없다.

국민참여재판은 그동안 판사실과 검사실이라는 폐쇄된 공간에서 이루어졌던 재판을 시민들이 지켜보는 공개된 광장으로 이끌어낸다. 시민 배심원들은 관료집단이 아니다. 관료조직의 이익을 지켜야 할 이유도 필요성도 없다. 전관예우는 국민참여재판에서는 저절로 없어질 것으로 예상된다. 판사 3명을 매수하는 것보다 재판 당일 무작위로 정해지는 배심원 9명을 매수하는 것이 훨씬 어려운 점도 이유 중의 하나다.

유명한 영국의 법률가인 윌리엄 블랙스톤 경은 "영국 법률에 대한 논평"(1765년)에서 배심재판의 우수성을 다음과 같이 표현했다.

사실 여부를 결정하거나 바로잡을 때 그 사건이 판사 1인에게 위임된다면 편파성과 불공평이 크게 개입된다. 즉, 사실이 아닌 일이 증명되었다고 가정하거나 특정한 상황을 의도적으로 은폐하고 다른 상황을 확대하거나 변화시키면서 나머지 부분은 덮어 버리게 된다. 따라서 중간계급에서 제비뽑기로 선발된 분별력 있고 정직하며 능력 있는 배심원들이 진실을 밝히는 최고의 조사관이며, 공적인 정의를 확실하게 지킬 파수꾼임이 밝혀질 것이다. 배심원 제도는 일반적인 사법 행정에서 국민들이 응당 지녀야 할 권리를 그들에게 부여함으로써 권력이 있거나 부유한 시민들이 횡포를 부리지 못하도록 한다. 2

---

2 앞의 책, 174면.

하지만 사법신뢰 회복이 국민참여재판 도입과 확대의 핵심 목표는 아니다. 사법신뢰는 은연중에 법원은 재판을 잘하는데 시민들이 이를 잘 모른다고 전제한다. 그래서 시민들이 직접 참여하여 판사들이 얼마나 열심히, 공정하게 재판하는지 확인하면 사법신뢰를 당연히 높아질 것이라고 주장한다. 이 주장의 맹점은 재판을 시민들에게 공개만 할 뿐, 결정권은 주지 않는다는 점에 있다. 이미 판사들이 충분히 재판을 잘하고 있다는 것을 전제로 하기 때문이다.

사법신뢰 회복이 국민참여재판의 순기능임은 틀림없지만 그것에만 초점을 맞출 경우 불완전한 시민참여, 불완전한 배심제 도입으로 귀결될 가능성이 있다. 주의해야 한다.

세계의 배심

우리에게 국민참여재판과 같은 배심제는 생소하다. 근대 사법의 역사가 120년이라고 하지만 2008년 국민참여재판이 시행되기 전까지 한번도 배심재판이 이루어진 적이 없기 때문이다. 우리의 근대 사법 대부분은 일제 강점기의 식민지 사법이었고 군부독재 시절의 독재 사법이었다. 시민을 위해 존재해 본 적이 없고 특정 계급과 계층을 위해 존재해온 사법에 시민에 의한 재판인 배심제가 도입되리라 기대하는 것은 마치 나무에서 물고기를 구하는 것과 같이 불가능한 일이었다.

희귀한 일이라도 오랜 기간 지속되면 정상처럼 보이고 보편적인 제도가 비정상처럼 보인다. 우리가 배심제를 생소하고 비정상적인 제도로 느끼는 이유다. 그러나 거시적 차원에서 보면 배심제는 지극히 보편적이고 자연스러운 제도이다. 배심제가 생소하고 비정상적으로 보이는 것은 오로지 우리가 경험해 보지 못했기 때문이지 다른 이유는 없다.

재판에 시민이 참여하는 제도에는 배심제와 참심제가 있다. 배심제는 11세기경 영국에서 기원했고, 오늘날 형사배심은 영국, 미국, 캐나다, 호주, 러시아, 스페인, 홍콩, 스리랑카, 사이판, 가나, 말라위 등 세계 46개국에서 채택하고 있다.[3] 특히 프랑스 혁명 이후 도입된 배심제는 《나폴레옹 법전》과 함께 전 세계로 수출되었고 정착되었다. 이 중 러시아와 스페인은 1990년대에 배심제가 부활했는데 이는 이들 나라가 민주화된 시기와 겹친다.

민주주의와 배심제가 깊은 관련이 있음은 일본에서도 확인할 수 있다. 일본은 1928년부터 1943년까지 배심재판을 시행한 역사가 있다. 당시 일본의 배심법은 사형, 무기징역, 장기 3년 이상과 단기 1년 이상 법정형의 중죄에 한정되어 있었다. 그리고 배심원은 평결을 내리지 않고 어떠한 사실이 존재하느냐에 대한 판사의 질문에만 답변할 수 있었고 배심원의 답변에는 기속력이 없었다. 우리의 현재 국민참여재판보다 더 제한적인 배심제였다. 배심재판은 도입된 해 가장 많은 재판을 했고 그 후에는 계속 줄어들었다. 그럼에도 15년간 배심재판은 지속되었다. 총 611명의 피고인이 재판을 받았고 그중 94명이 무죄를 선고받아 무죄율은 15%였다.[4] 당시 일본의 무죄율이 1% 정도인 것을 감안하면 매우 높은 수치였다.

일본의 배심제는 이른바 '다이쇼 데모크라시'라는 민주화 과정에

---

3 닐 비드마르, 2007, 《세계의 배심제도》, 나남, 26면.
4 위의 책, 552면

도입되었다. 배심법이 제정된 1923년은 다이쇼 데모크라시가 한창 꽃피던 때였다. 하지만 배심재판이 시행된 1928년은 일본이 군국주의 길을 걷기 시작한 때였다. 배심제의 앞날이 순탄치 않았음을 알 수 있다. 그럼에도 배심제의 영향은 엄청나 식민지 조선의 변호사들은 일본의 배심제도를 조선에서도 시행할 것을 요구했다. 물론 식민지는 항상 차별받는 존재이므로 일본의 불완전한 배심제조차 조선에서는 시행되지 않았다. 배심제도가 소멸된 때는 도조 히데키 내각 당시로 태평양전쟁이 한창이던 때였다. 이와 같은 일본의 배심제 역사는 민주화기에 꽃피고 독재기에 쇠퇴하는 배심제의 흥망성쇠 과정을 잘 보여준다.

현재 일본은 배심재판이 아닌 재판원 제도를 가지고 있다. 일반시민 중에서 선출된 재판원 6명이 3명의 판사와 함께 재판하는 형식으로 참심제에 가깝다. 배심제를 시행해 본 역사가 있음에도 배심제를 부활시키기 못한 것은 일본 사법의 큰 한계 중의 하나다.

배심제는 영국에서 시작되었지만 미국에서 꽃을 피웠다. 영국과 미국의 가장 큰 차이는 영국은 귀족국가였고 미국은 평등한 시민국가라는 점이다. 영국의 배심제는 과거 귀족이 배심원을 독점했기 때문에 국가권력과 대립하면서 시민의 자유와 권리를 지키는 배심제의 특징이 제대로 살아나지 못했다.

미국의 배심제는 현대 형사배심제의 원형으로 세계적으로 널리 알려져 있고 수용되고 있다. 미국에서 배심원으로 활동한 경험이 있는 시민은 전체 인구의 4분의 1에 육박한다. 연간 1,800만 명의 시민이 배심원 후보로 소환되어 그중 450만 명이 배심원 후보로 법정에 출석한다. 그리고 이 중 대략 150만 명이 배심원으로 선발되어 활동한다. [5] 이 정도이면 한 가구당 한 명꼴로 배심원 활동을 했다는 것이다. 1999년의 통계에 의하면 민사배심원은 31만 2천 명이고, 형사배심원은 61만 9천 명이었다. [6] 미국의 배심제는 시민 속에서 살아 있는 제도다. 하지만 실제 모든 형사재판이 배심제로 진행되지는 않는다. 연방 사건은 배심재판이 피고인 수의 3.5% 정도이며, [7] 주 사건 역시 3% 정도다. [8]

미국변호사협회의 1998년 조사에 의하면 배심원으로서의 경험, 배심원으로 소환되었던 경험에 대한 평가에서 응답자 중 14%가 환상적이었다, 25%가 상당히 좋았다, 31%가 좋았다, 19%가 그저 그랬다, 7%가 부정적이었다, 4%가 모르겠다고 답했다. 긍정적인 평가가 70%로 압도적으로 높다. [9]

배심제가 피고인의 유죄와 무죄를 가리는 가장 공정한 방법인가 하는 질문에 대해서는 적극적 동의 및 동의가 78%, 동의도 부동의도 아닌 의사표시가 10%, 적극적 부동의 및 부동의가 12%로 역시 동의가 압도적으로 높다. [10]

참심제는 일반시민이 참심원으로 선출되어 직업 판사와 함께 재판부의 일원으로 참여하여 직업법관과 동등한 권한을 가지고 사실문제 및 법률문제를 판단하는 제도다. 유럽대륙에서 유래했고 프랑스, 독일, 이탈리아, 덴마크, 노르웨이, 핀란드 등이 참심제를 시행하는 대

---

5 사법개혁위원회, 2004, 《사법개혁위원회 자료집(II)》, 대법원, 432면.
6 위의 책, 449면.
7 위의 책, 437면.
8 위의 책, 444면.
9 위의 책, 431면.
10 위의 책, 431면.

표적인 국가다. 프랑스와 독일은 배심제를 도입했다가 참심제로 전환했고, 덴마크 등 일부 국가는 배심제를 병용하고 있다.

참심제 역시 시민이 재판에 참여하는 형식 중의 하나다. 하지만 그 뿌리는 같지 않다. 형사참심제의 경우는 일반시민의 대표자가 참심원으로 참여한다. 일본의 재판원과 유사하다. 하지만 상사법원의 명예법관(참심원과 같은 역할을 하는 시민의 명칭)은 전문적 지식을 가진 자 중에서 선발되고, 노동법원, 사회법원의 명예법관은 특정집단의 대리인 지위로 선발된다. 노동법원은 자본가의 대표자와 노동자의 대표자가 참심원으로 참여한다.

참심제는 프랑스와 독일에서 발달되었다. 특히 독일은 잘 정비된 참심제를 가지고 있고 한국에도 많이 소개되었다. 형사재판뿐만 아니라 상사재판, 노동재판 등에서 정착되어 있다. 하지만 참심제의 특성상 참심원으로 임명되는 사람은 극소수이다. 독일에서 임기 4년의 참심원으로 임명되는 사람은 6만 명 정도인데 이것은 인구의 0.5% 이하이다. 배심제에 비해 참여하는 사람의 수가 매우 적다. 참심원의 수는 적지만 독일의 참심제는 확고히 뿌리내려 이를 폐지해야 한다는 주장은 없다.[11]

---

[11] 앞의 책, 539면.

한국의 사법혁명, 국민참여재판

6월민주항쟁과 사법개혁의 새벽

국민참여재판은 재판분야에서 국민주권주의, 시민주권주의를 실현하는 혁명적 제도다. 왕이 통치하는 봉건제도가 혁명으로 무너지고 시민이 통치하는 민주주의가 도입되자 배심제가 전 세계로 퍼진 것은 이 때문이다. 러시아, 스페인, 일본의 사례에서 보듯이 민주주의가 발전하면 배심제는 활성화되고 민주주의가 위기에 처하면 배심제도 쇠락한다.

　한국형 배심제인 국민참여재판도 민주주의 발전과정에 도입되었다. 물론, 민주화되기 전에도 배심제나 참심제의 요구는 있었다. 하지만 배심제 요구는 국가적 차원에서 정식으로 논의되기는커녕 정부나 사법부에 의해 묵살되었을 뿐이었다. 민주주의와 대척점에 있는 군부독재와 권위주의 정권은 국민참여재판에 적대적 태도를 보였다. "국민의 수준이 낮다", "무지한 국민이 재판하면 오판을 양산한다", "비용이 많이 든다", "재판은 전문가만이 할 수 있다", "헌법에 위반된다"는 등의 수많은 핑계를 나열했다. 하지만 그 저의는 재판이라는 권력을 시민과 함께 나누지 않겠다는 것이었다. 독재권력은 권력을 나누지 않고 독점하기 마련인데 사법, 재판도 예외일 수 없었다.

　한국 사회는 1987년 6월 민주항쟁으로 민주주의의 길로 들어서기 시작했다. 민주주의를 경험한 시민들은 사법의 민주화, 사법개혁도 요구했다. 다른 나라가 걸어간 길과 같은 길이다. 하지만 사법부의 변화는 항상 사회의 변화보다 뒤처지는 것인지 공식적 사법개혁은

1993년부터 시작된다. 다른 분야의 개혁이 시급했고 사법부의 보수적인 분위기도 한몫했다.

김영삼 정부 시기인 1993년 대법원 산하에 '사법제도 발전위원회'가 설치되었다. 이 위원회는 1994년 2월 16일 건의안을 채택한다. 주요 내용은 서울민사지방법원과 서울형사지방법원의 통합, 특허법원과 행정법원 등 전문법원 도입, 구속영장 실질심사제도 및 기소 전 보석 제도 도입 등이었다. 이 개혁은 민주화 이후 최초의 국가적 사법개혁으로 법조계 이외에 여러 인사들이 참여하여 광범위한 국민의 의견을 반영했다는 점에 의의가 있다. 하지만 주로 법원 내부의 개혁에 중점을 두었고 사법 전반의 개혁에는 이르지 못했다. 배심제나 국민참여재판은 본격적으로 논의되지 못했다.

김영삼 정부는 1995년 국무총리 산하에 '세계화 추진위원회'를 구성하여 한 분과로서 사법개혁을 추진했다. 법조인 수 확대, 법학전문대학원 도입, 변호사 보수의 적정화, 법관 임용방식 개선, 법률복지 확충, 법률서비스 시장개방 대처 등 사법개혁의 거의 모든 분야를 논의했다. 하지만 사법시험 합격자를 1천 명까지 증원하는 것 이외에는 성과를 내지 못했다. 그리고 시민에 의한 재판, 배심제 도입은 여전히 논의되지 않았다.

김대중 정부는 1999년 대통령 자문기구로 '사법개혁 추진위원회'를 설치했다. 이 위원회는 공정하고 신속한 권리구조 제도, 법률서비스의 질적 향상, 법조의 합리화·전문화·현대화, 법조인 양성제도의 개선, 법조비리 근절 등에 대한 건의안을 마련했으나 역시 구체적인 추진으로 이어지지는 않았다. 그리고 배심제 논의 역시 없었다.

이처럼 민주화 이후 김대중 정부까지의 사법개혁은 일부 제도에 한해 제한적으로 이루어졌을 뿐 큰 성과를 내지 못했다. 특히 국민의 사법참여, 배심제에 대한 논의는 시도조차 하지 못했다. 배심제가 논의되지 않았던 근본적 원인은 당시 우리의 민주주의와 사법 수준이 배심제, 국민의 사법참여를 논의할 정도에 이르지 못했기 때문이다.

김대중 정부까지의 사법개혁은 첫째, 전관예우 등 법조비리 문제 해결, 둘째, 구속다발 사태 해결을 위한 구속제도 개혁, 셋째, 로스쿨 도입 등 법조인 양성제도의 개혁에 초점을 맞추고 있었다. 법조비리, 구속제도는 당장의 현안이었으므로 신속한 제도개혁이 필요했고 실제로 법률 제정과 개정으로 성과를 냈다. 이에 비해 법조인 양성제도는 더 많은 논의가 필요한 개혁이었다. 성과를 보지 못한 것은 논의가 충분하지 못했고 연구가 불충분했기 때문이다.

한편 국민의 사법참여는 이런 제도보다 훨씬 근본적인 개혁이다. 사법권력의 구성 자체를 바꾸는 문제이기 때문이다. 더구나 배심제와 같은 국민참여재판 제도 개혁은 당장의 현안이 아니었기 때문에 공식적 의제로 상정되지 못했다. 하지만 사법의 민주적 개혁에는 빠질 수 없는 과제였기에 국민의 사법참여를 포함한 근본적 사법개혁은 보다 민주적인 정부의 등장을 기다려야 했다.

노무현 정부의 사법개혁과 국민참여재판의 등장

사법개혁은 2003년에 다시 시작된다. 한번 국가적 과제가 된 사안은 어느 정도 해결되기 전까지는 사라지지 않는 법이다. 2003년에 시작된 사법개혁은 근본적이고 종합적인 사법개혁을 지향했다. 이때 국민의 사법참여 방안이 처음으로 사법개혁 과제로 다루어진다. 시민이

<50>50</50>

직접 재판에 참여해야 한다는 점을 국가적으로 인정하고 구체적인 방안을 논의하기에 이른 것이다.

노무현 정부의 사법개혁은 2003년 8월 대법관 제청·임명과 관련한 논쟁과 파동에서 시작된다. 당시 시민단체는 사회적 약자를 대표할 수 있는 인물을 대법관으로 제청할 것을 대법원장에게 요구했다. 법원 내부에서도 이러한 요구가 터져나왔다. 대법관을 서울대 출신의 남성, 고위직 판사 출신이 아니라 사회적 약자를 대변할 수 있는 변호사 등 다양한 배경을 가진 인물로 구성해야 한다는 것이었다. 사회는 복잡하게 변해가는데 이러한 변화를 법원이 반영하지 못한다는 점, 사회의 변화를 반영하지 못하는 법원 구조는 법원의 경직성을 초래했고 사회적 약자를 보호하지 못하는 결과를 낳았다는 점이 주요 근거였다. 대법원 구성의 다양화는 시대의 변화를 법원이 솔직히 받아들일 것을 요구하는 것이었다.

그러나 당시 대법원장은 대한변호사협회장과 법무부 장관의 직접적인 반대, 일부 판사들과 변호사, 시민사회의 반대에도 불구하고 다시 고위직 판사 출신을 대법관으로 추천했다. 사법부에 대한 비판 목소리는 급속히 높아졌고 근본적인 사법개혁을 요구하기에 이르렀다.

사태가 이 정도에 이르자 노무현 대통령과 최종영 대법원장은 2003년 8월 22일 행정부와 사법부가 함께 근본적인 사법개혁을 추진할 것을 합의했다. 이 합의를 구체화한 것이 2003년 10월 28일 대법원 규칙에 근거하여 설립된 '사법개혁위원회'였다.

사법개혁위원회는 대법원의 기능과 구성, 법조일원화, 법조인의 양성 및 선발, 국민의 사법참여, 사법서비스 및 형사사법 등을 사법개혁 주제로 선정했다. 대법원의 기능과 구성은 대법원의 위상 설정, 대법원 구성의 다양화, 상고법원 도입 등이 주된 의제였다. 법조일원화는 판사를 시험성적이 아니라 법률 활동의 경험이 있는 변호사 중에서 선발하는 제도를 말한다. 법조인의 양성 및 선발 주제는 법조인을 국가가 시행하는 한 번의 시험이 아닌 대학이 운영하는 교육을 통해 양성하는 방안이다. 구체적으로는 법학전문대학원, 즉 로스쿨을 도입하는 것을 말한다. 사법서비스 및 형사사법 주제는 시민의 자유와 인권을 지키는 수사와 형사재판 절차를 마련하는 것을 주된 내용으로 했다. 이들 주제는 모두 우리 사법의 근본을 바꿀 정도로 크고 무거운 주제들이었다. 사법 역사상 이러한 주제를 모두 전면적으로 검토한 것은 처음이었다.

사법개혁위원회는 2004년 말 사법개혁을 위한 건의문을 작성하고 활동을 종료했다. 이 건의문에서 사법개혁위원회는 국민의 사법참여와 관련하여 배심제와 참심제가 혼합된 1단계의 국민참여재판 제도 도입을 건의했다.

사법개혁위원회의 건의는 행정부 단위에서 추진되어야 했다. 내각제가 아닌 이상 입법부가 이를 추진할 수는 없고 사법부는 법률안 제출권이 없기 때문이다. 노무현 정부는 사법개혁에 전 행정부의 역량을 동원하기 위하여 대통령 자문기구로 국무총리급의 위원회를 구성했다. '사법제도개혁추진위원회'가 그것이다. 사법제도개혁추진위원회는 2005년 1월 대통령 자문기구로 출범했다. 이 위원회는 국무총리와 국무총리급 인사(한승헌 변호사)를 공동위원장으로 하고 관계부처 장관과 대법원을 대표하는 법원행정처장, 각계를 대표하는 민간위원으로 구성되었다. 입법부를 제외한 행정부와 사법부가 긴밀히 협력하고 행정부의 모든 관련기관이 사법개혁 추진에 참여하고 추진할 수 있도록 구성된 것이다.

사법제도개혁추진위원회는 대법원 구성의 다양화를 위한 규정 마련, 새로운 법조인 양성을 위한 법학전문대학원 제도 도입, 「국민의 형사재판 참여에 관한 법률」 제정, 시민의 인권보호를 위한 「형사소송법」 개정, 군인의 인권보호를 위한 군사법제도 개혁, 법조비리 척결을 위한 법조윤리 확립 등 우리나라 사법제도 근본을 개혁하기 위한 제도개혁에 착수했고 그에 걸맞은 성과를 냈다. 구체적으로 법학전문대학원이 출범했고 법조일원화 역시 시행되었다. 「형사소송법」이 개정되어 형사재판 절차도 근본적으로 바뀌었다. 특히 형사재판은 그동안의 후진적이고 권력친화적인 구습을 벗고 선진적이고 인권친화적인 형태로 크게 바뀌었다.

사법제도개혁추진위원회의 주요 과제 중의 하나가 국민의 사법참여였다. 사법제도개혁추진위원회는 국민의 사법참여를 실현하기 위해 「국민의 형사재판 참여에 관한 법률안」을 마련했다. 이 법률안은 정부안으로 국회에 제출되어 2007년 6월 1일 제정되었고 국민참여재판은 2008년 1월 1일부터 시행되었다.

이상 살펴본 바와 같이 사법의 민주화, 국민의 재판참여는 민주주의 진전에 큰 영향을 받는다. 사회가 민주화되고 권력을 시민이 나누어 가질수록 배심제 도입 요구는 높아진다.

우리의 민주주의는 당연히 더 발전해야 한다. 민주주의만이 시민의 자유와 권리를 보장해 주기 때문이다. 배심제를 위해서도 민주주의를 더 발전시켜야 한다. 그리고 배심제, 즉 국민의 재판참여가 확대될수록 민주주의가 발전한다는 역의 명제도 진실이다. 현재의 국민참여재판을 배심제에 더 가까운 형태로 만들면 만들수록, 국민참여재판을 재판의 기본형태로 만들면 만들수록 민주주의는 더욱 발전할 것이다.

02
숨은 진실을 찾는 9명의 사람들

배심원

배심원의 자격

배심원은 시민인 피고인을 재판하는 동료 시민이다. 배심원은 원칙적으로 만 20세 이상의 대한민국 국민이면 누구나 될 수 있고 특별한 제한은 없다. 다만 원한다고 누구나 될 수 있는 것은 아니다. 배심원이 될 수 없는 사람들이 있다. 재판은 국가업무이므로 외국인은 배심원이 될 수 없다. 국민주권주의가 재판에 적용된 결과다.

또한 배심원의 임무는 국가업무인 재판업무이므로 배심원은 일시적으로 공무원이라고 할 수 있다. 따라서 공무원이 될 수 없는 사람은 배심원이 될 수 없다. ① 금치산자 또는 한정치산자, ② 파산선고를 받고 복권되지 아니한 사람, ③ 금고 이상의 실형을 선고받고 그 집행이 종료되거나(종료된 것으로 보는 경우를 포함한다) 집행이 면제된 후 5년을 경과하지 아니한 사람, ④ 금고 이상의 형의 집행유예를 선고받고 그 기간이 완료된 날부터 2년을 경과하지 아니한 사람, ⑤ 금고 이상의 형의 선고유예를 받고 그 선고유예 기간 중에 있는 사람, ⑥ 법원의 판결에 의하여 자격이 상실 또는 정지된 사람은 배심원으로 선정될 수 없다. 이를 배심원 결격사유라고 한다.

다음으로 직업 때문에 배심원에서 제외되는 경우가 있다. 직업상 다른 배심원에게 큰 영향을 미치거나 범죄나 범죄인에 대해 편견을 가질 수 있기 때문이다. ① 대통령, ② 국회의원·지방자치단체의 장 및 지방의회 의원, ③ 입법부·사법부·행정부·헌법재판소·중앙선거관리위원회·감사원의 정무직 공무원, ④ 법관·검사, ⑤ 변호사·법무사, ⑥ 법원·검찰 공무원, ⑦ 경찰·교정·보호관찰 공무원, ⑧ 군인·군무원·소방공무원 또는 「향토예비군설치법」에 따라 동원되거나 교육훈련 의무를 이행 중인 향토예비군이 여기에 해당한다. 직업 때문에 소중한 배심원의 경험을 할 수 없는 안타까운 경우지만 공정한 재판을 위해서는 어쩔 수 없다. 이를 배심원 제외사유라고 부른다.

재판 대상사건과 가까운 관계에 있는 사람은 배심원이 될 수 없다. ① 피해자, ② 피고인 또는 피해자의 친족이나 이러한 관계에 있었던 사람, ③ 피고인 또는 피해자의 법정대리인, ④ 사건에 관한 증인·감정인·피해자의 대리인, ⑤ 사건에 관한 피고인의 대리인·변호인·보조인, ⑥ 사건에 관한 검사 또는 사법경찰관의 직무를 행한 사람, ⑦ 사건에 관하여 전심 재판 또는 그 기초가 되는 조사·심리에 관여한 사람 등이 이에 해당한다. 사건에 대해 이미 예단과 편견을 가질 수 있기 때문에 공정한 재판을 할 수 없다고 보는 경우다. 여기에 해당하면 예단과 편견이 없다고 해도 자동적으로 배심원이 될 수 없다. 이를 배심원 제척사유라고 한다.

법원에서 배심원의 직무수행을 면제해 주는 경우도 있다. 배심원이 되기에 부적당하거나 부담이 많은 경우다. ① 만 70세 이상인 사람, ② 과거 5년 이내에 배심원 후보자로서 선정기일에 출석한 사람, ③ 금고 이상의 형에 해당하는 죄로 기소되어 사건이 종결되지 아니한 사람, ④ 법령에 따라 체포 또는 구금되어 있는 사람, ⑤ 배심원 직무의 수행이 자신이나 제3자에게 위해를 초래하거나 직업상 회복할 수 없는 손해를 입게 될 우려가 있는 사람, ⑥ 중병 · 상해 또는 장애로 인하여 법원에 출석하기 곤란한 사람, ⑦ 그 밖의 부득이한 사유로 배심원 직무를 수행하기 어려운 사람 등이 이에 해당한다.

제척사유와 면제사유는 차이가 있다. 제척사유는 그에 해당하면 당연히 배심원 업무에서 배제된다. 특별히 신청하거나 법원에서 제척결정을 할 필요가 없다. 사건과 이미 관계를 맺어 배심원 업무를 공정하게 수행할 수 없기 때문이다. 그러나 면제사유는 다르다. 면제사유에 해당하는 배심원도 배심원 업무는 원하면 수행할 수 있다. 다만 배심원으로 활동하는 데 부담이 많을 수 있어 배심원 업무에서 벗어나는 길을 마련해 준 것이다. 따라서 배심원 업무수행에 부담이 많은 후보자는 법원에 면제신청을 해야 한다. 그리고 법원은 이에 대해 반드시 결정을 해야 한다. 법원이 이러한 사유를 먼저 발견했다면 직권으로 면제결정을 할 수 있다.

배심원의 소집

법원은 미리 작성된 배심원 후보 예정자 명부 중에서 필요한 수의 배심원 후보자를 무작위 추출방식으로 정해 배심원과 예비배심원 선정기일을 통지한다. 배심원 후보자는 선정기일에 출석해야 한다. 배심원은 국가업무인 재판업무를 수행하므로 이를 수행하는 동안 불이익이 없어야 한다. 그래서 법률은 누구든지 배심원, 예비배심원 또는 배심원 후보자인 사실을 이유로 해고하거나 그 밖에 불이익한 처우를 해서는 안 된다고 규정해 배심원을 보호한다.

배심원 선정기일에는 출석통지서와 함께 주민등록증, 운전면허증, 여권과 같은 신분증명서를 가지고 출석해야 한다. 배심원 선정절차에 정당한 이유 없이 응하지 않으면 과태료의 제재가 있다. 출석통지를 받은 배심원·예비배심원·배심원 후보자가 정당한 사유 없이 지정된 일시에 출석하지 않았을 때에는 법원은 결정으로 2백만 원 이하의 과태료를 부과한다.

아직까지 불출석했다고 하여 과태료를 부과한 사례는 없다. 하지만 과태료가 없다고 해도 배심원이 되는 것은 시민의 권리이자 의무이므로 이에 협조하는 것이 바람직하다. 그리고 배심원으로 활동하는 기회는 자주 주어지는 것이 아니므로 기회가 닿으면 하는 것이 바람직하다. 대통령이나 국회의원, 법관, 검사, 변호사는 절대 할 수 없는 소중한 경험이다.

배심원 선정절차

배심원 후보자들이 출석하면 배심원 선정절차가 시작된다. 배심원 선정절차는 '보아 디레'(*Voir Dire*) 라고 하는데 원래의 뜻은 '진실을 말한다'는 의미다. 즉, 배심원 후보자들이 법원, 검사, 변호인이 하는 질문에 대해 진실을 말하는 과정에서 배심원을 결정한다는 의미이다.

배심원 선정절차는 배심원 후보자 개인에 대한 질문과 답변을 중심으로 이루어진다. 예민한 사생활 문제도 질문 속에 포함될 수 있다. 이 때문에 배심원 선정절차는 배심원 후보자의 사생활 보호, 신변보호를 위해 공개하지 않는다. 그리고 법원은 배심원 후보자에게 번호를 부여하고 선정절차를 진행하는 동안 이름이 아닌 번호로만 부른다.

배심원 후보자들이 제출한 질문표는 문답을 위한 중요한 자료가 된다. 질문표에는 배심원 후보자가 배심원 결격사유, 제외사유, 면제사유에 해당하는지, 그리고 배심원 후보자가 불공정한 판단을 할 우려가 있는지 확인하기 위해 필요한 사항이 포함되어 있다. 그 밖에 배심원 후보자에 대해 법원, 검사, 변호사가 알아야 할 내용도 담겨져 있다. 모두 공정한 배심원 구성을 위해 마련된 것이다.

질문표를 바탕으로 배심원 후보자에 대한 질문이 이루어진다. 이 과정에서 사건과 직간접 관계를 맺은 사람은 배심원 후보자에서 제외된다. 질문표는 사생활 보호를 위해 법원에서 별도로 보관하며 당해 국민참여재판이 끝나면 즉시 폐기한다. 배심원 후보자가 배심원 또는 예비배심원 선정을 위한 질문표에 거짓 기재를 하여 법원에 제출하거나 선정절차에서의 질문에 대해 거짓 진술을 했을 때에는 2백만 원 이하의 과태료를 부과할 수 있다.

배심원의 기피

배심원은 출석한 배심원 후보자 중에서 추첨으로 결정한다. 추첨으로 선정된 사람은 우선 배심원 후보자가 되고 이들에게 검사와 변호인이 질문을 한다. 질문과 답변을 바탕으로 검사, 변호인은 배심원 후보자를 기피할 수 있다. 배심원 후보자에 대한 기피는 당해 사건에서 예단과 편견이 없는 배심원을 구성해 공정한 재판을 하기 위한 것이다.

검사와 변호인의 배심원 기피에는 이유부 기피와 무이유부 기피가 있다. 이유부 기피는 법원이 배심원 후보자가 배심원 자격제한 사유에 해당하거나 불공평한 판단을 할 우려가 있다고 인정될 때 직권 또는 검사·피고인·변호인의 기피신청에 따라 당해 배심원 후보자에 대해 불선정 결정을 하는 것을 말한다.

살인사건에서 피고인이 정당방위를 주장하는 경우를 가정해 보자. 술 먹고 때리는 남편에 대항하여 부인이 저항하다가 남편을 죽인 경우를 생각해도 좋다. 「형법」은 정당방위를 인정하므로 피고인의 정당방위 주장은 법률적으로 허용되고 검사의 입증 정도, 변호인의 방어 정도에 따라 인정될 수도 있다. 다시 말해, 살인을 했더라도 정당방위로 무죄가 인정될 수도 있다. 이것이 법이 인정한 원칙이다.

그런데 배심원 후보자 중에서 종교적 혹은 철학적 이유로 사람이 사람을 살해하는 것은 어떤 경우에도 용서되지 않는다고 생각하는 사람이 있다면 어떻게 될까? 이렇게 되면 재판은 제대로 진행되지 않는다. 「형법」이 인정하는 제도를 인정하지 않기 때문에 법률에 근거한 재판이 되지 않고 피고인에게 일방적으로 불리한 재판이 되어 버린다. 이러한 배심원 후보자는 배심원이 되면 안 된다. 이런 경우에 활용되는 것이 바로 이유부 기피다. 과거 자신과 가까운 친척이 해당 사건과 비슷한 사건에서 피해자가 된 경우도 여기에 포함될 수 있다. 아직까지 복수심이 남아 있을 수 있기 때문이다.

무이유부 기피는 검사와 변호인이 배심원 후보자에 대해 이유를 제시하지 아니하고 기피신청을 하는 것을 말한다. 무이유부 기피는 이유부 기피와는 달리 사실적, 법률적 이유가 없음에도 배심원 선정을 기피할 수 있는 경우다. 검사와 변호인은 질문을 통해 법률적 이유까지는 아니지만 편견이 있다고 느낀 경우 배심원 후보자를 배제할 수 있다. 기피할 수 있는 숫자는 배심원이 9명인 경우에는 5명, 7명인 경우에는 4명, 5명인 경우에는 3명이다. 무이유부 기피는 검사와 피고인 측 모두 행사할 수 있다. 만약에 있을 수 있는 배심원 구성의 불공정성을 배제하기 위해 인정된 제도이므로 배심원이 불공정하다는 것을 말하는 것은 아니다. 무이유부 기피가 되더라도 낙담할 필요는 없다.

무이유부 기피를 끝으로 배심원과 예비배심원이 모두 선정된다. 예비배심원은 배심원에게 사고가 생겼을 때 배심원을 대신함으로써 재판이 공전되는 것을 막는 중요한 역할을 한다. 배심원과 예비배심원은 무작위로 선정되며 누가 배심원이고 예비배심원인지 법원은 알리지 않는다. 예비배심원이 재판에 집중하지 않을 가능성이 있기 때문이다. 예비배심원은 평의에는 참여하지 못하지만 판결선고로 재판이 종료되기 전까지는 임무가 끝나지 않는다. 예비배심원의 수는 5명까지 선정할 수 있고 만일 2명 이상 선정하면 순서를 정해야 한다.

배심원의 수

배심원의 수는 법정형이 사형·무기징역 또는 무기금고에 해당하는 대상사건은 9명이고 그 외의 대상사건은 7명이다. 다만, 피고인 또는 변호인이 공소사실의 주요 내용을 인정했을 때에는 5명으로 배심원을 구성할 수 있다.

배심원의 수는 지금도 다투어지는 중요한 문제다. 논리적, 선험적으로 정해진 바는 없지만 배심제를 오랫동안 시행한 영국과 미국은 경험으로 12명이 가장 적당하다는 결론에 이르렀다. 이 영향으로 12명의 배심원이 세계적으로 가장 보편적이다.

역사적으로 보면 배심원의 수가 항상 소수였던 것은 아니다. 직접민주주의로 유명했던 고대 그리스의 아테네 법정은 10부족에서 추첨으로 선출된 6백 명씩, 6천 명의 배심원 후보자 중에서 사건의 비중과 성격에 따라 수백 명에서 1천 명 이상으로 배심원을 구성했다.

유명한 소크라테스의 재판(기원전 399년)에는 배심원 수가 501명에 달했다. 이 정도가 되면 배심원들의 토론은 생략되고 투표로 유무죄와 형을 결정한다. 소크라테스는 281 대 220으로 유죄, 361 대 140으로 사형판결을 받았다. [1]

12명의 배심원은 경험적으로 가장 적합한 것으로 알려져 있다. 미국의 배심원에 관한 유명한 영화 〈12명의 성난 사람들〉(1957년)은 배심원 수가 12명이어야 함을 잘 보여준다. 이 영화는 아버지를 칼로 찌른 소년의 살인재판에서 12명의 배심원들이 토론하는 과정을 예리하게 보여준다. 12명의 배심원 중 11명이 유죄로 생각했지만 1명의 배

---

[1] 레너드 케스터·사이먼 정, 2014, 《세계를 발칵 뒤집은 판결 31》, 현암사, 304~311면.

심원(주인공, 헨리 폰다)이 유죄를 의심하고 나머지 11명을 설득한다. 토론은 갈등을 촉발하고 배심원들의 분위기는 험악해진다. 더운 날씨에 처음부터 화가 나 있던 배심원들은 그러나 고통스러운 토론과정을 거쳐 결국 소년의 살인에 합리적 의심이 남아 있음을 인정하고 무죄로 합의한다. 만일 배심원 후보자로 선정되었다면 법원에 가기 전에 이 영화를 한번 보고 가는 것이 도움이 될 것이다.

국민참여재판의 배심원 수는 12명이 아닌 9명과 7명이 기준이다. 시민들의 다양한 생각, 다양한 경험을 반영하기에는 그 수가 적다. 치열한 토론을 하기에도 적고 판사를 압도할 만한 숫자도 아니다. 향후 국민참여재판 개혁 과정에서 숫자를 늘려야 할 것이다. 특히 사형이나 무기징역이 법정형인 사건에서는 12명의 배심원이 확보되어야 한다. 공정하고 신중한 판단을 위해서다.

배심원의 구성

배심원은 소수가 아닌 다수로 구성된다. 배심원들이 사회를 대표하고 시민들의 법감정을 대변해야 하기 때문이다. 다수로 구성될 때 배심원은 사회의 다양한 생각, 다양한 경험을 반영할 수 있다. 그리고 자신이 속한 계급, 계층, 집단이 배심원으로 재판에 직접 참여하고 의견을 개진할 수 있다고 느낄 때 시민의 참여도 활성화된다. 특정 계층, 계급, 집단의 편견도 배제할 수 있어 재판의 핵심인 공정성도 확보할 수 있다.

배심재판을 채택한 모든 나라에서 배심원의 다양한 구성은 핵심적

과제이다. 이를 미국의 서굿 마셜 판사는 피터 대 키프 사건(1972년)에서 다음과 같이 표현한 바 있다.

> 사회의 한 대규모 또는 동질 집단을 배심원 활동에서 제외하는 것은 알려지지 않은, 그리고 알려질 수도 없는 넓은 범위의 인간 본성의 특질과 다양한 인간 경험을 배심원 사무실에서 제거하는 것과 마찬가지입니다. 배심원에서 제외된 집단이 확실히 중요성을 지닐 수 있는 사건에 대한 자신들의 관점이 박탈당했다는 결론을 내리기 위해 집단적으로 계속해서 투표하지는 않을 것입니다. [2]

그런데 배심원의 다양한 구성은 생각만큼 잘 이루어지지 않는다. 배심재판이 가장 발달한 미국에서는 인종문제가 심각하다. 1992년 로스앤젤레스 폭동을 불러온 로드니 킹 사건은 배심원 인종구성에 문제가 있었다는 평가를 받는다. 로드니 킹을 폭행한 4명의 경찰관에 대한 재판에 선출된 배심원은 백인 10명, 라틴계 1명, 아시아계 1명으로 흑인은 한 명도 없었다. 백인 경찰관들은 로드니 킹을 폭행했다는 이유로 기소되었다. 그들이 흑인인 로드니 킹을 잔인하게 폭행하는 장면은 비디오로 촬영되었고 텔레비전을 통해 전국에 생생하게 방송되었다. 텔레비전 방송을 거치면서 로드니 킹 사건은 전국적 이슈가 되었고 미국이 여전히 인종문제를 극복하지 못했음을 보여주는 대표적 사례가 되었다. 재판에 전국적인 관심, 특히 흑인들의 관심이 집중됐다.

그런데 놀랍게도 배심원들의 평결결과는 전원무죄였다. 배심원들의 평결결과가 전적으로 인종에 좌우된 것은 아니지만 흑인이 한 명도

---

2 멜빈 I. 우로프스키, 2004, 《국민의 권리: 개인의 자유와 권리장전》, 미국 국무부, 180면.

포함되지 못한 배심원의 평결은 흑인들을 실망시키기에 충분했다. 분노한 흑인들은 폭동을 일으켰고 로스앤젤레스를 아비규환으로 만들었다. 폭동의 결과도 참혹했다. 53명의 사망자, 2천여 명의 부상자가 발생했다. 특히 이 사건은 흑인들의 분노가 한국계 이민자들을 향했다는 점에서 한국 이민사회에도 큰 충격을 주었다.

로드니 킹 사건과 반대로 오 제이 심슨 사건(1994년)에서는 흑인 배심원이 9명으로 절대 다수를 차지했다. 흑인스타 오 제이 심슨이 백인 전처와 식당 종업원을 살해한 이 사건은 전 세계적인 화제를 낳았다. 아메리칸 드림을 실현한 운동선수가 전처를 잔인하게 살인한 것도 화제였지만 재판과정이 텔레비전에 생중계되어 재판 자체가 상품화되기도 했다. 이 재판에서 배심원들은 심슨에게 무죄평결을 내렸다.

무죄평결이 내려진 큰 이유는 검찰 측이 제시한 증거가 수집과정에서 오염되어 증거로 사용할 수 없었기 때문이었다. 하지만 배심원의 인종구성이 영향을 미쳤다는 평가도 있다. 배심원 중 9명이 흑인이었으므로 심슨의 변호인단이 인종차별을 근거로 배심원을 압박할 수 있었다는 것이다. 실제로 변호인단은 인종차별 문제를 계속 제기했다.

우리나라는 인종문제는 심각하지 않지만 남녀구성이 문제가 될 수 있다. 여성의 권익이 향상되고 남녀평등이 확대되고 있지만 여전히 유교적 문화, 가부장제 분위기는 남아 있다. 이러한 상황에서 배심원 구성과 활동에 있어 여성이 적극 참여할 수 있는 환경과 분위기를 만드는 것은 중요한 과제다.

배심재판에서 여성의 중요성에 대해서 미국의 윌리엄 O. 더글러스 판사는 밸러드 대 미합중국 사건(1946년)에서 다음과 같이 말한 바 있다. 더 이상의 설명이 필요 없는 명쾌한 설명이다.

입장을 바꾸어 모든 남성이 배심원단에서 의도적으로 체계적으로 제외된 다면 배심원이 사회의 진정한 대표자들로 구성되어 있다고 누가 주장할 수 있겠습니까? 사실 남녀는 대체 가능한 존재가 아닙니다. 남녀 한 쪽으로만 구성된 사회는 남녀 모두로 구성된 사회와 다릅니다. 한쪽이 다른 한쪽에 미치는 미묘한 영향력은 가치를 따질 수 없습니다. 둘 중 한쪽이라도 제외된다면 어떤 뚜렷한 특징이 사라지게 됩니다. 한쪽을 제외한다면 배심원이 사회의 대표자가 되지 못할 것입니다. [3]

배심원의 위치

국민참여재판에서 배심원은 재판장과 검사, 피고인 및 변호인 사이 왼쪽에 위치한다. 검사와 피고인 및 변호인은 대등하게 마주 보고 위치한다. 피고인과 변호인은 같은 책상에 앉는다. 증인석은 재판장과 검사 · 피고인 및 변호인의 사이 오른쪽에 배심원과 예비배심원을 마주 보고 위치한다.

역시 이런 설명은 말보다 그림이 이해하는 데 빠르다. 〈그림 2-1〉에서 확인할 수 있듯이 판사석을 중심으로 검사와 피고인 및 변호인은 대등하게 위치한다. 배심원은 제3자의 위치를 차지하고 있다. 이 위치 배열은 검사와 피고인이 서로 대등함을 상징한다. 즉, 예단과 편견이 없는 배심원과 판사를 판단자로 앞에 두고 검사와 피고인은 서로 대등하게 공격과 방어를 한다는 것을 상징한다.

앞에서 설명했듯이 민주주의는 다스리는 자(治者)와 다스림을 받는 자(被治者)의 동일성을 특징으로 한다. 국민이 주권자이기 때문이다.

---

3 앞의 책, 181면.

그림 2-1 국민참여재판의 법정

출처: 법원행정처, 2007, 〈배심원 안내서〉.

형사재판에서 재판을 청구하는 자와 재판을 받는 자는 원칙적으로 대등하고 동일하다. 이를 시각적으로 표현한 것이 검사석과 피고인석의 위치다.

검사와 피고인의 대등한 위치는 국민참여재판이 도입될 때 「형사소송법」이 개정되면서 새롭게 정립된 것으로 그 역사가 길지 않다. 이전에는 피고인이 판사석을 정면으로 바라보고 있었고 검사는 판사의 오른편에서 피고인을 공격하는 위치에 있었다. 변호인도 피고인 옆에 앉지 않고 판사의 왼편에 앉아 있었다. 피고인을 제대로 돕지도 못한 것이었다. 더 과거에는 검사가 판사와 같은 법대에 앉아 있기도 했다. 민주주의가 정착, 확대되면서 법정의 풍경도 바뀌게 되었다.

배심원의 보수

배심원의 임무는 시민의 권리이자 의무다. 따라서 무상으로 일하는 것이 마땅하다고 생각할 수 있지만 실제 배심원 업무를 하면 생활에 지장이 생긴다. 이를 보상하기 위해 배심원에게 보수를 지급한다. 배심원의 보수는 재판 하루당 12만 원이다. 밤 12시가 지나 새벽까지 재판이 진행되기도 하는데 이때에는 하루치를 더 지급한다. 선정기일에 출석한 배심원 후보자는 배심원으로 선정되지 않더라도 6만 원의 일당을 지급받는다. 보통 배심원 선정절차는 오전에 시작해 오전에 끝난다.

배심원이 할 수 있는 일과 해서는 안 되는 일

배심원과 예비배심원은 법률에 따라 공정하게 그 직무를 수행할 것을 다짐하는 취지의 선서를 해야 한다. 선서가 배심원의 공정한 직무수행을 강제하는 것은 아니다. 하지만 특별한 종교적 의식이 없는 현재, 법정에서 하는 선서는 배심원들의 마음 자세를 새롭게 하는 데 도움이 된다. 배심원 또는 예비배심원이 정당한 사유 없이 선서를 거부하면 2백만 원 이하의 과태료를 부과할 수 있다.

　배심원에게는 재판 중 허용되는 행위와 금지되는 행위가 있다. 재판 중 허용되는 행위는 ① 피고인·증인에 대하여 필요한 사항을 신문하여 줄 것을 재판장에게 요청하는 행위, ② 필요하다고 인정되는 경우 재판장의 허가를 받아 각자 필기를 하여 이를 평의에 사용하는 행위다.

배심원이 직접 피고인과 증인에게 질문할 수는 없다. 법정에서 공격과 방어는 검사와 변호인이 하고 배심원은 이 공방을 보고 판단을 내리는 것이 원칙이다. 하지만 배심원이 궁금한 내용이 법정공방에서 나타나지 않을 수 있다. 이럴 경우 배심원은 재판장에게 필요한 사항을 신문할 것을 요청할 수 있다. 피고인·증인에 대한 신문이 끝난 후 법원에서 주는 서면에 질문사항을 기재하여 제출한다.

법정에서 필기는 재판장이 허가한 경우에 할 수 있다. 중요한 내용을 기억하기 위해서다. 실제 재판에서도 질문과 필기는 많이 한다. 하지만 법정에서 지나치게 필기에 집중할 필요는 없다. 법정에서 배심원이 집중해야 할 것은 검사와 변호인의 공격과 방어이지 필기가 아니다.

재판 중 금지되는 행위는 ① 심리 도중에 법정을 떠나거나 평의·평결 또는 토의가 완결되기 전에 재판장의 허락 없이 평의·평결 또는 토의 장소를 떠나는 행위, ② 평의가 시작되기 전에 당해 사건에 관한 자신의 견해를 밝히거나 의논하는 행위, ③ 재판절차 외에서 당해 사건에 관한 정보를 수집하거나 조사하는 행위, ④ 평의·평결 또는 토의에 관한 비밀을 누설하는 행위다.

배심원의 보호

배심원은 일시적이지만 재판업무를 수행한다. 재판업무 중 판사와 함께 판단작용을 하므로 형사재판에서 가장 중요한 역할이다. 그러므로 배심원이 흔들리면 형사재판 자체가 흔들린다. 배심원을 두텁게 보호해야 하는 이유다. 배심원에 대한 부당한 대우, 비정상적인 접근, 매

수, 정보의 공개는 배심원과 국민참여재판에 대한 심각한 위협이다. 법률은 이러한 경우를 대비해 배심원을 보호하고 있다. 문제가 생기면 곧바로 판사나 법원관계자에게 신고하면 된다.

먼저 배심원에 대한 불이익 취급은 금지된다. 누구든지 배심원, 예비배심원 또는 배심원 후보자인 사실을 이유로 해고하거나 그 밖의 불이익한 처우를 해서는 안 된다.

배심원에 대한 접촉은 규제된다. 누구든지 당해 재판에 영향을 미치거나 배심원 또는 예비배심원이 직무상 취득한 비밀을 알아낼 목적으로 배심원 또는 예비배심원과 접촉해서는 안 된다. 또한 누구든지 배심원 또는 예비배심원이 직무상 취득한 비밀을 알아낼 목적으로 배심원 또는 예비배심원의 직무에 종사하였던 사람과 접촉해서는 안 된다. 다만, 연구에 필요한 경우는 예외다.

배심원의 개인정보는 공개하지 않는 것이 원칙이다. 법령으로 정하는 경우를 제외하고는 누구든지 배심원, 예비배심원 또는 배심원 후보자의 성명이나 주소, 그 밖의 개인정보를 공개해서는 안 된다. 배심원, 예비배심원 또는 배심원 후보자의 직무를 수행했던 사람들의 개인정보는 본인이 동의하는 경우에 한해 공개할 수 있다.

배심원에 대한 신변보호 조치도 있다. 재판장은 직권이나 검사, 피고인, 변호인, 배심원, 또는 예비배심원의 요청에 의해 배심원 또는 예비배심원이 피고인이나 그 밖의 사람으로부터 위해를 받거나 받을 염려가 있다고 인정할 때 또는 공정한 심리나 평의에 지장을 초래하거나 초래할 염려가 있다고 인정할 때에는 배심원 또는 예비배심원의 신변안전을 위해 보호, 격리, 숙박, 그 밖에 필요한 조치를 취할 수 있다.

배심원에 대한 범죄와 벌칙

배심원을 보호하고 배심원 업무의 순수성을 지키기 위해 벌칙조항이 있다. 특히 배심원은 배심원에 의한 비밀누설죄, 배심원의 금품수수죄를 숙지할 필요가 있다.

배심원에 대한 청탁죄

배심원, 예비배심원, 배심원 후보자에게 그 직무에 관해 청탁한 자는 2년 이하의 징역 또는 5백만 원 이하의 벌금에 처한다.

배심원에 대한 위협죄

피고사건에 관해 당해 피고사건의 배심원·예비배심원·배심원 후보자 또는 그러한 직에 있었던 자나 그 친족에 대해 전화·편지·면회, 그 밖의 다른 방법으로 겁을 주거나 불안감을 조성하는 등의 위협행위를 한 자는 2년 이하의 징역 또는 5백만 원 이하의 벌금에 처한다.

배심원에 의한 비밀누설죄

배심원 또는 예비배심원이 직무상 알게 된 비밀을 누설했을 때에는 6개월 이하의 징역 또는 3백만 원 이하의 벌금에 처한다. 배심원 또는 예비배심원이었던 자가 직무상 알게 된 비밀을 누설했을 때에도 같지만 연구에 필요한 협조를 한 경우는 예외다.

배심원의 금품수수

배심원이나 예비배심원 또는 배심원 후보자가 직무와 관련해 재물 또는 재산상 이익을 수수·요구·약속했을 때에는 3년 이하의 징역 또는 1천만 원 이하의 벌금에 처한다. 배심원·예비배심원 또는 배심원 후보자에게 직무와 관련해 재물 또는 재산상 이익을 약속·공여 또는 공여의 의사를 표시한 자도 같다.

배심원의 해임과 사임

배심원이나 예비배심원으로 선정되어도 모두 끝까지 재판하는 것은 아니다. 법원은 일정한 경우 직권 또는 검사·피고인·변호인의 신청에 따라 배심원이나 예비배심원의 해임을 결정할 수 있다. ① 배심원 또는 예비배심원이 선서를 하지 아니할 때, ② 배심원 또는 예비배심원이 재판 중 금지되는 행위를 하여 그 직무를 담당하게 하는 것이 적당하지 아니하다고 인정될 때, ③ 배심원 또는 예비배심원이 출석의무를 위반하고 계속하여 그 직무를 행하는 것이 적당하지 아니할 때, ④ 배심원 또는 예비배심원에게 결격사유, 제외사유, 면제사유에 해당하는 사실이 있거나 불공평한 판단을 할 우려가 있을 때, ⑤ 배심원 또는 예비배심원이 질문표에 거짓 기재를 하거나 선정절차에서의 질문에 대하여 정당한 사유 없이 진술을 거부하거나 거짓의 진술을 한 것이 밝혀지고 계속하여 그 직무를 행하는 것이 적당하지 아니할 때, ⑥ 배심원 또는 예비배심원이 법정에서 재판장이 명한 사항을 따르지 아니하거나 폭언 또는 그 밖의 부당한 언행을 하는 등 공판절차 진행을 방해할 때가 이에 해당한다.

배심원은 사임을 신청할 수 있다. 배심원과 예비배심원은 직무를 계속 수행하기 어려운 사정이 있을 때에는 법원에 사임을 신청할 수 있다. 법원은 검사·피고인 또는 변호인의 의견을 듣고 당해 배심원 또는 예비배심원을 해임하는 결정을 할 수 있다.

03
판결을 뒤집는 시민의 힘
국민참여재판의 사례

국민참여재판은 어떤 사건을 재판하는가?

국민참여재판의 대상사건은 원칙적으로 사형, 무기 또는 단기 1년 이상의 징역 또는 금고에 해당하는 사건이다. 살인, 강도, 강간, 뇌물, 「공직선거법」위반 등이 이에 해당한다. 한마디로 중한 사건이다. 중하다는 것은 두 가지 의미가 있다. 하나는 사건 자체가 무거운 것이다. 범죄가 사회에 던진 충격이 다른 사건에 비해 무거운 경우다. 다른 하나는 무거운 형이 예상되는 경우다. 사회에 던진 충격이 크기 때문에 형도 무거워진다.

무거운 사건을 국민참여재판의 대상으로 하는 이유는 충분히 이해할 수 있다. 무거운 사건은 정식 절차를 거쳐 충분히 검토한 후 처벌해야 하고 경미한 사건은 신속히 처리할 필요가 있다. 형사재판 역시 인력과 예산을 사용하는 것인 이상 모든 사건을 정식재판으로 할 수는 없다. 이것을 선택과 집중의 원리라고 한다. 그리고 국민참여재판 제도가 도입된 초기임을 고려해야 한다. 아직 제도가 완전하지 않고 제도 시행을 위한 충분한 물적 조건이 마련되지 않았으므로 중요한 사건부터 국민참여재판을 실시할 필요가 있다.

하지만 이런 사정을 모두 감안해도 현재 국민참여재판 대상은 지나치게 제한적이다. 미국은 「헌법」에서 모든 형사사건에 배심재판을 받을 권리를 보장하고 있고 연방대법원은 법정형이 6개월 이상인 경우에는 배심재판을 받을 권리를 인정한다.

국민참여재판의 대상은 기본적으로 법정형이 징역 1년을 넘는 사건으로 확대되어야 한다. 이렇게 되면 징역형을 선고받을 가능성이 있는 거의 모든 범죄가 대상이 된다. 사형이 사실상 폐지된 지금 징역형은 가장 무거운 형벌이다. 징역형의 대상이 될 정도면 충분히 무거운 범죄라고 할 수 있다. 이런 사건에서는 동료 시민에 의한 공정한 재판을 받을 권리를 보장하는 것이 옳은 방향이다.

전 세계를 뒤흔든 배심재판의 전설,
오 제이 심슨 재판

역사상 가장 비싼 재판

피고인 구금일 수 474일, 배심원 선정절차 기간 79일, 배심원 격리일 수 372일, 검사 측 증인 67명, 변호인 측 증인 53명, 공판참여 검사 9명, 공판참여 변호사 11명, 검사 측 소송 총비용 9백만 달러, 변호인 측 소송비용 4백만~7백만 달러(추정), 5만 페이지가 넘는 공판기록. [1]

그러나 재판 결과는 피고인의 무죄. 배심원들은 1년이 넘는 심리기간에도 불구하고 단 3시간 만에 피고인에게 무죄를 평결했다. 텔레비전은 이 순간을 생중계했는데 순간 시청률은 91%에 달했다.

이 엄청난 시간과 비용, 인력은 단 하나의 재판에 사용되었다. 바로 배심재판 역사상 가장 유명한 오 제이 심슨 재판이다. 이 재판은 배심재판의 문제점을 드러내는 사례이기도 하면서 배심재판의 중요성을 보여주는 사례이기도 하다.

1994년 6월 13일 0시 10분경 미국 캘리포니아 주 브렌트우드 주택가에서 남녀의 시체가 발견되었다. 여자는 심슨의 전처 니콜 브라운이었고 남자는 그녀의 애인 로널드 골드먼이었다. 범행현장에 도착한 경찰수사관들은 곧바로 심슨의 집을 찾아갔다. 심슨은 당시 시카고에 있었으므로 집은 비어 있었고 경찰은 월담하여 그의 집에 들어갔고 뒤뜰에서 피에 젖은 장갑과 혈액이 묻은 양말을 발견했다. 그리고 사건현장 진입로와 철제 울타리에서도 그의 혈액을 발견했다.

심슨은 사건 당일 시카고를 다녀왔다는 알리바이를 주장했다. 그리고 전처 니콜의 장례식에도 참석하였으나 6월 17일 법정 출두를 앞두고 갑자기 도주해 버렸다. 경찰은 즉각 수배령을 내렸고 고속도로에서 1백km 이상의 추격전을 벌인 끝에 그를 체포했다. 이 과정 역시 텔레비전으로 90여 분간 생중계되었다. 많은 증거와 갑작스런 도주는 심슨이 진범임을 강하게 암시하고 있었다.

---

1 박광배, 2006, "O. J. Simpson 재판에서의 사실인정", 《사법 선진화를 위한 개혁》, 제8권, 사법제도개혁추진위원회, 288면.

흑인스타와 인종차별주의 경찰의 미스터리

흑인 남성이 백인 전처를 살인한 사건은 그렇게 특별한 사건이 아니었다. 수사와 재판이 크게 문제될 것은 없었다. 하지만 피고인이 오제이 심슨이라는 것이 큰 화제가 되었다. 심슨은 미국 역사상 가장 유명한 아프리카계 미국인, 흑인 중의 한 명이었다. 그는 미식 축구계의 스타이면서 영화배우로도 널리 알려진 인물이었고 그의 전처는 백인이었다.

인종문제가 삽시간에 이 사건의 이슈로 떠올랐다. 인종문제가 심각한 미국에서는 항상 배심원의 인종 비율을 적절하게 맞출 필요가 있다. 검사는 변호인단의 요구대로 이 사건 재판의 관할을 산타모니카 지방법원에서 로스앤젤레스 지방법원으로 옮기는 데 동의했다. 로스앤젤레스 지방법원 관할 지역에서는 흑인들이 다수 거주했기 때문에 배심원 구성에 흑인이 다수를 차지할 가능성이 높았다. 실제로 배심원 12명 중 9명이 흑인이었다.

검사가 관할 이전에 동의한 것은 증거가 충분하다고 자신한 것이 근본 원인이었지만 다른 배경도 있었다. 심슨 사건 재판 2년 전인 1992년 로드니 킹 사건이 있었는데 이 사건의 재판에서 배심원의 인종구성이 큰 문제가 되었다. 재판 직후 대규모 인종폭동까지 발생한 것은 배심원 구성에서 인종차별이 이루어졌기 때문이라는 인식이 광범위하게 퍼져 있었다. 검사는 로드니 킹 사건과 같은 결과를 피하기 위해 관할 이전에 동의했다. 인종문제를 처음부터 차단하려는 의도였다.

하지만 검사와 법원의 노력에도 불구하고 인종문제는 피할 수 없었다. 인종문제가 심각한 미국에서 흑인 남편의 백인 전처 살인사건은 처음부터 인종문제의 불씨를 안고 있었는지 모른다. 어쨌든 심슨의 변호인들은 사건 내내 인종차별 문제를 제기했다. 그들의 주장이 근거가 없는 것도 아니었다.

변호인들은 여러 결정적인 증거물을 수집했던 경찰관 마크 퍼먼이 인종차별주의자인 것을 공격했다. 실제로 마크 퍼먼은 한 언론과의 인터뷰에서 흑인을 비하하는 검둥이(nigger)라는 표현을 42번이나 사용했고 심지어 자신을 포함한 경찰들이 마음만 먹으면 범죄현장의 증거물을 바꿔치기하거나 조작할 수도 있고 위증을 광범위하게 한다는 취지의 발언을 한 바 있었다. 2

법정에서 검사도 마크 퍼먼을 인종차별주의자라고 지칭하고 이를 인정했다. 검사는 마크 퍼먼이 인종차별주의자인 것은 맞지만 그가 수집한 증거는 인정해야 한다고 주장했다. 3 하지만 배심원의 입장에서는 인종차별주의자가 수집한 증거를 쉽게 믿기는 어려웠을 것이다. 심지어 마크 퍼먼은 증거조작 여부를 묻는 변호인의 질문에 증언을 거부했다. 그의 증언 거부는 그가 인종차별주의자로서 흑인에게 불리하게 증거를 조작했다는 인상을 주기에 충분했다.

오염된 증거로 뒤집힌 검사의 시나리오

결과적으로 배심원 9명이 흑인으로 구성된 것은 평결결과에 영향을 미치지 못했다. 12명 전원이 무죄 의견이었기 때문이다. 쟁점은 인종이 아니라 증거였다. 증거수집과 보관, 감정과정에 문제가 없었는가

---

2 앞의 책, 298면.
3 앞의 책, 298면.

가 핵심 쟁점이었다. [4]

이 사건에서 주요 증거는 5가지였다. 사건현장의 혈흔, 심슨의 집 뒤뜰에서 발견된 심슨의 장갑에 묻은 혈흔, 심슨의 침실에서 발견된 양말에서 검출된 피해자의 혈흔, 심슨의 승용차에서 검출된 피해자와 심슨의 혈흔, 심슨의 집 진입로에서 발견된 심슨의 혈액이었다. 그러나 이 모든 증거는 수집, 보관, 감정 과정에서 오염된 사실이 밝혀졌다.

먼저 사건현장과 장갑에서 발견된 심슨의 혈흔이 증거로 제출되었다. 검사는 이 증거가 살해과정에서 손에 상처를 입은 심슨의 혈액이 현장에 떨어지거나 장갑에 흡수된 것이라고 주장했다. 그러나 실제로는 혈액을 감정하던 경찰 과학수사 전문요원이 실험실에서 심슨의 혈액을 다루다가 실수로 흘려 자기 손에 심슨의 피를 묻힌 사실이 밝혀졌다. 그리고 그 요원이 심슨의 피가 묻은 손으로 사건현장 및 장갑에서 채취한 혈액샘플을 다루었다. 보관 및 감정 과정의 오류였다.

뿐만 아니라 DNA 분석 결과를 비교하기 위해 피해자들 사체의 깨끗한 부위에서 주사기로 채취하여 LA 경찰 과학수사 실험실에 보관했던 혈액샘플에서도 심슨의 DNA가 검출되었다. 심슨의 혈액과 DNA가 제대로 관리되지 못하고 다른 증거에 묻기도 하고 다른 증거와 섞이기도 한 것이다.

심지어 심슨이 체포된 후 채혈한 혈액의 일부가 사라지기도 했다. 사건 발생 후 발견된 장갑에 묻은 피는 젖어 있는 상태였는데 같은 조건의 실험에서는 장갑 발견시간의 절반도 되지 않아 피가 모두 말라

---

4 앞의 책, 289~298면.

버렸다. 이 실험은 사건 발생 후 한참이 지나 누군가 장갑에 피를 묻힌 것으로 생각하기에 충분한 것이었다. 이처럼 결정적 증거였던 심슨의 혈액은 보관과 검사과정에서 이미 오염되어 있었다.

한편 사건현장의 철제 울타리에서 발견된 심슨의 혈흔은 사건이 일어나고 20일이나 지나서 발견되고 채취되었다. 하지만 사건 발생 직후 철제 울타리를 찍은 사진에는 혈흔이 촬영되지 않았다. 그럼에도 불구하고 철제 울타리에서 발견된 혈흔에서 나온 심슨의 DNA는 매우 신선하고 명료했는데 그 이유는 혈액응고 방지제가 포함되어 있었기 때문이다. 그리고 심슨의 승용차에서 발견된 혈흔에는 피해자의 혈흔이 포함되어 있었는데 피해자의 피가 경찰관의 몸에 묻어 심슨의 승용차를 조사하는 과정에서 묻은 사실도 밝혀졌다. 증거 수집과정 및 처리과정 역시 깨끗하지 못했고 오염되어 있었던 것이다.

배심원들은 검사의 증거를 배척하고 심슨에게 무죄를 평결했다. 배심원 중 한 명은 솔직히 마크 퍼먼이 증거를 조작했을 가능성을 진지하게 고민했다고 말했다. 그는 법이 유죄판결을 허용하지 않았을 것이라고 하면서 만약 우리가 오판을 한다면 무고한 사람을 오판하여 처벌하는 것보다 실제 범인을 오판하여 풀어 주는 것이 더 낫다고 말했다. 다른 배심원은 배심원들이 증거를 모두 비교했고 올바른 결정을 했다고 말했다. 배심원들은 인종문제에 흔들리지 않았고 순전히 증거에 의해서 판단했던 것이다.

논쟁 속에서도 배심재판은 흔들리지 않았다

재판은 끝났지만 논쟁은 끝나지 않고 계속되었다. 배심재판이 인종문제로 좌우되었다는 주장도 있었다. 증거들이 너무 오염되어 있어 증거를 더욱 신중히 취급해야 한다는 주장, 배심재판은 결투와 비슷해서 무엇이 사실인가를 따지는 것이 아니라 이를 입증하는 것이 핵심이므로 심슨 재판은 문제가 없다는 주장, 검사가 피고인의 유죄를 합리적 의심이 없을 정도로 입증해야 하는데 이에 실패했다는 주장 등 여러 주장이 제기되었다.

이 중에는 배심재판이 너무 비싸고 시간도 많이 들고 잘못된 결론을 낸다는 이유로 이를 폐지하거나 재검토해야 한다는 주장도 있었다. 하지만 배심제 자체를 공격하는 주장은 미국에서는 발견되지 않는다.[5] 미국이 아닌 국가, 특히 배심재판을 채택하지 않거나 반대하는 국가의 일부 학자들이 배심제의 문제점을 들어 배심제의 폐지 혹은 재검토를 주장했을 뿐이다. 미국에서는 배심제가 「헌법」상의 제도인데다가 확실한 역사적 정통성을 가지고 있기 때문이다.

확실히 심슨 재판에서는 증거를 제대로 수집하고 보관하고 감정했다면 충분히 진범을 체포하여 처벌할 수 있었을 것이다. 수많은 증거가 있었음에도 불구하고 모든 증거를 오염시킨 수사 초기의 실수가 진범을 놓치는 결과를 낳은 것이다. 배심원들이 본 것은 흑인 피고인이 아니라 오염된 증거였고 심슨을 처벌하기에는 불충분한 증거였다. 비난받아야 할 대상은 배심제가 아니라 수사 초기의 실수 또는 조작이다.

---

5 사법제도개혁추진위원회, 2006, 《사법 선진화를 위한 개혁》, 제8권, 309면.

무죄판결 이후 심슨의 추락

심슨은 형사재판에서 무죄를 받았지만 이후에도 이 사건에서 완전히 벗어나지는 못했다. 니콜 브라운과 로널드 골드먼의 유가족이 심슨을 상대로 민사소송을 제기한 것이다. 합리적 의심이 없을 정도로 유죄가 입증되어야 유죄를 선고하는 형사소송과는 달리 민사소송은 증거의 우위만 있으면 승소판결을 내릴 수 있다. 민사재판에서 배심원들은 피해자 유가족들의 손을 들어 주었다. 심슨은 850만 달러의 피해배상에 더해 2,500만 달러의 징벌적 배상 판결을 받았다.

심슨의 추락은 민사재판에 그치지 않았다. 2007년 심슨은 라스베이거스에서 무기소지 강도죄, 총기소지 침입죄, 1급 납치죄 등의 혐의로 체포되었다. 자신이 맡긴 스포츠 기념품을 돌려받기 위해 라스베이거스에서 무장강도를 벌인 것이다. 이 사건으로 심슨은 무려 33년의 중형을 선고받았다. 일부 사람들은 이를 사필귀정이라고 해석한다. 하지만 형사재판의 무죄판결과 심슨의 이후 행각을 연결시킬 근거는 없다. 다만 시간적으로 그렇게 보일 뿐이다.

국민참여재판의 오늘과 내일

통계로 보는 국민참여재판

국민참여재판은 얼마나 많이 이루어지고 있을까. 2008년 국민참여재판이 시행된 이후 2015년 7월까지 3,849건이 신청되었고 그중에서 1,572건(40.8%)이 국민참여재판으로 진행되었다. 배제결정은 684건

으로 17. 8%에 해당한다. 배제결정 비율이 적지 않다. 나머지는 국민
참여재판 신청을 철회한 것이다.

연도별로 살펴보면 2008년에는 64건, 2009년 95건, 2010년 162건,
2011년 253건, 2012년 274건, 2013년 345건, 2014년 271건, 2015년
은 7월까지 108건이 국민참여재판으로 진행되었다. 2014년부터 감소
추세인 것이 눈에 띄지만 아직 확실한 경향은 아니다. 현재 진행되는
국민참여재판의 가장 큰 문제는 그 수가 너무 적은 것이다. 이 정도의
국민참여재판 수를 두고 우리나라가 배심재판을 시행한다고 말하기 힘
들다. 국민참여재판이 일종의 장식이라는 비판을 면할 수 없다.

국민참여재판으로 진행된 사건은 사건 접수일부터 첫 재판까지 평
균 95. 2일이 걸렸다. 이 시간은 같은 종류의 사건을 처리하는 법관재
판과 비교했을 때 짧은 것이다. 국민참여재판으로 신속한 재판이 이
루어지는 것을 확인할 수 있다.

국민참여재판은 하루에 끝나는 것이 원칙이다. 일반시민인 배심원
을 고려하면 당연히 재판은 집중적으로 이루어져야 하고 하루 안에 마
치는 것이 바람직하다. 하지만 최근 사건이 복잡해지면서 이틀 이상
재판하는 경우가 늘고 있다. 서울중앙지방법원의 경우 이틀 동안 재판
한 사례가 2014년에 2건, 2015년에는 12건이 있었다.

배심원들은 재판을 마치고 유무죄와 양형을 결정하기 위해 평의를
한다. 평의는 매우 다양하지만 통계를 통해 일정한 경향을 알 수 있
다. 평의에 소요되는 평균시간은 1시간 43분이었다. 자백사건은 1시
간 26분이었고 부인사건은 1시간 53분으로 부인사건이 조금 더 길었
다. 하지만 의미 있는 차이는 아니다. 최대 소요시간은 5시간 40분이
었다. 피고인이 범행을 부인하는 사건에서 배심원 9명인 경우였다.

살인, 강도, 상해, 성범죄 등 범죄 유형에 따른 평의 시간 차이는 크지 않았다.

법원은 배심원 후보자를 선정기일에 출석시키기 위해 통지를 한다. 서울중앙지방법원은 보통 150명에게 통지서를 송달한다. 만일 국민참여재판이 3~4일로 오래 걸릴 거라고 예상하면 250~300명에게 송달한다.

배심원 선정기일에 출석하는 배심원 후보자는 평균 30~40여 명이다. 물론 50명이 넘는 경우도 있다. 250~300명에게 송달하는 경우는 평균 50여 명이 참석한다. 아직까지 불참한다고 하여 과태료의 제재를 가한 경우는 없다. 출석한 배심원 후보자만으로도 배심원 선정절차를 진행하고 재판까지 하는 데 문제가 없기 때문인 것으로 보인다.

배심원 선정절차에서 기피되는 배심원의 수는 사건마다 다르다. 이 중 배심원 후보자들이 면제신청을 하는 경우는 주로 70세 이상이거나 그 밖에 부득이한 사유로 배심원 직무를 수행하기 어려운 경우라고 알려져 있다.

배심원 업무수행의 만족도는 상당히 높은 것으로 보인다. 서울중앙지방법원의 배심원에 대한 설문조사 결과가 이를 보여준다. 서울중앙지방법원은 2013년과 2014년에 걸쳐 380명의 배심원에게 설문조사를 한 바 있다. 배심원 업무 만족도를 보여주는 지표가 포함된 이 조사에 따르면 배심원들은 지인에게 참여재판을 받도록 권유할 의사가 있는지 묻는 질문에 2013년에는 65명, 74%가, 2014년에는 226명, 78%가 긍정적으로 답했다. 그리고 5년 내에 다시 배심원 통지를 받을 경우 배심원으로 참여할 의사가 있는지 묻는 질문에 대해 2013년에는 64명, 73%가, 2014년에는 194명, 67%가 참여할 의사가 있다고 답변했다.

미리 보는 국민참여재판 이슈

시대를 초월한 절대 범죄, 살인사건

국민참여재판은 살인사건을 대상으로 하는 경우가 많다. 사람의 목숨보다 중한 것은 없다는 점에서 살인은 가장 무거운 범죄다. 그리고 역사가 가장 오래된 범죄라는 점에서도 대표적인 범죄다. 성경에도 나오고 고조선의 「8조 법금」에도 나온다. 사람의 목숨은 목숨만으로 갚을 수 있다는 생각은 일찌감치 생겨났다.

이처럼 살인은 범죄 중에서도 가장 무겁고 가장 역사가 오래되고 가장 원초적인 범죄이므로 모든 범죄의 기준이 된다. 살인죄는 다른 범죄에 대한 형벌의 기준이 되고 나아가 재판절차의 기준이 된다. 국민참여재판에 살인죄가 포함되는 것은 당연하다. 살인의 결과는 충격적이지만 그 이유는 여러 모로 따져 보아야 하는 경우가 많다. 신중하게 판단되어야 하고 시민의 건전한 상식이 반영될 필요가 크다.

2008년 12월 열린 국민참여재판은 겉으로 보기에 참혹하고 잔인한 살인사건을 대상으로 했다. 검사가 주장한 공소사실은 "피고인이 수면제를 달라는 어머니와 다투다 격분해 칼로 어머니의 손을 찌르고 집에 불을 질러, 화상성 쇼크로 어머니를 살인한 것"이었다. 여기까지 보면 잔인하기 짝이 없는 패륜범죄이다. 피고인을 엄벌에 처하지 않을 수 없는 것처럼 보인다.

그러나 이 사건에서 피고인은 무죄를 주장했다. 피고인은 "평소 알코올과 약물중독 증세가 있는 어머니가 수면제를 복용하려 하자 이를 말리기 위해 약을 뺏어 자신이 대신 먹은 뒤 잠이 들었을 뿐, 흉기를 휘두른 적도 없고 집에 불을 지른 적도 없다"고 완전 무죄를 주장했다.

재판은 이틀 동안 이루어졌다. 배심원은 3시간 30분의 평의 끝에 평결을 내놓았다. 배심원들은 존속살해와 방화의 범죄사실에 대해서는 무죄, 존속상해에 대해서는 유죄의 평결을 내렸다. [6]

사실관계를 철저히 밝혀 자신의 무죄를 밝히는 데에는 국민참여재판이 좀더 유리하다. 배심원 앞에서 충분히 자신의 주장을 할 기회가 보장된다는 점이 크게 작용한다. 그리고 변호인이 피고인을 도와 방어권을 잘 행사할 수 있도록 하는 점 역시 중요한 요인이다.

정치적 자유의 한계를 시험하는 사건

국민참여재판은 살인과 같은 중대 사건 이외에도 시민의 건전한 상식이 필요한 사건에 적합하다. 자유와 관련된 사건이 이에 해당한다. 자유와 관련된 사건 중 특히 시민의 상식적 판단이 필요한 것은 정치적 자유와 표현의 자유와 관련된 사건이다.

정치적 자유나 표현의 자유가 문제 되는 사건에서는 항상 국가와 시민이 대립한다. 국가는 질서라는 이름하에 시민의 정치적 자유와 표현의 자유를 제한, 통제하려는 경향을 보인다. 이에 비해 시민은 자유를 좀더 많이 누리려는 경향을 보인다. 사회가 민주화되면 이런 간극은 줄어들지만 사회가 보수화되면 이 차이는 커진다. 이 차이는 시민이 직접 재판에 참여함으로써 줄일 수 있다.

최근 이와 관련한 사건으로는 김어준, 주진우 씨의 나꼼수 사건, 이하 씨의「공직선거법」위반 사건, 안도현 시인의「공직선거법」위반 사건, 조희연 교육감의 명예훼손 사건 등이 있었다.

---

6 한인섭, 2009, "한국의 배심원 재판",《서울대학교 법학》, 50권 2호, 684면.

이 중 나꼼수 사건(2013년)과 안도현 시인 사건(2013년)은 중요한 의미가 있다.

나꼼수 사건은 김어준, 주진우 씨가 박근혜 대통령의 부친인 박정희 전 대통령과 동생 박지만 씨에 대해 허위사실을 공표했다고 기소된 사건이다. 이들은 〈시사 IN〉과 〈나꼼수〉 방송에서 박지만 씨가 매형인 신동욱 씨를 중국 칭다오에서 납치, 살해하라고 최측근이자 5촌 조카인 박용철 씨에게 지시했고 박 씨가 나중에 이를 폭로하려 하자 그마저 살해했을 개연성이 있다는 내용을 싣고 방송했다. 그리고 주진우 기자는 한 출판기념회에서 "박 전 대통령이 독일에 간 것은 맞지만 뤼브케 서독 대통령은 만나지 못했다"라는 발언도 했다.

검찰은 특정 후보 가족에 대한 반인륜적 패륜범으로 몰아 김어준 씨에게는 징역 2년, 주진우 기자에게는 징역 3년을 구형하면서 기소했다. 재판은 국민참여재판으로 진행되었고 배심원들은 모두 무죄 다수의 평결을 내렸다. 재판부는 배심원의 의견을 따라 무죄를 선고했다. 보도 내용이 표현의 자유, 비판의 자유의 범위에 속한다고 본 것이다.

기존의 법관재판은 이런 종류의 사건에 특히 취약하다. 판사라고 하더라도 국가 중심의 관점이 강하기 때문에 시민의 정치적 자유, 표현의 자유에 친숙하지 않은 경우가 많다. 인권을 공부하고 연습했다고 해도 판사들은 정당 가입 등 정치의 자유, 자신의 의사를 표현하는 표현의 자유, 집회·결사의 자유를 누리지 못한다. 자신이 직접 체험하지 않는 이상 이런 자유의 중요성을 알기는 어렵고 나아가 다른 사람의 자유를 지키기 위해 자신을 희생할 리 없다. 그리고 판사들은 판례를 존중하는 습관이 몸에 배어 있는데 그 판례는 대부분 군부독재 시절에 만들어졌기 때문에 시민의 정치적 자유를 보장하는 경우가 드물다.

그러나 배심원들은 다르다. 이들은 시민이다. 직접 정치의 자유, 표현의 자유, 집회·결사의 자유를 향유하는 주체들이다. 이런 자유가 없다면 민주사회가 유지될 수 없음을 잘 안다. 배심원 중에는 이들 자유를 경험하지 않아 이에 대해 무지하거나 무시하는 배심원도 있을 수 있다. 하지만 9명 또는 12명이나 되는 배심원이 모두 이런 사람들로 구성될 가능성은 극히 낮다. 그래서 배심원들은 고루한 판례에 얽매이지 않고 시대의 흐름을 반영할 가능성이 높다.

만일 법관재판으로 나꼼수 사건이 진행되었다면 무죄를 받기는 어려웠을 것이다. 이 예상은 단순한 추측이 아니다. 비슷한 사건에서 판사는 배심원의 무죄평결에도 불구하고 유죄를 선고했다. 바로 안도현 시인 사건이다.

안도현 시인은 2012년 대선에서 자신의 트위터에 박근혜 대통령 후보가 안중근 의사의 유물을 소장하고 있거나 도난에 관여했다는 취지의 글을 17번 올렸다는 이유로 「공직선거법」상 허위사실공표죄와 후보자비방죄로 기소되었다. 이 사건 역시 국민참여재판으로 진행되었다. 배심원 7명은 전원 무죄를 평결했다. 그러나 판사는 허위사실 공표에 대해서는 무죄를 인정했지만 후보자 비방에 대해서는 유죄를 선고했다.

여기에서 우리는 판사가 시민인 배심원보다 시민의 정치적 자유, 표현의 자유를 인정하는 데 인색함을 확인할 수 있다. 국가공무원으로서 판사가 시민에 비해 정치적 자유나 표현의 자유에 민감하지 않은 것, 그리고 국가 편, 구체적으로는 검찰 편에 설 가능성이 높은 것은 틀림없어 보인다.

다음으로 이 사건에서 판사가 배심원들의 평결을 뒤집었다는 사실을 주목해야 한다. 판사는 배심원의 무죄평결을, 그것도 전원일치의 무죄평결을 뒤집고 유죄판결을 선고했다. 이 사실은 국민참여재판의 문제점을 보여주는 것이기도 하지만, 더 깊이 생각해 보면 판사의 협조가 있어야 국민참여재판이 제대로 운용될 수 있고 나아가 판사에게 국민참여재판의 의의에 대한 깊이 있는 교육이 필요함을 보여준다. 이 사건은 기존의 판례에도 어긋나는 것이었으므로 항소심에서 무죄를 선고받았다.

국가와 개인의 가치가 대립하는 사건

국가 중심의 사고방식과 시민 중심의 사고방식은 정치적 사건에서 충돌할 가능성이 높다. 법은 국가와 개인이 대립할 때 누구의 편에 설 것인가? 대표적인 사례로 국기소각 사건을 생각해 보자. 자신의 의사를 표현하기 위해 국기를 태우면 과연 표현의 자유로 처벌받지 않을 것인가 아니면 국기모독으로 처벌받을 것인가? 특히 일본의 침략을 경험하여 애국과 민족주의 정서가 강한 한국에서는 심각한 문제가 될 수 있다.

국기는 엄청난 상징성을 가지고 있다. 국기는 국가의 역사, 국가의 정체성, 국가 자체를 상징한다. 국가와 공동체가 동일시되는 우리 현실에서는 국기는 곧 우리의 공동체를 상징하기도 한다. 더구나 태극기의 정체성은 일제 강점기 독립운동과 깊은 관련이 있다. 자신이 태어나고 자란 땅, 나라를 사랑하고 아끼지 않는 사람이 누가 있겠는가? 이 때문에 국기가 불타면 대부분의 사람은 심한 불쾌감과 아픔을 느낀다.

그러나 이를 처벌하는 것은 다른 문제이다. 범죄란 누군가의 이익을 침해해야 성립하는데 국기소각은 기분은 나쁘지만 구체적으로 누구의 이익을 침해한 것이 아니기 때문이다. 하물며 자신의 의사를 표현하기 위한 수단이라면 용납할 수도 있다.

우리나라는 국기모독죄를 두고 있다. 대한민국을 모욕할 목적으로 국기 또는 국장을 손상, 제거 또는 모욕한 자는 처벌받게 되어 있다. 아직 이 조항이 위헌이라는 헌법재판소의 결정은 없다. 따라서 처벌받을 가능성은 매우 높다. 실제로 2015년 5월 서울 광화문 세월호 추모집회 현장에서 태극기를 불태운 혐의로 구속영장까지 신청된 사례가 있다.

하지만 미국은 자신의 의사를 표시하기 위해 국기를 소각하는 행위도 표현의 자유로 인정한다. 1984년 그레고리 존슨은 자신의 의사를 표시하기 위해 성조기를 불태웠다. 성조기를 모독한 것은 텍사스주법 위반이므로 존슨은 재판에 회부되었다. 하급심에서 유죄판결을 받았지만 결국 연방대법원까지 올라갔다. 연방대법원은 정치적 의사를 표현하기 위해 국기를 소각한 행위는 「수정헌법」 제1조의 표현의 자유에서 보호하는 행위로 보았다. 존슨은 무죄판결을 받았다.

미국도 문제가 많은 나라이기는 하지만 이런 사건에서 무죄판결을 내리는 것을 보면 여전히 배울 점이 있는 나라라는 생각도 든다. 한편 비슷한 시기에 한국에서는 시위 도중에 태극기가 아닌 미국 국기인 성조기를 불태웠다는 이유로 유죄판결을 받은 사건이 있었다. 미국에서는 시위 도중에 자국의 국기를 불태운 사람이 무죄판결을 받았는데 한국에서는 다른 나라 국기인 성조기를 불태운 사람이 유죄판결을 받는다는 것은 모순이다. 이런 사건도 국민참여재판으로 가게 되면 시민의 편에 선 판결을 기대할 수 있을 것이다.

자본주의 사회의 병폐, 정경유착과 기업범죄

기업 총수가 재판을 받으면 일정한 공식이 작동한다. '유전무죄' 공식과 '징역 3년, 집행유예 5년'의 공식이다. 징역 3년, 집행유예 5년의 공식은 집행유예가 가능한 최고의 형이 3년이므로 죄가 얼마나 무거운가는 묻지 않고 기업 총수를 석방시키기 위해 징역 3년, 집행유예 5년을 선고하는 것을 말한다.

일반시민이 범했다면 엄벌에 처해졌을 범죄를 기업 총수가 범했다는 이유로 법원은 가볍게 처벌한다. 그리고 가볍게 처벌받더라도 민간외교나 경제활성화를 이유로 대통령이 곧 사면해 버린다. 기업 총수는 아무 일 없다는 듯이 다시 기업에 복귀한다.

상장된 공개기업을 총수들이 소유하는 현실에서 기업의 총수는 처벌에 관계없이 다시 기업을 운영한다. 심지어 기업이 잘되기 위해 기업총수가 다시 복귀해야 한다는 여론도 있다. 기업의 총수가 비자금을 조성하고 기업에 손해를 끼쳐 범죄자, 전과자가 된 사실은 중요하지 않다. 이상한 현실이다.

일반시민은 유전무죄의 공식과 무관하다. 무전유죄의 공식이 적용된다. 범죄자로 수사받고 기소되면 그 자체로 가족생활, 직장생활, 사회생활에 엄청난 지장이 초래된다. 가정은 파괴되고 직장에서는 쫓겨나고 사회에서는 퇴출된다. 다시 복귀할 가능성은 매우 낮다. 최근 사회가 고도로 조직화, 정보화되면서 피의자, 피고인이 다시 사회에 복귀할 가능성은 더 낮아졌다.

기업 총수와 일반시민의 현실을 보면 법 앞의 평등이 재판에서 작동하지 않음을 알 수 있다. 원래 사람이 절대 평등하다거나 또는 평등해야 한다고는 할 수 없다. 사람들은 평등하기에는 너무나 다양하고 또

차이가 크다. 하지만 최소한의 평등은 보장되어야 한다. 그중의 하나가 법 앞의 평등이다. 개별적인 사정은 있겠지만 같은 범죄를 저질렀다면 같은 처벌을 받아야 한다. 일정한 계급, 계층이 계속해서 혜택을 받거나 탄압을 받으면 법 앞의 평등은 무너진다. 법 앞의 평등은 사법체계의 근본이므로 이러한 현상이 계속되면 사법은 붕괴된다.

기업의 범죄는 생각보다 심각하다. 기업의 범죄행위는 기업활동 자체에서 비롯되기도 하고 어떤 경우에는 기업의 탄생 이유가 범죄와 맞닿아 있기도 하다. 기업활동 자체가 범죄행위인 경우는 《공정거래백서》에서 확인할 수 있다. 공정거래위원회 2013년 2014년 백서에 의하면 일부 기업은 일상적 활동에서도 범죄와 연결되어 있다.

삼성, 대한, 교보, 푸르덴셜 등 4개 생명보험사는 2001년 7월 9일부터 2009년 3월 31일까지 변액 종신보험 및 변액 유니버셜 종신보험의 GMDB 수수료율 수준을 담합했다. 무려 9년 동안이다. 그리고 삼성, 대한, 교보, 푸르덴셜 등 9개 생명보험사는 2002년 10월 7일부터 2014년까지 변액 연금보험 GMDB 수수료율 및 GMAB 수수료율 수준을 담합하다가 적발되었다.

그리고 현대자동차, 타타대우상용차, 다임러트럭코리아 등 대형화물상용차 7개사는 2002년 12월부터 2011년 4월까지 중요 정보를 공유하고 가격을 담합했다. ㈜LS, LS전선, 대한전선 등 8개 사업자 역시 원자력 발전소용 케이블 구매입찰 관련 낙찰자, 투찰가격 등을 사전에 합의했다. 기간은 2004년 2월부터 2005년 1월까지, 2008년 6월부터 2008년 10월까지, 2010년 3월부터 2010년 10월까지였다.

기업 간의 담합행위는 말하자면 끝이 없을 정도인데 대표적으로는 4대강 살리기에서 현대건설, 대림, 대우, 포스코, 현대산업개발, 금호산업, 롯데건설 등 19개 건설사 모두 담합한 사례가 있다. 4대강 살리기 사업 자체가 담합의 결과라고 해야 할 정도다.

2013년 대리점에 대한 횡포로 널리 알려진 남양유업은 2007년부터 2013년 5월까지 1,849개 대리점에 부당한 밀어내기, 부당한 이익제공을 강요했다.

기업의 탄생이 범죄와 관련된 경우도 있다. 공정거래위원회에 의하면 내츄럴삼양(주)은 2008년 1월부터 2013년 2월 적발 시까지 이마트 판매과정에 끼어들어 통행세를 취득했다. 이로써 내츄럴삼양(주)은 자산총액 170억 원에서 1,228억 원의 대형 회사가 되었다. 내츄럴삼양(주)은 삼양식품 총수일가가 지분을 90% 이상 소유하는 회사로서 이 거래과정을 통해 총수일가의 기업집단 전반에 대한 지배권이 공고하게 되었다. 이 행위는 전형적인 계열회사 부당지원 행위에 해당한다. SK그룹의 7개 계열사가 2008년부터 2012년 6월까지 SK씨앤씨와 수의계약을 통해 부당지원을 한 사례도 있다. 모두 「공정거래법」에서 금지하는 행위이다.

이처럼 기업의 행위는 범죄와 가깝고 우리에게 미치는 영향도 크다. 그럼에도 처벌은 약하다. 그 원인은 기업과 권력이 정경유착을 통해 일종의 카르텔을 형성하고 있기 때문이다. 최근에는 여기에 관료와 법조인이 결합하고 있다.

정경유착, 권력형 비리, 기업비리에 대한 통제는 검찰과 법원에만 맡겨 놓을 수 없다. 수사와 기소는 검찰이 아닌 정경유착, 권력형 비리사건을 수사하는 고위공직자 비리 수사처와 같은 독립기구가 담당해야 한다. 그리고 재판은 판사가 아닌 시민이 직접 담당해야 한다. 국민참여재판으로 진행하여 시민이 직접 처벌 여부를 결정한다면 기업 총수를 계속 가볍게 처벌하는 관행은 충분히 극복할 수 있다. 배심원은 법원의 기준을 적용하는 것이 아니라 시민의 기준을 적용하기 때문이다. 기업이 영향을 미치려고 해도 배심원의 수가 판사보다는 많으므로 훨씬 어렵다. 이렇게 되어야 계속 반복되는 정경유착, 권력형 비리, 기업범죄를 제대로 처벌하고 예방할 수 있다.

표현의 자유를 억압하는 음란죄 사건

법률용어 중에서 '음란'만큼 모호한 용어도 드물다. 대법원은 음란을 "사회통념상 일반 보통인의 성욕을 자극하여 성적 흥분을 유발하고 정상적인 성적 수치심을 해하여 성적 도의관념에 반하는 것"이라고 규정하고 있으나 이 역시 애매하기는 마찬가지이다. 사회통념, 보통인, 성적 흥분, 성적 수치심, 성적 도의관념 등의 용어가 모두 애매하기 때문이다.

먼저 사회통념이란 무엇이고 이를 결정하는 사람은 누구인지 애매하다. 대법원의 논리에 따르면 이것을 결정하는 사람은 시민일 것 같은데 사실은 판사다. 보통인이라고 하지만 누가 우리 사회의 보통인일까? 성적 흥분, 성적 수치심, 성적 도의관념이라는 용어 모두 애매하다. 사람마다 성적으로 흥분하고 수치심을 느끼는 수준이 모두 다르기 때문이다.

음란이라는 용어가 모호한 것은 무엇보다도 시대의 흐름에 따라 음란의 기준이 바뀌기 때문이다. 음란물에 관한 가장 유명한 판례는 아마 명화집의 그림을 성냥갑에 사용한 사건일 것이다. 1970년 대법원은 "침대 위에 비스듬히 위를 보고 누워 있는 본건 천연색 여자 나체화 카드 사진이 비록 명화집에 실려 있는 그림이라 하여도 이것을 예술,

문학, 교육 등 공공의 이익을 위해서 이용하는 것이 아니고, 성냥갑 속에 넣어서 판매할 목적으로 그 카드 사진을 복사 제조하거나 시중에 판매하였다고 하면 이는 그 명화를 모독하여 음화화시켰다 할 것" (1970. 10. 30. 선고 70도1879 판결) 이라고 판결했다.

그러나 이 판결은 당시에도 그랬지만 지금도 많은 비판을 받는다. 명화집에 실린 사진을 마음대로 사용했다면 「저작권법」에 위반될 수는 있지만 명화를 음란물로 만든 것은 아니기 때문이다. 명화는 사람들이 보고 감동을 느끼는 예술품이다. 예술품을 미술관이 아닌 거리에 전시한다고 하여 예술이 쓰레기가 될 리 없다. 예술품이 명화집이 아니라 성냥갑에 실린다고 하여 명화가 음화로 바뀔 리 없다.

음란의 개념이 현실에서 중요한 이유는 이 개념을 동원하여 표현의 자유, 상상의 자유를 침해하기 때문이다. 인간의 상상력은 제한이 없다. 인간이 발전할 수 있었던 것, 인간이 인간일 수 있었던 것은 상상력 때문이다. 상상력을 제한하는 것은 조심해야 한다. 인간의 본질을 침해할 수 있기 때문이다. 음란죄는 인간의 상상력, 표현의 자유를 제한한다. 한때 음란물이라고 고발되고 처벌받았던 소설, 그림이 지금은 명작과 명화로 대접받고 있다. 아무리 음란이라는 이름으로 제약해도 인간의 상상력은 가둘 수 없다.

음란죄 재판을 판사에게 맡기면 고루한 판례에 따라 음란성을 판단할 가능성이 높다. 아무래도 판사의 생활은 일반 사회인의 생활과 차이가 있기 때문이다. 시대와 사회 상황에 따라 달라지는 개념인 음란성을 정확히 판단하기 위해서는 배심원들의 지혜가 필요하다. 배심원은 사회생활 경험을 바탕으로 무엇이 음란이고 그렇지 않은지를 보다 정확히 판단할 수 있다. 나아가 혼자 결정하는 것이 아니라 남녀노소가 모두 모여 결정하니 최소한 판사 혼자 판단하는 것보다 훨씬 정확하다.

음란의 개념이 얼마나 모호한지 보여주는 사례로는 마광수 교수의 《즐거운 사라》 사건(1992년)이 있다. 우리 법원은 마 교수의 《즐거운 사라》를 음란물로 인정하고 마 교수에게 징역 8월에 집행유예 2년의 형을 선고했다. 《즐거운 사라》 사건을 변호한 한승헌 변호사는 자신의 저서 《권력과 필화》의 "'즐거운 사라'의 즐겁지 않은 수난"이라는 글에서 이 사건을 필화사건으로 소개했다. 이 사건에서 대법원이 근거한 판례는 일본에서 1918년에 내려진 판결에 뿌리를 두고 있다. 《즐거운 사라》는 한국에서는 음란물로 처벌받았지만 정작 한국 법원이 기초로 삼은 판례의 원산지인 일본에서는 일본어로 번역되어 아무런 법적 제재 없이 10만 부나 팔렸다고 한다.[7] 이상한 음란 개념이고 이상한 현실이다.

국민참여재판 회부 조건

피고인의 신청으로 시작

국민참여재판은 피고인이 원할 때에만 시작된다. 피고인의 권리인 것이다. 피고인은 자신이 원하지 않는데 국민참여재판을 받을 의무는 없다. 따라서 법원은 대상사건의 피고인에 대해 국민참여재판을 원하는지 여부에 관한 의사를 서면 등의 방법으로 확인해야 한다. 이때 법원은 피고인의 국민참여재판을 받을 권리가 최대한 보장되도록 한다.

피고인은 공소장 부본을 송달받은 날부터 7일 이내에 국민참여재판을 원하는지 서면을 제출해야 한다. 하지만 판례는 공소장 부본을 송

---

7 한승헌, 2013, 《권력과 필화》, 문학동네, 95면.

달받은 날부터 7일 이내에 의사확인서를 제출하지 아니한 피고인도 제1회 공판기일이 열리기 전까지는 국민참여재판을 신청할 수 있고, 법원은 그 의사를 확인하여 국민참여재판으로 진행할 수 있다고 하여 국민참여재판을 받을 기회를 확대하고 있다.

만일 피고인이 국민참여재판을 신청했는데도 배제결정 없이 법관 재판을 진행하면 어떻게 될까? 재판절차는 위법하여 무효이다. 재판을 처음부터 다시 해야 한다. 피고인의 권리, 시민의 권리를 침해했기 때문이다. 만일 1심에서 판결을 선고하고 항소심에서 법원의 잘못을 발견했다면 항소심에서도 어쩔 수 없다. 사건을 파기환송하여 1심을 국민참여재판으로 하도록 해야 한다.

예외적으로 항소심에서 피고인이 절차의 위법을 문제 삼지 않겠다는 의사를 명백히 표시한 경우에는 1심 재판절차가 적법하게 될 수도 있다. 물론 피고인이 절차의 위법을 문제 삼지 않겠다는 의사를 표시하기 전에 충분한 설명이 있어야 한다. 이와 같이 법률은 권리에 대한 두터운 보호와 권리 포기의 가능성을 같이 인정하고 있다.

국민참여재판의 배제

피고인의 신청이 있으면 원칙적으로 국민참여재판을 실시한다. 하지만 신청사건 전부를 국민참여재판으로 진행하지는 않는다. 국민참여재판으로 하기에 부적당한 사건이 있을 수 있기 때문이다. 법원은 국민참여재판 배제결정으로 국민참여재판을 하지 않을 수 있다. 배제사유는 ① 배심원·예비배심원·배심원 후보자 또는 그 친족의 생명·신체·재산에 대한 침해 또는 침해의 우려가 있어서 출석의 어려움이 있거나 「국민참여재판법」에 따른 직무를 공정하게 수행하지 못할 염려가 있다고 인정되는 경우, ② 공범 관계에 있는 피고인들 중 일부가 국민참여재판을 원하지 아니하여 국민참여재판의 진행에 어려움이 있다고 인정되는 경우, ③「성폭력 범죄의 처벌 등에 관한 특례법」제2조의 범죄로 인한 피해자 또는 법정대리인이 국민참여재판을 원하지 아니하는 경우, ④ 그 밖에 국민참여재판으로 진행하는 것이 적절하지 아니하다고 인정되는 경우다.

국민참여재판 도중에 법관재판으로 변경할 수도 있다. 국민참여재판이 부적당한 사건의 경우다. 법원은 피고인의 질병 등으로 공판절차가 장기간 정지되거나 피고인에 대한 구속기간의 만료, 성폭력 범죄 피해자의 보호, 그 밖에 심리의 제반 사정에 비추어 국민참여재판을 계속 진행하는 것이 부적절하다고 인정하는 경우에는 직권 또는 검사·피고인·변호인이나 성폭력 범죄 피해자 또는 법정대리인의 신청에 따라 사건을 지방법원 본원 합의부가 국민참여재판에 의하지 아니하고 심판하게 할 수 있다.

법률에서는 이를 '통상절차 회부'라고 부른다. 그런데 이 용어는 좀 이상하다. 통상이라는 것은 보통, 일반, 정상이라는 말과 유사하다. 따라서 법관재판에 비해 국민참여재판이 특수하고 비정상인 것과 같은 느낌을 준다. 하지만 국민참여재판은 특수하거나 비정상적인 것이 아니다. 오히려 국민참여재판이 재판의 기본형태다. 법관재판은 피고인이 국민참여재판을 선택하지 않을 때, 혹은 국민참여재판이 부적당한 경우 보충적으로 채택된다. 미국에서는 벤치 트라이얼(bench trial)이라고 하여 법관재판이라고 부른다. 우리도 법관재판으로 부르는 것이 타당하다.

법원은 국민참여재판 초기에 이를 배제할 수도 있고 국민참여재판

도중에 변경할 수도 있으나 국민참여재판의 피고인 보호기능, 시민의 참여기능, 시민주권주의 등을 고려하면 배제나 변경결정은 최소화되어야 할 것이다.

국민참여재판과 변호인의 역할

공정한 재판의 파수꾼

국민참여재판은 변호인이 반드시 있어야 한다. 변호인은 법정 내외에서 피고인을 보호하고 돕는 존재다. 변호사는 법률전문가의 자격을 말하고 변호인은 구체적인 사건에서 피고인을 돕기 위하여 선임 혹은 선정된 사람을 말한다.

형사재판은 검사와 피고인이라는 당사자가 대등하게 서로 공격하고 방어하면서 실체적 진실을 밝혀 나가는 과정이다. 재판에서 검사와 피고인은 서로 대등하게 공격과 방어를 해야 한다. 이론적으로는 검사도 재판의 당사자이고 피고인도 시민이므로 서로 능력에서 평등하다고 가정할 수 있다.

하지만 현실의 검사와 피고인은 평등하지도 않고 평등할 수도 없다. 검사는 법률전문가이고 수년간 고도로 훈련받은 사람이다. 그러나 피고인은 그렇지 않다. 법률을 모르는 경우가 대부분이며 평생 한 번도 재판을 받은 적이 없는 경우도 있다. 법률과 재판에 대해 훈련은커녕 들어본 적도 없는 경우가 대부분이다. 수사와 재판과정에서 어떤 권리가 보장되어 있고 어떤 권리를 행사할 수 있는지 모른다. 법률과 재판절차에 무지한 피고인이 수사와 재판에서 검사와 대등하게 공방을 벌일 수 있다고 가정하는 것 자체가 무리다. 피고인이 충분히 방어권을 행사할 수 없으면 위법한 수사와 재판을 통제할 수도 없고 공정한 재판이 될 수도 없다. 공정한 재판은 재판의 생명이므로 이를 이루지 못하면 재판의 정당성이 없어진다. 피고인도 일반시민도 재판결과에 승복하지 못한다.

수사와 재판은 결과에 관계없이 그 자체로 개인에게 엄청난 심리적, 육체적, 사회적 부담을 준다. 만일 구속이 되면 가족과 직장, 사회와 단절되고 유죄판결을 받으면 자유와 권리, 명예는 치명상을 입는다. 이런 상태에서 법률을 알지 못하는 피고인이 적절한 순간에 적절한 권리를 행사할 것을 기대하는 것은 탁상공론이다. 법률전문가의 도움이 없다면 복잡한 형사절차에서 자신의 위치를 파악하고 방어를 위해 어떤 조치를 취할 수 있는지 알 수 없다. 피고인은 변호인의 도움을 받아야 겨우 방어권을 제대로 행사할 수 있다. 법률전문가라는 변호사도 수사와 재판이 시작되면 다른 형사전문 변호사를 변호인으로 선임하는 것이 현실이다.

피고인 방어권 행사의 조력자

변호인은 피고인의 방어권 행사를 돕는 핵심적인 보조자다. 이런 이유로 우리의 「헌법」은 변호인 제도를 「헌법」상 필수 제도로 규정한다. 「헌법」은 두 개의 조문에서 4번 변호인을 언급한다. 외국의 「헌법」 및 「국제인권법」도 피고인 보호에 변호인이 필수적임을 인정한다. 「헌법」이 개정되더라도 삭제될 수는 없는 「헌법」의 핵심적 내용이다. 다만 「헌법」은 국가가 변호인의 도움을 받을 권리는 인정하지만 국가가 모든 시민에게 변호인을 선정해 주는 것을 보장하지는 않는다.

현행 국선변호제도는 ① 피고인이 구속된 때, ② 피고인이 미성년자인 때, ③ 피고인이 70세 이상인 때, ④ 피고인이 농아자인 때, ⑤ 피고인이 심신장애의 의심이 있는 때, ⑥ 피고인이 사형, 무기 또는 단기 3년 이상의 징역이나 금고에 해당하는 사건으로 기소된 때, ⑦ 피의자에게 구속영장이 청구되어 판사가 피의자를 심문할 때 인정된다. 이들 사건에서는 변호인이 없으면 재판을 할 수 없기 때문에 법원이 변호인을 선임해 준다. 여기에 더해 국민참여재판의 경우에도 변호인이 없으면 재판을 진행할 수 없고 피고인이 변호인을 선임하지 않으면 국가가 변호인을 선임해 준다.

국선변호가 필요한 사건은 피고인이 제대로 된 방어권을 행사할 수 없거나 중한 형이 선고될 가능성이 있는 경우다. 국민참여재판은 무겁고 중요한 사건을 대상으로 한다. 피고인이 다툴 가능성도 다른 사건보다 높다. 그리고 국민참여재판은 배심원들 앞에서 직접 공방을 벌여야 하는 재판이다. 수많은 사람이 지켜보는 공개된 법정에서 배심원을 앞에 두고 검사에 맞서서 재판진행에 따라 말로 배심원을 설득해야 하는 재판인 것이다. 이런 재판에서 형사절차 문외한인 피고인이 주눅들지 않고 자신의 주장을 펼치리라 기대하는 것은 무리이다.

형사절차는 일반시민은 잘 알지 못하는 여러 가지 권리와 의무로 구성된 복잡하고 동적인 과정이다. 국민참여재판에서 법률전문가가 돕지 않으면 피고인은 자신을 방어할 수 없고 자신이 응당 받아야 하는 것 이상의 형벌을 받을 수 있다. 어느 경우나 공정한 재판이 아니고 정의는 실현될 수 없다. 피고인의 방어권은 변호인이 있어야 완전해진다.

인권과 민주주의의 수호자

변호인은 구체적인 사건에서 피고인이 방어권을 행사할 수 있도록 피고인을 돕고 또 보호하는 역할을 수행한다. 변호인의 존재 자체가 시민의 인권을 지키는 역할을 하는 것이다. 그리고 재판이 공정하고 적법하게 진행할 수 있도록 감시하고 견제한다. 장기적으로 재판의 신뢰와 사법부의 권위를 보장하는 역할도 한다. 이처럼 변호인은 비록 시장에서 공급되지만 사법제도를 지탱하는 공적인 역할을 맡고 있다. 이런 측면에서 변호인에게는 높은 수준의 윤리와 철학, 실력이 요구된다.

국선변호 선정 건수는 그 사회의 인권 수준, 사법 수준을 이해하는 하나의 기준이다. 〈표 3-1〉은 우리나라 국선변호 선정 건수가 계속 증가하다가 최근 둔화되고 있음을 보여준다. 국선변호 선정 건수가

표 3-1 국선변호 선정 건수

연도	건수	연도	건수
1997	34,585	2006	63,973
1998	51,080	2007	80,360
1999	58,307	2008	91,883
2000	56,968	2009	101,559
2001	56,643	2010	103,980
2002	61,370	2011	101,672
2003	84,401	2012	109,571
2004	89,587	2013	111,373
2005	62,169	2014	124,834

출처: 법원행정처, 2015, 《사법연감》.

증가한 시기는 김대중, 노무현 대통령 재임 기간과 일치한다. 민주주의와 인권의 발전이 사법에 미친 영향을 확인할 수 있다. 앞으로도 국선변호 선정은 증가되어야 하겠지만 통계에서 보듯이 현행 제도로는 한계에 봉착했다.

개혁방안은 형사공공변호인 제도를 도입하는 것이다. 이 구상은 전국의 경찰서와 검찰청 등 모든 수사기관에 국가가 고용한 변호사를 배치하여 수사받는 피의자가 요구하면 언제든지 필요한 법적 조언을 제공하고 수사에 변호인을 참여하게 하는 구상이다. 수사가 24시간 진행되므로 변호인 사무실도 24시간 운영되어야 한다. 그리고 수사가 끝나 기소되어 재판을 받게 되면 형사공공변호인 중에서 무상으로 변호인을 선임할 수 있도록 한다.

형사공공변호인 제도를 두면 무엇보다도 수사와 재판과정에서 발생할 수 있는 억울한 사태와 위법을 미연에 방지할 수 있는 장점이 있다. 그리고 피의자와 피고인의 방어권을 강화하고 공정한 재판을 실현하여 형사사법의 수준을 한 단계 더 선진화할 수 있다. 형사공공변호인은 국선변호인과 같이 법원이 감독할 것이 아니라 법원으로부터 독립된 기구에서 관리해야 한다. 형사공공변호인은 법원도 견제하고 감시하는 역할을 하기 때문이다.

04
법정 진실공방을 보는 눈
형사재판의 절차

이 장에서는 형사재판이 어떤 순서로 진행되는지 살펴본다. 형사재판은 첫째, 실제로 재판의 대상이 된 범죄가 발생했는지, 둘째, 피고인이 재판의 대상이 된 범죄를 저질렀는지, 셋째, 피고인이 해당 범죄를 저질렀다면 어떤 형에 처해야 하는지 등을 결정한다. 이 과정은 미리 법률에 마련된 절차에 따라 이루어진다. 피고인의 방어권을 보장하고 공정한 재판을 하기 위해서다. 재판과정이 피고인에게 고통을 가하거나 혹은 피고인이 하고 싶은 말을 하지 못하게 해서는 안 된다. 그리고 심리와 판결은 감정이나 심증이 아니라 객관적 자료, 즉 증거에 의해 이루어져야 한다. 형사재판 절차는 이러한 요구를 반영할 수 있도록 세심하게 설계되어 있다.

그림 4-1 국민참여재판 절차 흐름도

검사의 공소제기

공소장 부본, 의사확인서 송달

피고인의 의사확인서 제출

공판준비절차 회부명령

배제
결정

공판준비절차
- 검사에 공판준비 명령
- 검사의 공판준비서면 제출
- 피고인·변호인의 반박
- 공판준비기일 진행 (필수적 절차)
- 사건 쟁점정리 및 증거채부
- 배심원 선정절차와 관련한 결정

통상
절차

선정절차
- 필요한 수의 배심원 후보자 무작위 추출
- 선정기일의 통지 질문표 송부
- 배심원 후보자의 질문표 제출
- 검사, 변호인에 대한 후보자 명부의 송부
- 선정기일 진행
- 배심원 후보자에 대한 질문
- 기피신청 → 불선정 기피기각 결정
- 무이유부 기피신청 → 불선정 결정
- 배심원·예비배심원 선정 결정

공판절차 (집중심리, 연일개정)
- 배심원의 출석 / 배심원의 선서
- 재판장의 배심원과 예비배심원에 대한 최초설명
- 진술거부권 고지 / 인정신문
- 모두진술
- 쟁점 및 증거관계 등 정리
- 증거조사 / 피고인 신문
- 최종변론 (검사 → 변호인 → 피고인)
- 재판장의 배심원에 대한 최종설명

평의절차
- 배심원 대표 선출
- 유무죄 평의
- 만장일치
  - Yes
  - No → 판사의견 청취 → 다수결 평의
- 평결, 양형토의

판결선고 (즉일선고 원칙, 즉일선고 시 5일 이내에 판결서 작성)

출처: 법원행정처, 2008,《국민참여재판의 이해》, 15면.

공판 전 공격과 방어의 전략을 짜라

효과적 재판의 필수조건, 공판준비절차

재판은 검사가 법원에 공소장을 제출한다고 바로 시작되는 것이 아니다. 공소장을 제출받은 법원은 먼저 피고인에게 방어의 기회를 주기 위해 공소장 부본을 송달해야 한다. 그런 다음 재판 날짜를 지정해야 하고 당사자를 소환해야 한다. 국민참여재판에서는 배심원을 소집해야 하고 배심원 선정절차도 거쳐야 한다.

공소장 송달, 기일 지정, 당사자 소환, 배심원 선정 등 형식적 절차만 필요한 것이 아니다. 사건이 복잡하면 쟁점을 정리해야 재판을 시작할 수 있다. 재판 전에 쟁점을 정리하지 않으면 쟁점을 정리하느라 소중한 재판기일을 허비할 수 있다. 증거가 많을 경우에는 증거조사 방법이나 순서도 미리 정할 필요가 있다. 수많은 증인을 한꺼번에 소환했다가 증언이 길어져 일부 증인이 증언하지 못하게 되면 증인도 불편하고 재판도 지연된다.

재판은 집중하여 신속하게 진행해야 한다. 재판이 집중적으로 이루어지지 않으면 사건에 대한 인상과 분석이 분산된다. 이렇게 되면 당사자의 말이 아니라 서류에 의존하여 재판하거나 올바른 판단에 도달하지 못한다. 이와 같은 실질적 재판 준비를 하기 위해 마련된 절차가 공판준비절차다.

국민참여재판은 공판준비절차를 반드시 거치도록 되어 있다. 국민참여재판 사건이 보통 사건보다 무겁고 중요하기 때문이다. 무겁고 중요한 사건일수록 증인과 증거가 많은 편이다. 또한 유죄를 인정하기보다는 무죄를 다투는 경우가 많아 증인신문과 증거조사, 검사와 변호인의 주장이 많은 편이다. 이때 공판준비절차를 거치지 않고 공판정에서 증인과 증거를 검토하면 혼란을 초래하고 재판기일은 공전된다.

국민참여재판에서 공판준비절차가 필요한 가장 큰 이유는 일반시민인 배심원들이 직접 재판에 참여하기 때문이다. 일상생활을 하다가 갑자기 재판업무를 담당한 배심원들의 불편을 최소화하려면 짧은 시간에 재판을 끝내야 한다. 집중하여 심리하지 않을 수 없다. 쟁점정리를 하지 않거나 증인을 제대로 소환하지 못해 재판을 공전시키면 판사, 검사, 변호인만이 아니라 배심원까지 피해를 입는다. 기일 공전에 따른 피해를 최소화하기 위해서는 공판준비절차가 필수이다.

공판준비절차에는 배심원들이 참여하지 않는다. 공판준비절차는 판사, 검사, 피고인 및 변호인이 참여하여 진행한다. 사건의 실체에 관한 심리가 아니라 사건의 진행에 관한 것만 검토한다. 구체적으로 쟁점을 분명히 하고 증인과 증거채택 여부를 결정하고 집중심리를 위한 기일을 지정한다. 사건 실체심리인 증인신문이나 증거조사는 공개된 법정에서 배심원 앞에서 이루어진다.

배심원들이 재판에 임할 때는 이미 공판준비절차가 모두 끝난 이후다. 공판기일이 지정되고 당사자들이 소환되어 있으며 쟁점정리나 증거채택 여부가 결정되어 재판의 실질 내용을 검토할 준비가 마쳐진 상태다. 배심원은 정리된 재판절차에 따라 재판의 실질 내용만을 심리하면 충분하다. 배심원은 공판준비절차의 내용을 알 필요도 없고 알 수도 없다.

공판준비절차 정리 내용

법원은 공소의 제기가 있으면 지체 없이 공소장 부본을 피고인 또는 변호인에게 송달해야 한다. 피고인 또는 변호인이 방어전략을 수립할 수 있도록 하기 위해서다. 공소장에는 피고인이 특정한 일시, 장소에서 특정한 범죄를 저질러 어떤 법률을 위반하여 공소제기되었는지 나와 있다.

피고인 또는 변호인은 공소장 부본을 송달받은 날부터 7일 이내에 공소사실에 대한 인정 여부, 공판준비절차에 관한 의견 등을 기재한 의견서를 법원에 제출해야 한다. 그러나 피고인은 진술거부권이 있으므로 의견서를 반드시 제출할 필요는 없다. 사건이 국민참여재판의 대상에 해당할 때에는 의견서에 국민참여재판 희망 여부에 대한 의견을 적어 제출한다.

공판준비절차의 일부로 국선변호인이 선임될 수 있다. 변호인이 반드시 필요한 사건에서 변호인이 없다면 재판은 모두 무효가 된다. 국민참여재판은 모두 변호인이 필요한 사건이므로 변호인이 없다면 법원은 변호인을 선정해야 한다. 물론 사선변호인이 있다면 굳이 중복하여 선정할 필요는 없다.

공판준비절차에서 검사 또는 피고인과 변호인은 상대방이 보유한 증거를 상대방으로부터 열람·등사할 수 있다. 이를 증거를 공개하고 보여준다는 의미에서 증거의 개시(開示)라고 한다.

또한 공판준비절차에서는 재판의 쟁점을 정리하는 등 재판절차를 결정한다. 법원은 공소장 보완과 변경을 하게 할 수 있으며 쟁점을 정리할 수 있다. 법원은 증거신청과 증거의 채택 여부를 결정할 수 있고, 증거개시에 관해 결정할 수 있다. 법원은 공판기일을 지정 또는 변경할 수 있다. 그리고 피고인을 공판기일에 소환하고 검사와 변호인에게는 공판기일을 통지한다. 이로써 공판준비절차는 끝난다.

증거의 개시

공판준비절차에서 가장 중요한 것은 증거의 개시다. 증거의 개시란 검사 또는 피고인, 변호인이 상대방이 보유한 증거를 열람, 등사하는 것을 말한다.

증거개시의 주체는 검사 또는 피고인, 변호인이지만 특히 검사가 보유한 증거를 공개하고 제공하는 것이 중요하다. 형사재판의 원칙상 유죄의 입증책임은 검사가 진다. 검사는 피고인의 유죄가 합리적 의심이 없을 정도임을 입증해야 한다. 피고인은 자신의 무죄를 주장할 필요가 없다. 피고인에게는 무죄추정의 권리가 있기 때문이다. 피고인은 이론적으로 검사의 유죄입증에 대해 합리적 의심이 남아 있다는 정도만 주장해도 충분하다.

따라서 피고인 및 변호인의 일차적 방어전략은 검사의 증거가 유죄입증을 하는 데 불충분하다는 점, 합리적 의심이 남아 있다는 점을 주장하는 것이 된다. 피고인의 주장을 앞세우는 것이 아니라 검사의 주장을 탄핵하는 것이 일차적 전략이다. 검사의 주장을 탄핵하려면 검사가 어떤 증거를 가졌는지 알아야 한다. 피고인 및 변호인은 검사의 증거를 알고 있어야 공판정에서 적절히 방어할 수 있다. 검사가 신청한 증인이 누구이고 검사 앞에서 무슨 진술을 했는지 알아야 법정에서 반대신문도 할 수 있다. 즉, 검사가 자신이 보유한 증거를 피고인 및 변호인에게 제공해야 피고인이 적절히 자신을 방어할 수 있다.

검사의 증거개시는 또한 집중심리를 가능하게 한다. 형사재판은 검사가 제출한 증거를 중심으로 진행된다. 검사가 피고인의 유죄를 입증할 책임을 지고 있기 때문이다. 따라서 검사가 미리 어떤 증거를 가지고 있는지 피고인 및 변호인에게 제공해야 피고인 및 변호인이 재판을 준비할 수 있다. 검사가 증인을 신문한 다음 곧바로 변호인이 반대신문을 하려면 변호인은 미리 증인의 신상이나 증언내용을 알아야 한다. 그렇지 않으면 재판을 연기할 수밖에 없다. 검사의 증거개시는 공판중심주의와 집중심리주의를 실현하고, 공정한 재판을 위해 피고인의 방어권을 보장하는 역할을 한다.

검사는 국가 공무원으로서 공정해야 할 의무를 지고 있으므로 피고인에게 불리한 증거만이 아니라 유리한 증거도 모두 개시해야 한다. 만일 유리한 증거가 있음에도 개시하지 않으면 국가가 개인을 속이고 누명을 씌우는 것이 된다. 윤리적으로도 용납되지 않는다.

피고인의 증거개시는 피고인 또는 변호인이 공판기일 또는 공판준비절차에서 현장부재나 심신상실 또는 심신미약 등 법률상, 사실상의 주장을 한 때에만 인정된다. 피고인의 증거개시는 내용상, 시간상 제한이 있다. 피고인의 증거개시가 제한되는 것은 피고인이 진술거부권을 가지고 있기 때문이다.

판사 앞에서도 자신을 지킬 룰을 기억하라

사건호명과 당사자 출석

재판은 재판장의 사건호명으로부터 시작한다. 사건호명은 어떤 사건으로 재판을 시작하는지 일반대중에게 알리는 역할을 한다. 국민참여재판의 법원은 3명의 판사로 구성된다. 이런 경우를 합의부라고 부른다. 3명의 판사 중 가운데에 앉는 판사가 재판장이다.

다음으로 재판장은 당사자의 출석을 확인한다. 검사는 국가를 대리하여 출석한다. 검사의 출석이 문제 되는 경우는 없다.

그러나 피고인의 출석은 매우 중요하다. 피고인은 재판정에 출석할 권리와 의무가 있다. 피고인이 출석하지 않았다면 재판을 진행해서는 안 된다. 재판의 생명은 공정성, 공평함인데 공정성은 피고인이 자신을 스스로 방어할 수 있을 때 확보된다. 피고인이 불출석한 상태에서 피고인의 변명, 주장, 반박을 듣지 않고 재판을 하는 것은 공정한 재판이 아니다. 피고인이 불출석한 상태에서 재판하는 경우는 경미한 사건이거나 피고인에게 유리한 재판을 할 경우 등에 한정된다.

국민참여재판은 변호인이 반드시 있어야 하는 필요적 변호사건이다. 따라서 변호인의 출석도 피고인의 출석만큼 중요하다. 변호인이 출석하지 않은 상태에서 재판을 하면 재판의 생명인 공정성이 무너져 재판 자체가 무효가 된다. 판례도 필요적 변호사건에서 변호인이 없었다면 재판은 무효라고 선언한다. 어렵고 복잡하며 힘든 형사절차에서 변호인이 없다면 피고인은 방어권을 제대로 행사할 수 없기 때문이다.

배심원과 예비배심원의 선서

당사자의 출석을 확인하면서 배심원의 출석도 확인한다. 그리고 재판
시작 전 배심원과 예비배심원이 엄숙히 선서를 한다. 배심원과 예비배
심원은 법률에 따라 공정하게 그 직무를 수행할 것을 다짐하는 취지의
선서를 해야 한다. 선서의 내용은 "저희 배심원 일동은 이 재판에 있어
서 사실을 정당하게 판단할 것과 재판장이 설명하는 법과 증거에 의하
여 진실하게 평결할 것을 엄숙히 선서합니다"이다.

재판장의 설명

배심원 선서가 끝나면 재판장은 배심원과 예비배심원에게 배심원과
예비배심원의 권한·의무·재판절차, 그 밖에 직무수행을 원활히 하
는 데 필요한 사항을 설명해야 한다. 앞으로 진행될 재판절차, 배심원
의 유의사항, 재판절차에 관한 법률 원칙, 배심원의 권리와 의무에 관
한 사항이 포함된다. 재판절차는 여기에서 설명하는 내용이고 배심원
의 유의사항, 배심원의 권리와 의무는 앞에서 이미 설명했다.

　재판절차에 관한 법률 원칙은 앞으로 설명할 무죄추정의 원칙, 증
거재판주의, 자유심증주의, 유무죄 여부와 양형의 구별, 피고인의 증
거제출 거부나 법정에서의 진술거부가 피고인의 유죄를 뒷받침하는
것으로 해석될 수 없다는 점, 평의 및 평결의 방법, 배심원 대표를 선
출해야 하는 취지 및 방법 등이 포함된다. 다만 본격적 설명을 아니고
재판에 필요한 최소한의 설명이다.

진술거부권 고지와 인정신문

배심원의 선서와 배심원에 대한 재판장의 설명이 끝난 후 재판장은 피고인에게 진술거부권을 고지한다. 재판장은 피고인에게 진술을 하지 않거나 개개의 질문에 대해 진술을 거부할 수 있고, 이익이 되는 사실을 진술할 수 있음을 알려 주어야 한다. 절대 생략할 수 없는 절차다.

진술거부권은 피고인의 주체성과 방어권을 보장하는 역할을 한다. 즉, 진술거부권으로 피고인은 단순히 재판을 받는 수동적 객체가 아니라 재판에 참여하거나 재판을 거부할 수 있는 주체적 인간이 된다. 인간의 주체성은 하기 싫은 말, 하기 싫은 일을 하지 않는 것에서부터 시작된다. 진술거부권은 「헌법」상의 권리이다. 어떤 경우에도 누락되거나 무시되어서는 안 된다.

자신에게 불리한 상황에서 침묵하는 것은 인간이 공격받았을 때 취하는 본능적 대응 중 하나다. 죄를 추궁하는데 침묵하거나 부정하는 것이 파렴치하게 보일 수 있으나 이는 어디까지나 피상적 인상일 뿐이다. 자신의 죄를 고백하도록 진술을 강요하면 봉건 재판, 즉 "네 죄를 네가 알렷다" 하는 원님재판으로 돌아간다. 자신에게 불리한 진술을 거부한다는 이유로 피고인을 불리하게 취급해서는 안 된다는 것은 「헌법」과 「국제인권법」에서 가장 먼저 인정하는 인권법의 기본 원칙이다.

진술거부권 고지가 끝나면 누구를 대상으로 재판하는지 확인해야 한다. 출석한 피고인이 공소장에 기재된 피고인과 같은 사람인지 확인하는 것을 인정신문이라고 한다. 이에 대해서도 진술거부권을 행사할 수 있다. 진술거부권 고지가 인정신문보다 먼저 이루어지도록 되어 있기 때문이다.

증거조사 전 쟁점정리에서는 쟁점을 분명히 밝혀라

검사의 공소장 낭독

당사자들이 모두 출석하고 피고인임이 확인되었다면 이제 어떤 사건으로 재판을 하는지 일반대중에게 알려야 한다. 이것은 검사가 행한다. 검사는 공소장에 기록된 공소사실, 죄명, 적용법조를 낭독한다. 이를 통해 국가는 피고인을 어떤 범죄로 기소하는지 배심원과 대중에게 공개한다. 배심원과 대중은 이때까지 아직 어떤 사건으로 재판을 하는지 모른다.

공소장 전부를 낭독하는 것이 원칙이다. 예외적으로 공소장이 지나치게 길거나 재판장이 필요하다고 인정할 때에는 검사에게 공소의 요지를 진술하게 할 수 있다. 이 과정을 검사의 최초진술이라고도 한다. 검사가 재판에서 처음에 진술해야 할 내용은 피고인을 어떤 범죄로 기소하는지 설명하는 것이므로 모두 공소장에 정리되어 있다. 따라서 이 단계에서는 공소장 낭독만으로 충분하다. 공소사실의 증명과 관련된 주장이나 입증계획은 따로 진술할 기회가 있다.

피고인의 최초진술

검사의 최초진술이 끝나면 피고인이 최초진술을 한다. 주로 공소사실을 인정하는지 아니면 부인하는지, 그리고 유리한 사실이 있다면 그 내용을 말한다. 피고인에게 동등하게 방어의 기회를 부여하기 위함이다. 이 단계는 생략할 수 없다. 범행을 인정하는 경우와 부인하는 경우 재판절차가 달라질 수 있기 때문이다. 그러나 피고인이 반드시 진술할 필요

는 없다. 피고인에게는 진술거부권이 있기 때문이다. 피고인이 진술을
거부하는 경우에는 범행을 부인하고 다투는 것으로 본다.

쟁점정리와 입증계획 진술

검사와 피고인의 최초진술이 끝나면 본격적인 재판에 들어가기 전에
재판장은 어떻게 재판을 진행할 것인지 정리한다. 재판장은 쟁점의 정
리를 위해 필요한 질문을 할 수 있고 증거조사를 하기에 앞서 검사 및
변호인으로 하여금 공소사실 등의 증명과 관련된 주장 및 입증계획 등
을 진술하게 할 수 있다. 여기까지가 실체심리 전에 이루어지는 절차
다. 실체심리 앞에 이루어지는 절차로 모두절차라고 부른다.

　모두절차는 실체심리는 아니지만 재판의 향방을 결정하는 중요한 역
할을 한다. 특히 검사는 최초진술과 입증계획 진술을 통해 배심원들에
게 공소장에 적시된 사건을 어떤 과정을 거쳐 어떻게 증명할 것인지 설
명한다. 사건 전체에 대한 최초의 설명인 것이다. 피고인과 변호인 역시
사건의 쟁점과 방어의 핵심을 배심원들에게 전달함으로써 이 사건에 대
한 최초의 인상을 만들 수 있다. 실체심리에 버금가는 중요성이 있으므
로 배심원도 신중히 들을 필요가 있다.

로마시대 키케로의 최초진술

최초진술은 재판의 향방을 결정할 정도로 중요하다. 유명한 재판에
는 유명한 진술이 남아 있는 것은 바로 이 때문이다. 역사상 유명한
검사의 의견진술로는 로마시대 키케로의 최초진술이 있다.

　키케로는 시칠리아 총독을 지낸 가이우스 베레스를 직무상 부패혐

의로 원로원에 고발했다. 당시 배심원은 원로원 의원으로 한정되어 있었다. 베레스의 후원세력은 원로원에 포진되어 있었고 베레스의 변호인 호르텐시우스는 원로원을 대표하는 집정관이었다.

기원전 70년 8월 4일, 누가 보아도 키케로에게 불리한 상황에서 재판이 열렸다. 그는 이 재판의 악티오 프리마(제1차 진술)에서 역사적인 연설을 한다. 다음은 그 연설의 일부이다.

내가 여러분 앞에 가져온 이 사건은 제대로 판단할 수만 있다면 사법절차에 대해 로마 시민들에게서 잃어버린 신뢰를 되찾고 우리의 동맹국들로부터도 만족스러운 반응을 얻을 기회입니다. 가이우스 베레스는 공공기금의 횡령꾼이며, 아시아와 팜필리아의 꼬마 폭군이며, 시칠리아의 도시들로부터 권리를 박탈하고 오욕과 폐허만 가져온 강도입니다. 여러분이 신에게 맹세한 그 엄격함과 공정성에 바탕하여 이 인물에게 판결을 내릴 수 있다면 여러분은 자신에게 마땅한 권위를 계속 지켜갈 수 있을 것이오. 그러나 혹시라도 이자가 막대한 부로 정의를 추구하는 법정의 존엄성과 정직성을 매수할 수 있다면 그래도 나는 한 가지만은 증명하는 셈이 될 것입니다. 지금 공화국에는 재판정에 세워 마땅한 범죄자나 그런 범죄자를 고발할 용기 있는 검사는 있지만 진실된 판결은 없다는 것을.[1]

이어서 키케로는 베레스의 범죄행위를 자세히 묘사했다. 그리고 어떤 방식으로 유죄를 입증할 것인지 요약했다.

배심원들이여, 나는 증인들을 활용하여 내 고발 내용이 모두 드러나도록 하겠습니다. 내가 증인들의 검증, 증인들과의 토론, 다시 내 연설로 혐의

---

1 레너드 케스터 · 사이먼정, 2014, 《세계를 발칵 뒤집은 판결 31》, 현암사, 69~71면.

사실을 세우고 나면 내 고발 내용이 증거와 일치한다는 것이 증명될 것입니다. 우리는 가이우스 베레스가 로마 시민들과 동맹국들에 수많은 부도덕한 행위, 잔인한 짓을 일삼은 것은 물론 신과 인간 모두에게 온갖 사악한 행위를 저질렀으며 시칠리아로부터 불법적으로 4천만 세스테르세스를 강탈했다고 주장합니다.

이 재판은 검사인 키케로의 일방적인 승리로 끝났다. 베레스는 상황이 불리하게 되자 로마를 떠나 갈리아 지방으로 망명했다. 베레스에게 최소한의 양심, 수치심은 있었던 모양이다. 재판은 궐석재판으로 진행되었다. 베레스는 최종적으로 유죄판결을 받았다.

증거조사에서는 사건의 실체를 꿰뚫어라

증거재판주의

실체심리는 당사자의 주장이 증거나 증인의 증언, 객관적 정황에 얼마나 부합하는지 심리하는 과정이다. 실체심리는 증거조사에 의해 이루어진다. 증거에 기초하지 않는 모든 주장은 가설일 뿐이다. 주장은 증거에 의해 증명되어야 하고 판결도 증거에 의해 뒷받침되어야 한다. 이를 증거재판주의라고 한다. 단순히 피고인이 범죄를 저질렀을 것 같다는 혐의만으로는 유죄를 인정해서는 안 된다. 심증은 가지만 물증이 없으면 무죄를 선고해야 한다.

법원과 배심원은 사건의 실체에 대해 심증을 얻기 위해 증거를 조사하여 그 내용을 확인한다. 이때 법원과 배심원은 직접 증인의 증언을 듣거나 증거물을 보아야 한다. 이럴 때에만 사건의 실체에 대한 확신을 얻을 수 있다. 증거에 대한 간접적인 조사는 원칙적으로 허용되지 않는다. 이를 직접심리주의라고 한다.

증거의 종류

재판과정에서 제출되는 증거는 다양하다. 증거가 다양하므로 증거에 대한 조사방법도 다양하고 증거의 가치도 가지각색이다. 다양한 증거의 종류를 살펴보면서 증거란 어떤 것인지 알아보자.

증거에는 직접증거와 간접증거가 있다. 직접증거는 증명을 요하는 사실인 요증사실을 직접 증명하는 증거다. 범행현장을 직접 목격한 증인의 증언, 범행현장을 촬영한 CCTV 등이 이에 해당한다. 간접증거는 요증사실을 간접 증명하는 증거, 즉 간접사실을 증명함으로써 요증사실의 증명에 이용되는 증거다. 살인현장에서 발견된 피고인의 DNA는 피고인이 살인현장에 있었다는 점에 대해서는 직접증거이지만 피고인이 직접 살인을 저질렀다는 점에 대해서는 간접증거이다. 간접증거는 정황증거라고도 한다.

사실인정에는 자유심증주의가 적용되므로 직접증거와 간접증거는 법률적 차이가 없다. 간접증거만으로도 범죄사실을 인정할 수 있다. 하지만 간접증거로 사실관계를 인정할 때에는 신중해야 한다. 중간에 추론이 개입되기 때문이다. 간접증거가 여러 개 있으면 추론은 기하급수적으로 늘어난다.

증거는 존재형식에 따라 인증, 물증, 서증으로 구분된다. 인증은 피고인, 증인, 감정인 등 사람이 증거인 경우다. 이때 증거는 진술 즉 말을 통해 얻으므로 증거조사는 묻고 답하는 신문방식에 의한다. 물증은 흉기나 장물, 마약 등과 같은 물건으로 증거조사는 직접 보고 느끼는 방식으로 한다. 서증은 서류를 말한다. 특히 서면에 기재된 의미 내용이 증거가 되는 것을 증거서류라고 부른다. 서증의 증거조사는 법정에서 읽음으로써 이루어진다.

증거는 실질증거와 보조증거로 나눌 수도 있다. 실질증거는 주요 사실, 즉 유죄입증에 필요한 핵심적인 사실을 직접 또는 간접으로 증명하는 증거다. 보조증거는 실질증거를 증거로 사용할 수 있는지 여부를 결정하는 증거나 실질증거의 증명력을 높이거나 낮추는 증거를 말한다.

예컨대, 피고인의 자백이 있는데 그 자백이 고문에 의한 것이라는 증거는 피고인의 자백을 증거로 사용할 수 없도록 만드는 증거다. 이때의 고문 사실은 피고인의 자백을 증거로 사용할 것인지 결정하는 보조증거다. 유무죄 입증과는 상관없다. 증인이 평소 피고인과 사이가 좋지 않았다는 사정은 증인의 증언을 탄핵하는 보조증거로서 실질증거의 증명력을 낮추는 역할을 한다.

증거조사 순서와 방법

증거조사는 검사가 신청한 증거, 피고인 또는 변호인이 신청한 증거, 법원이 직권으로 결정한 증거의 순서로 실시한다. 검사의 증거를 먼저 조사하는 것은 검사가 피고인의 유죄를 입증할 책임을 지고 있기 때문이다.

증거는 존재형식에 따라 증인신문을 먼저 하고 증거서류를 조사한다. 서류에 의한 재판을 막고 직접심리주의, 공판중심주의를 실천하기 위해서다. 서류, 특히 수사기관이 만든 서류에 의존한 조서재판을 벗어나기 위해서는 직접 증인의 증언을 들어야 한다. 만일 수사기관이 만든 서류에 의존해 재판을 하면, 재판을 판사와 배심원이 하는 것이 아니고 경찰이나 검사가 하는 결과가 된다. 서류에 대한 조사도 순서가 있다. 피고인의 자백이 기재된 조서와 서류는 마지막으로 조사한다. 자백 중심의 재판이 되지 않도록 하기 위해서다.

증거조사 방식은 지시설명이 원칙이다. 증거물은 개별적으로 증거물을 지시하고 설명한 다음 상대방과 법원과 배심원에 제시해야 한다. 증거서류는 지시, 설명한 후 낭독해야 한다. 법원이 전문적 지식이 필요하여 감정을 명한 경우에는 감정인을 법정에 불러 감정결과에 대해 설명하게 할 수 있다.

디지털 정보의 증거조사

배심원들이 보는 증거 중에는 증인이나 증거물, 증거서류가 아닌 새로운 증거가 있다. 최근 급격히 늘어나고 있는 디지털 증거가 그 예이다. 디지털 정보는 정보저장매체에 저장되어 있어 증거물이나 서류와 달리 외형을 보아서는 내용을 확인할 수 없다. 녹화물은 상영해야 하고 녹음물은 재생해야 한다. 디지털 정보는 컴퓨터를 통해 확인해야 한다.

디지털 정보는 다음과 같은 측면에서 새롭고 독특한 증거다.

첫째, 디지털 정보는 복제, 위조, 변조 등 조작이 쉽다. 디지털 정보는 아무리 많이 복제하더라도 복제본과 원본이 완전히 똑같다. 조작을 해도 흔적이 남지 않는다. 따라서 디지털 정보는 원본이 무엇인지 정확히 확정해야 하고 원본 확보부터 법정제출까지 전체 과정을 세밀히 심사해야 한다. 이 과정에 조금이라도 의문이 있다면 증거로 사용할 수 없다.

둘째, 디지털 정보는 상영하거나 재생하면 다른 증거물에 비해 높은 증명력을 가진다. 생생하기 때문이다. 특히 동영상이 그렇다. 절도나 폭행현장의 동영상은 그 자체로 유죄인정의 증거가 될 수 있다. 피고인이 검사 앞에서 자백하는 동영상 역시 피고인이 유죄라는 확신을 갖게 만든다. 그러나 지나치게 동영상 증거에 의존하게 되면 재판을 배심원과 판사가 하는 것이 아니고 동영상이 하는 것이 된다. 동영상 촬영자가 모든 결정을 하는 것과 같다. 냉소적으로 말하면 법정은 극장이 되고 재판은 영상재판이 되어 버린다. 이렇게 되면 피고인이 제대로 반론할 수 없는 문제가 발생한다. 이런 이유로 현행 「형사소송법」은 특히 수사기관이 촬영한 영상녹화물의 재생에 대해서는 제한을 가하고 있다.

원칙적으로 수사기관인 검사의 영상녹화물은 유죄인정의 증거로 할 수 없다. 검사의 영상녹화물이란 검사가 피의자 혹은 참고인을 대상으로 조사하면서 그 진술을 녹화한 것을 말한다. 영상녹화물은 피의자나 참고인이 자신이 검사에게 한 진술과 검사작성 조서의 기재내용이 다른 경우에 조서를 증거로 사용하기 위해서만 사용할 있다. 피의자 신문조서나 참고인 진술조서를 먼저 사용하고 이를 부인하는 경우에만 예외적으로 재생한다.

다른 디지털 정보는 원본이 무엇인지 먼저 확정짓고 그다음 법정 제출본이 원본과 같은 것임을 확인한 후 증거로 사용할 수 있다. 절도나 폭행현장을 찍은 CCTV 등이 이에 해당한다.

증인신문에서는 증언의 신빙성을 검토하라

증인의 자격

증인은 판사와 배심원에게 자신이 과거에 직접 경험한 사실을 법정에서 말하는 제3자를 말한다. 변호인은 피고인과 지위가 같으므로 증인이 될 수 없다고 보아야 한다. 증인은 자신이 직접 경험한 내용을 말해야 하므로 다른 사람이 대체할 수 없다. 다른 사람의 말을 다시 옮기는 경우는 전문증거라고 하며 증거로 사용할 수 없는 것이 원칙이다. 증언의 신빙성은 증인의 인격으로부터 나오는데 다른 사람의 말을 듣고 옮기는 전문증거는 원진술자가 법정에 나오지 않아 그의 인격을 확인할 수 없기 때문이다.

증언능력만 갖추었다면 증인의 자격에는 제한이 없다. 증언능력은 증인이 과거에 경험한 사실을 그 기억에 따라 말할 수 있는 정신적 능력을 말한다. 그런데 정신적 능력을 어떻게 판단할 것인가는 어려운 문제이다. 판례 중에는 사고 당시 만 3세 3개월~만 3세 7개월가량의 여자아이의 증언능력을 인정하고 그 증언의 신빙성을 인정한 사례가 있다. 예외적인 경우이므로 신중해야 하겠지만 어린이라고 해도 증인으로 인정되는 데 특별한 제한이 없다는 점을 알 수 있다.

증언거부권

증인에게는 증언거부권이 있다. 누구든지 자기나 친족 또는 친족관계가 있었던 자 또는 법정대리인, 후견감독인의 관계에 있는 자가 형사소추 또는 공소제기를 당하거나 유죄판결을 받을 사실이 발로될 염려가 있는 증언을 거부할 수 있다. 자신에게 증언거부권이 인정되는 것은 「헌법」상의 진술거부권에서 유래한다. 친족에게 증언거부권이 인정되는 것은 가족과 같이 가까운 관계에는 법률이 개입하지 않겠다는 의지의 표현이다. 증인이 증언거부권자에 해당하면 재판장은 신문 전에 증언을 거부할 수 있음을 설명해야 한다.

변호사, 의사, 회계사 등 직업의 특성으로 인해 타인의 비밀을 처리하는 자는 업무상 알게 된 타인의 비밀에 관한 것은 증언을 거부할 수 있다. 이들의 공통점은 타인의 비밀을 알아야 제대로 된 서비스를 제공할 수 있다는 점이다. 그 비밀은 모두 내밀한 것이고 프라이버시 중에서도 핵심에 속하는 것들이다. 즉, 비밀이 알려지면 타인의 사회생활에 치명적인 결과를 발생시킬 수 있으므로 이들의 비밀유지 의무와 증언거부권은 인정된다. 만일 이들의 비밀유지 의무와 증언거부권을 인정하지 않으면 사회적으로 필요한 서비스를 제공하지 못하는 문제가 발생한다. 다만 본인의 승낙이 있거나 중대한 공익상의 필요가 있다면 증언해야 한다.

중대한 공익은 쉽게 인정되지 않지만 이런 경우에는 인정된다. 예컨대, 한 피고인이 자신의 변호사와 상담하던 중에 해당 사건 이외에 다른 범죄를 저질러 소녀를 납치, 감금하였다면 변호사의 진술이 위태로운 사람의 생명을 구하는 것이기 때문에 중대한 공익으로 인정된다. 또한 피고인이 불특정 다수를 대상으로 테러를 계획하는 경우에도 인정될 수 있다. 하지만 단순히 막연한 범행을 계획하고 있다는 정도로는 불충분하다.

증인신문 방법

증인신문은 양 당사자가 교차하면서 묻고 답하는 식으로 진행된다. 교차신문 혹은 교호신문이라고 부른다. 증인은 신청한 검사, 변호인 또는 피고인이 먼저 신문하고 다음에 다른 검사, 변호인 또는 피고인이 신문한다. 재판장은 당사자의 신문이 끝난 뒤에 신문하는 것이 원칙이지만 필요하다고 인정하면 어느 때나 신문할 수 있으며 신문순서를 변경할 수 있다. 증인신문은 각 증인에 대해 개별적으로 실시해야 한다. 신문하지 아니한 증인이 재정한 때에는 퇴정을 명해야 한다. 기억이 다른 사람의 증언에 의해 오염되는 것을 막기 위해서다.

피고인의 반대신문

증인신문은 재판에서 가장 중요한 절차다. 피해를 당했거나 목격을 한 증인의 증언은 유죄인정에 결정적 역할을 한다. 정상적인 사회생활, 직장생활, 가정생활을 하는 선량한 시민의 증언은 믿을 만하다고 여겨진다. 그러나 사람의 기억은 한편으로 정확하면서도 한편으로는 위험하다. 심리학적으로 사람은 사실을 있는 그대로 인지하는 것이 아니라 맥락에 따라, 환경과 함께 인식하기 때문이다. 그리고 조작도 가능하고 왜곡도 발생한다.

　이런 문제를 방지하기 위해 증언의 신빙성을 검토하는 과정이 필요하다. 증언의 신빙성을 검토하는 데 가장 중요한 역할을 하는 것은 피고인과 변호인의 반대신문이다. 우리 「형사법」은 피고인의 반대신문권을 법률상 권한으로 인정하지만 미국은 「헌법」의 권리로 인정한다. 그리고 증인을 신문하는 과정에서 변호인은 두드러진 활약을 한다. 법정 영화와 법정 소설에서 반전이 일어나는 곳도 바로 증인신문 과정이다. 예컨대 애거서 크리스티의 추리소설 《검찰측 증인》은 증인신문 과정에서 벌어지는 반전을 다루고 있다.

수사를 직접 담당한 경찰관에 대한 반대신문이 이루어지기도 한다. 오 제이 심슨 사건에서도 수사경찰관에 대한 반대신문이 이루어졌다. 변호인들은 수사경찰관에 대한 반대신문에서 수사경찰관이 증거를 조작했거나 최소한 증거를 오염시켰다는 사실을 밝혀냈다.

증인의 보호

증인은 범죄의 피해자인 경우가 많다. 따라서 증언과정에서 피해자들이 2차 피해를 입지 않도록 세심하게 배려해야 한다. 2차 피해란 범죄로 1차 피해를 입은 후에 경찰이나 검찰, 법관 등 국가기관이나 언론, 학교나 직장, 심지어 친구로부터 모욕적인 말을 듣거나 부당한 대우를 받는 경우, 피해자 개인의 신상이나 사생활이 침해되거나 누설되는 경우와 같이 피해자가 또 다른 정신적, 사회적 피해를 입는 것을 말한다.

예를 들어 성폭력 사건이나 아동폭력 사건에서 마치 피해자가 범죄를 유도한 것처럼 질문하는 경우가 이에 해당한다. 원하지 않는데도 언론에 노출되는 경우도 마찬가지다. 증언으로 인한 직접적 피해도 조심해야 한다. 증언으로 유죄판결을 받게 될 피고인과 그 조직이 보복할 가능성을 염두에 두어야 한다.

증인의 보호를 위해 법률은 신뢰관계인 동석제도와 중계장치 등에 의한 증인신문 제도를 두고 있다. 법원은 범죄로 인한 피해자를 증인으로 신문하는 경우 증인의 연령, 심신의 상태, 그 밖의 사정을 고려하여 증인이 현저하게 불안 또는 긴장을 느낄 우려가 있다고 인정할 때에는 직권 또는 피해자나 법정대리인, 검사의 신청에 따라 피해자와 신뢰관계에 있는 자를 동석하게 할 수 있다. 나아가 피해자가 13세 미만이거나 신체적 또는 정신적 장애로 사물을 변별하거나 의사를 결정할 능력이 미약한 경우에는 동석하도록 해야 한다. 신뢰관계인은 증인 옆에 동석하여 증인을 안심시키는 역할을 한다. 물론 이들이 직접 증언을 하는 것은 아니고 증언을 방해해서도 안 된다.

법원은 피해자가 아동·청소년이거나 범죄의 성질, 증인의 연령, 심신의 상태, 피고인과의 관계, 그 밖의 사정으로 인해 피고인 등과 대면하여 진술하는 경우 심리적 부담으로 정신의 평온을 현저히 잃을 우려가 있다고 인정되는 자를 증인으로 신문하는 경우 상당하다고 인정할 때에는 검사와 피고인 또는 변호인의 의견을 들어 비디오 등 중계장치에 의한 중계시설을 통해 신문하거나 차폐시설 등을 설치하고 신문할 수 있다.

이때에는 배심원도 직접 증인을 보지 못할 수 있다. 그러나 배심원이 직접 증인을 볼 수 없다고 해도 증언의 가치에 차이가 생기는 것은 아니다. 다만 이 경우에도 피고인의 반대신문권을 침해해서는 안 된다. 피고인 및 변호인의 방어권은 재판의 공정성을 보장하는 장치이므로 매우 예외적으로만 제한될 수 있다. 따라서 차폐시설을 설치하여 증언하더라도 변호인이 직접 증인을 대면하고 신문하는 것은 보장해야 한다.

피고인 신문에서는 피고인의 입장을 충분히 검토하라

증인신문, 증거조사가 끝나면 검사와 변호인은 피고인을 상대로 직접 공소사실에 대해 물을 수 있다. 이때 공소사실과 함께 사건이나 피고인과 관련한 여러 사정을 함께 물을 수 있다. 이 절차를 피고인 신문이라고 한다. 과거에는 증인신문, 증거조사 전에 피고인 신문을 먼저 했다. 그 결과 재판은 피고인의 진술, 자백에 의존하는 기형적 형태가 되었고 피고인은 소송의 주체가 아니라 재판의 객체, 증거방법으로 전락했다. 피고인의 진술을 통해 공소사실을 입증할 수 있었기 때문이다.

이러한 문제를 해소하기 위해서 국민참여재판 도입과 함께 개정된 「형사소송법」은 피고인 신문을 증인신문, 증거조사 다음으로 이동하고 임의적 절차로 바꾸었다. 검사 또는 변호인은 증거조사 종료 후에 순차로 피고인에게 공소사실 및 정상에 관해 필요한 사항을 신문할 수 있다. 범죄의 입증에 필요한 증거는 이미 조사했기 때문에 피고인 신문은 보충적으로 이루어진다.

피고인 신문은 검사 또는 변호인의 순서로 진행하고 증인신문의 방법에 의한다. 검사가 판단하기에 공소사실이 증인신문, 증거조사 과정에서 충분히 입증되었다면 피고인 신문은 할 필요가 없다. 피고인에게는 공소사실을 다투는 경우 자신의 주장을 펼 수 있는 기회가 된다. 공소사실을 인정하는 경우에는 자신에게 유리한 정상자료, 양형자료를 제출할 수 있는 기회가 된다. 공소사실의 입증은 증거조사 단계에서 끝나는 것이 원칙이므로 피고인 신문은 주로 피고인이 자신에게 유리한 주장을 하는 기회다. 피고인이 자신에게 유리한 내용을 주장하는 것은 당연한 권리이므로 이를 이유로 피고인에게 불리한 판단을 해서는 안 된다. 피고인 신문이라고 해도 피고인은 진술거부권이 있으므로 진술하지 않을 수 있다.

결심에서는 마음을 움직이는 진술을 하라

검사의 의견진술

증거조사와 피고인 신문이 끝나면 사건의 실체심리는 끝난다. 이제 재판을 정리할 때다. 재판의 정리는 당사자인 검사의 마지막 주장으로 시작한다. 피고인 신문과 증거조사가 종료했을 때에 검사는 사실과 법률적용에 관해 의견을 진술해야 한다. 검사의 최종의견을 논고라고 하고 양형의견을 구형이라고 한다.

검사는 무죄의 증거가 명백한 사건에 대해서는 무죄구형을 할 수도 있다. 특히 무죄임이 명백하여 재심을 하는 사건인 경우에는 무죄구형을 하는 것이 바람직하고 자연스럽다. 하지만 현실은 그렇지 않다. 임은정 검사는 2012년 과거 유죄사건이 조작된 것이 밝혀져 재심을 한 사건에서 무죄구형을 했다가 정직 4개월의 징계를 받았다. 사건은 재심에서 당연히 무죄판결을 받았다. 공직자로서 공명정대해야 하는 검사가 무죄가 명백한 사건을 무죄구형하지 못하고 무죄구형을 했다는 이유로 징계를 받는 것이 우리의 현실이다. 임 검사는 법원에 징계취소 소송을 제기하여 1심과 항소심에서 승소했다.

피고인 및 변호인의 최종의견 진술

재판장은 검사의 의견을 들은 후 피고인과 변호인에게 최종의견을 진술할 기회를 주어야 한다. 피고인과 변호인이 이를 행사하는 것은 그들의 자유이지만 재판장은 기회를 주지 않으면 안 된다.

먼저 변호인이 최후변론을 한다. 변호인은 지금까지 공판절차를 통해 드러난 실체심리 결과를 종합해 공소사실에 대한 인정 여부, 증거의 존재 및 입증의 정도, 피해자와의 합의 여부, 기타 양형자료 등을 모두 정리하여 의견을 발표한다. 피고인의 보호를 위한 마지막 기회다. 변호인의 모든 변호활동이 정리되는 단계이므로 배심원도 신중하게 들을 필요가 있다. 우리 역사에서 유명한 변호인의 최후변론으로는 조영래 변호사의 부천서 성고문 사건의 최후변론이 꼽힌다.

변호인 다음 피고인이 마지막 의견을 진술하는데 이를 최후진술이라고 한다. 생략할 수 없는 중요한 절차이다. 피고인으로서는 공개된 법정에서 대중을 향해 마지막 말을 하는 것이므로 목숨보다 귀한 순간일 수 있다.

유명한 재판일수록 피고인의 유명한 진술이 있기 마련이다. 우리의 경우에는 김대중 전 대통령의 최후진술이 유명하다. 세계적으로는 넬슨 만델라 남아프리카공화국 전 대통령의 진술이 유명하다. 넬슨 만델라는 폭력혁명을 목적으로 한 세력규합, 외부세력과 연합하여 공화국을 공격하려 한 모의, 불법자금 취득 등의 혐의로 기소되었다. 그는 이 재판에서 1964년 유죄로 종신형을 선고받았다. 그리고 27년간 수감되었다가 1990년, 73세에 석방되어 1993년 대선에서 대통령으로 당선되었다. 놀라운 인생 역전이지만 거의 세계 최장기 감옥생활을 기록한

후 맞은 인생 역전이었다. 다음은 넬슨 만델라의 최후진술이라고 알려
진 연설의 일부다.

피부색에 근거한 정치적 구분은 어디까지나 인간이 만들어낸 것에 불과하
며 피부색이 같은 한 집단이 다른 집단을 지배하는 것은 부자연스러운 일
입니다. 아프리카민족회의(ANC)는 반세기 동안 인종주의에 맞서 싸워왔
습니다. 나는 평생 아프리카인의 투쟁에 헌신했습니다. 백인 지배에 맞서
싸웠고 흑인 지배에도 맞서 싸웠습니다. 모든 사람이 조화롭게 동등한 기
회를 누리며 함께 사는 민주적이고 자유로운 사회라는 이상을 품었습니
다. 나는 그러한 이상을 위해 살고 그러한 이상을 실현하고 싶습니다. 그
러나 필요하다면 그러한 이상을 위해 죽을 준비도 되어 있습니다. [2]

변호사가 법정에서 피고인으로 최후진술을 하는 경우도 있다. 다음
은 1986년 수배자 이부영 씨를 숨겨 주고 도피자금을 주었다는 이유
로 구속 기소된 고 이돈명 변호사의 최후진술이다. 이 진술은 법률가
의 양심이 어떤 것이어야 하는지 잘 보여준다.

법이 국민을 탄압하는 집권자의 도구가 되어 버린 마당에 법률가의 아픔
이 어떻겠느냐. 우리가 내 일신의 안위를 위해 법의 이름 아래 탄압받는
국민의 편에 서지 않는다면 어떻게 양심을 지킨다고 감히 말할 수 있겠는
가. 나는 불의에 쫓기는 한 마리 양을 보호했을 뿐, 결코 범인을 은닉했다
는 가책을 느끼지는 않는다. 너는 그래도 민주화를 위해 애 좀 썼다고 하
던데 사람을 숨겨 줬으니까 3년 징역을 살아야 한다는 검찰의 논리, 이것
이 과연 형평에 맞는 것인가. 소가 들어도 웃을 일이다. 바라건대 한 일 없
이 부당하게 처벌받는 사람으로는 내가 마지막이 되기를 바란다. [3]

<hr>

2 앞의 책, 163~164면.

이돈명 변호사가 '한 일 없이 부당하게 처벌받는 사람'이라고 표현한 것은 이중의 의미다. 처벌받지 않아도 될 일로 처벌받는다는 원래의 의미 이외에 자신이 직접 이부영 씨를 숨겨 준 것은 아니라는 이야기가 포함되어 있다.

1986년 인천에서 5·3 시위가 발생하자 이 시위의 배후로 민주통일민중운동연합 사무차장 이부영 씨가 수배되었다. 이때 이부영 씨를 숨겨 준 사람은 고영구 변호사였다. 그러나 당시 고 변호사가 구속될 것을 걱정한 주변 사람들이 이돈명 변호사가 이부영 씨를 숨겨 준 것으로 말을 맞추었다. 당시 이 변호사는 64세의 원로 법조인으로 천주교정의평화위원장이었다. 전두환 군부정권도 함부로 구속할 수는 없을 것이라고 예상한 행동이었다. 그러나 전두환 정권은 이 변호사를 구속하고 실형을 선고했다. 도주나 증거인멸이 없는 원로 변호사를 구속하고 실형을 가한 것이다. 이 변호사는 구속되면서 "이 민족이 모두 당하는 수난인데 나만이 예외일 수 없다"고 말했다.

재판장의 배심원에 대한 최종설명

실체심리가 끝나면 배심원들은 평의에 들어간다. 배심원이 평의에 들어가기 전 재판장은 배심원들에게 사건에 대한 최종설명을 한다. 즉, 재판장은 변론이 종결된 후 법정에서 배심원에게 공소사실 요지와 적용법조, 피고인과 변호인 주장의 요지, 증거능력, 그 밖에 유의할 사항에 관해 설명해야 한다. 이 경우 필요할 때에는 증거의 요지에 관해

---

3 한승헌변호사변론사건실록간행위원회, 2006, 《한승헌 변호사 변론사건실록 4》, 범우사, 184면.

설명할 수 있다. 재판장은 검사나 피고인 어느 편에도 유리한 인상을 주지 않으려고 노력한다.

평의와 평결에서는 충분히 토론하고 숙고하라

평의의 방법

배심원은 재판장의 설명을 듣고 법정에서 퇴정한 후 평의실이라는 독립된 공간에서 평의에 들어간다. 평의는 비공개로 오로지 배심원만이 참여하여 진행된다. 평의를 잘 진행하기 위해 배심원들은 배심원 대표를 선출한다. 배심원 대표는 평의의 주재, 평의실 출입통제 요청, 판사에 대한 의견진술 요청, 증거서류 등의 제공 요청, 평의결과 집계, 평결서 작성 및 전달 등의 임무를 담당한다.

배심원들은 배심원 대표의 주재로 유무죄에 관해 평의한다. 이때 전원의 의견이 일치하면 그에 따라 평결한다. 물론 충분한 의견개진과 토론을 거친 후의 일이다. 평의에 들어가자마자 각 개인의 의견을 들어 전원유죄 혹은 전원무죄라고 하여 바로 결론을 내려서는 안 된다. 성급한 결론에 이를 위험이 있기 때문이다. 한편 배심원의 의견이 모두 같더라도 배심원 과반수의 요청이 있으면 심리에 관여한 판사의 의견을 들을 수 있다. 원래 배심재판에서는 판사의 의견 청취는 없다. 판사의 의견은 배심원에게 큰 영향을 미쳐 배심원 평결의 독립성을 해칠 수 있기 때문이다. 제도개혁 시 고려해야 할 요소이다.

배심원은 유무죄에 관해 전원의 의견이 일치하지 않으면 평결을 하기 전에 심리에 관여한 판사의 의견을 들어야 한다. 이 경우 유무죄의 평결은 다수결의 방법으로 한다. 역시 충분한 토론을 거친 이후에 평결을 내려야 한다. 심리에 관여한 판사는 평의에 참석하여 의견을 진술했어도 평결에는 참여할 수 없다. 하지만 역시 판사의 의견진술은 배제되는 것이 바람직하다. 국민참여재판에 이 과정을 둔 것은 배심원의 평결이 가능한 한 법원의 결론과 같도록 하여 제도 도입에 따른 저항을 줄이고자 한 것이다. 제도를 개혁하면 삭제해야 한다.

평결이 유죄인 경우 배심원은 심리에 관여한 판사와 함께 어떤 형을 얼마나 선고해야 좋은지, 양형에 관해 토의하고 그에 관한 의견을 개진한다. 재판장은 양형에 관한 토의 전에 처벌의 범위와 양형의 조건 등을 설명해야 한다.

평결의 구속력 여부

배심원 평결은 권고적 효력만 있다. 법원을 구속하지 않아 판사들이 배심원의 평결을 따르지 않아도 된다. 그러면 왜 어렵게 국민참여재판을 해서 일반시민의 의견을 듣는지 근본적인 의문이 생긴다. 배심원 평결의 권고적 효력은 국민참여재판의 가장 큰 문제점이다. 배심제의 의의를 살리려면 사실판단에 관한 배심원의 평결이 구속적 효력, 법원이 따라야 하는 효력을 가져야 한다. 법률문제가 아닌 사실문제에 관한 한 판사가 시민들보다 더 정확히 판단한다는 과학적 증거는 없다.

법원은 스스로 배심원의 평결결과를 존중하겠다고 밝히고 있다. 즉, 법원행정처가 만든 〈배심원 안내서〉에서 "법원은 배심원이 법정공방을 지켜보고 토론을 거쳐 내린 평결과 양형의견을 최대한 존중할 것입니다"라고 밝혔다. 바람직한 태도이지만 제도의 한계를 뛰어넘을 수는 없다. 앞에서 본 안도현 시인 사건처럼 의도적으로 배심원의 평결을 배척할 수도 있다.

대법원은 "배심원이 증인신문 등 사실심리의 전 과정에 함께 참여한 후 증인이 한 진술의 신빙성 등 증거의 취사와 사실의 인정에 관하여 만장일치의 의견으로 내린 무죄의 평결이 재판부의 심증에 부합하여 그대로 채택된 경우라면, 이러한 절차를 거쳐 이루어진 증거의 취사 및 사실의 인정에 관한 제1심의 판단은 실질적 직접심리주의 및 공판 중심주의의 취지와 정신에 비추어 항소심에서의 새로운 증거조사를 통해 그에 명백히 반대되는 충분하고도 납득할 만한 현저한 사정이 나타나지 않는 한 한층 더 존중될 필요가 있다"고 하여 만장일치의 배심 평결을 존중할 의무가 있다는 선에서 타협한다. 제도의 한계로 해석론도 이 정도에 머무른다.

평결은 판결에 반영된다

배심원과 같이 판사들도 판결을 내리기 위해 사건을 의논한다. 국민참여재판은 합의부가 심리하므로 합의부 판사들이 사건을 의논한다. 판사들의 합의과정은 배심원의 평의와 같이 공개하지 않는다.

배심원과 판사의 의견이 다를 경우에는 최종적으로 판사의 의견으로 판결을 선고하는 것이 현행 제도이다. 배심원과 법원의 의견이 일치하면 문제가 없다. 차이가 있으면 법원의 의견이 최종의견이 된다.

현행 법률은 배심원 평결의 효력을 높이기 위해 첫째, 평결결과를 소송기록에 편철하고, 둘째, 재판장은 판결선고 시 피고인에게 배심원의 평결결과를 고지해야 하고, 셋째, 배심원의 평결과 다른 판결을 선고할 때에는 그 이유를 설명하도록 강제한다.

판결선고는 변론을 종결한 기일에 한다. 이를 즉일선고 원칙이라고 한다. 국민참여재판에서는 즉일선고를 할 수밖에 없다. 배심원의 평의결과를 고지하면서 판결선고를 해야 하기 때문이다.

변론 종결 후 평의, 평결, 판결선고까지의 흐름을 살펴보면 〈그림 4-2〉와 같다.

항소와 상고는 제한적으로 활용해야 한다

국민참여재판에서도 항소·상고는 허용

국민참여재판에서도 항소와 상고가 허용된다. 항소는 1심 판결에 대한 불복이고 상고는 2심 판결에 대한 불복이다. 항소와 상고를 합쳐 상소라고 한다. 국민참여재판이 아닌 법관재판도 항소와 상고가 인정된다. 재판을 신중하게 하고 오판을 줄이기 위해서다. 이 과정에서 대법원의 법령해석을 통해 법령적용의 정확과 통일을 기한다. 법률의 통일적 적용은 법적 평등의 기본이고 법적 안정성의 기초다.

재판은 삼세번이라는 말이 있듯이 상소는 보편적 현상이다. 상소제도를 둔 것은 재판을 신중하게 하기 위해서다. 특히 사형이나 무기징역과 같은 극형을 선고할 경우에는 신중에 신중을 기해야 한다. 왕이 통치했던 제정시대에도 상소제도가 존재했으므로 그때보다 인권이 발전한 지금 상소를 제한하는 것은 상상하기 어렵다.

그림 4-2 배심원의 평의 방식

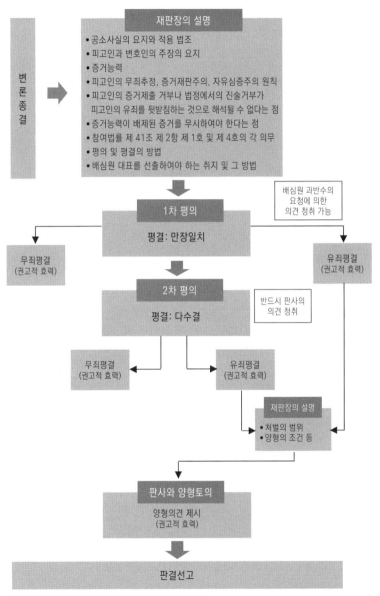

변론종결 →

재판장의 설명
- 공소사실의 요지와 적용 법조
- 피고인과 변호인의 주장의 요지
- 증거능력
- 피고인의 무죄추정, 증거재판주의, 자유심증주의 원칙
- 피고인의 증거제출 거부나 법정에서의 진술거부가 피고인의 유죄를 뒷받침하는 것으로 해석될 수 없다는 점
- 증거능력이 배제된 증거를 무시하여야 한다는 점
- 참여법률 제41조 제2항 제1호 및 제4호의 각 의무
- 평의 및 평결의 방법
- 배심원 대표를 선출하여야 하는 취지 및 그 방법

1차 평의
평결: 만장일치

배심원 과반수의 요청에 의한 의견 청취 가능

무죄평결 (권고적 효력)

유죄평결 (권고적 효력)

2차 평의
평결: 다수결

반드시 판사의 의견 청취

무죄평결 (권고적 효력)

유죄평결 (권고적 효력)

재판장의 설명
- 처벌의 범위
- 양형의 조건 등

판사와 양형토의
양형의견 제시 (권고적 효력)

판결선고

출처: 법원행정처, 2008, 《국민참여재판의 이해》, 144면.

배심원의 사실인정에 대한 상소는 제한해야

상소 자체는 제한할 수 없지만 상소의 내용은 제한할 수 있다. 특히 국민참여재판에서는 상소의 내용을 제한할 수 있고 제한해야 한다. 배심원의 사실인정 부분은 상소의 대상에서 제외하고 법원의 재판진행 과정이나 법령해석에 불만이 있을 때만 상소를 허용해야 한다.

국민참여재판에 대한 상소심은 배심원이 아닌 직업 판사들이 담당한다. 상소심의 판사들이 배심원들의 평결을 언제든지 아무런 제약 없이 뒤집을 수 있는 것이다. 그런데 이렇게 되면 어렵게 국민참여재판을 한 이유가 사라진다.

국민참여재판에서는 일반시민이 배심원이 되어 법정에서 검사와 피고인 및 변호인이 치열하게 다투는 것을 보고 평의를 통해 사실인정 및 양형에 관한 의견을 표시한다. 이렇게 많은 노력과 시간을 들여 재판을 하는 이유는 사회의 대표자인 배심원들의 의견을 재판에 반영하기 위해서다. 국민의 법감정이라고 표현해도 좋다. 이렇게 공을 들인 재판결과를 판사만으로 구성된 상소심 법원이 간단히 뒤집을 수 있다면 왜 1심에서 배심원을 모아 재판하는지 이해할 수 없다.

더구나 항소심의 판사들은 1심 증인의 증언을 직접 듣지도 못하고 증언 태도도 관찰할 수 없는 한계를 안고 있다. 증인신문이나 증거조사는 직접 해야 하는 것이 원칙인데 이를 준수할 수 없는 것이다. 항소심 판사들은 대부분 1심의 재판결과가 정리된 서류로 재판하는데 이럴 경우 1심 법정의 박진감 있는 다툼을 느낄 수 없다. 사실의 인정은 공판정에서 벌어지는 공방을 바탕으로 이루어져야 한다는 공판중심주의 원칙에도 위반된다. 이런 면에서도 항소심은 사실관계에 관해 1심의 판단을 함부로 뒤집어서는 안 된다.

배심원들은 다양한 경험과 생각을 가진 사회의 대표자다. 범죄가 저질러졌는지, 그리고 범인이 누구인지, 어떻게 범죄가 저질러졌는지 등의 사실을 인정하는 데에는 판사와 차이가 없다. 사실인정은 논리법칙에 충실하고 사회 경험이 있다면 누구나 할 수 있는 일이다. 하지만 배심원들은 법률전문가가 아니다. 법령해석이나 적용이 잘못되거나 재판이 법규정대로 진행되지 못했을 때 배심원이 이를 알 수는 없다. 이때를 대비하여 국민참여재판의 항소를 인정할 수 있다. 따라서 국민참여재판의 상소는 법률문제만을 다루는 법률심이 되어야 한다.

현행 국민참여재판 배심원의 평결은 구속적 효력이 없다. 권고적 효력만 있을 뿐이다. 1심인 국민참여재판도 배심원의 의견을 배척할 수 있기는 하다. 이 부분은 국민참여재판의 가장 큰 문제점으로 반드시 개혁되어야 하는 부분이다. 앞에서 살펴본 바와 같이 법원도 문제가 있다는 점은 인정하고 있다. 제도개혁을 통해 배심원의 평결에 구속력을 부여해야겠지만 그때까지는 가능한 한 구속력을 부여하는 식으로 해석하고 운용해야 한다. 배심원 평결은 권고적 효력이라는 제도적 한계로 위태롭다. 안도현 시인 사건처럼 1심 판사가 이를 뒤집기도 한다.

그런데 여기에 그치지 않고 항소심이나 상고심에서 간단하게 특별한 이유 없이 배심원의 평결결과를 뒤집는다면 국민참여재판은 그야말로 유명무실하게 된다. 배심원의 평결을 존중하겠다는 법원의 약속에도, 국민참여재판의 취지에도 어긋난다.

배심원은 한 번만 구성된다

이론적으로도 상급심 판사들은 배심원의 사실인정을 뒤집을 수 없다. 상급심 판사는 하급심 판사보다 많은 사건을 처리했기 때문에 경험이 풍부하고 법이론에 밝다고 가정할 수 있다. 법령해석과 적용의 통일이 상소제도의 중요한 존재 이유인 것은 이러한 가정에 근거하고 있다. 그러나 배심원은 상급심과 하급심의 구분이 없다.

상급심에서 하급심과 같이 배심원을 구성하여 재판하는 경우는 없다. 왜냐하면 상급심 배심원이 하급심 배심원보다 사실인정을 더 잘한다는 가설은 성립할 수 없기 때문이다. 상급심 판사처럼 상급심 배심원들이 경험이 풍부하거나 법이론에 밝다고 주장할 아무 근거가 없다. 상급심 배심원을 구성하더라도 결국 일반시민 중에서 선정해야 한다. 1심의 배심원과 구성원은 완전히 같다.

배심원은 하나의 사건에 임시로 모인 일반시민들로 한 사건에 한 번만 구성될 뿐이다. 배심원의 의견은 해당 사건에 대한 일반 사회의 생각을 반영하는 것이고 해당 사건에 대한 주권의 표시이기도 하다. 사건에 대한 일반 사회의 생각, 시민의 주권은 단 한 번 표시될 뿐이다.

국민참여재판에서는 법관재판과 같이 경험이 풍부한 상급심이 하급심의 잘못을 교정한다는 가정은 성립하지 않는다. 배심원은 하나의 사건에 단 한 번 구성될 뿐이다. 물론 배심원의 의견이 최종적인 것은 사실인정에 관해서다. 재판진행 과정의 위법이나 법령해석, 적용의 문제는 법률전문가들인 법원의 몫이다. 이 부분에 한정하여 상소가 인정되어야 한다. 향후 국민참여재판 개혁 시 반영해야 할 부분이다.

검사의 무죄판결 항소는 배제해야 한다

배심제의 본고장인 미국은 검사의 무죄판결에 대한 상소는 허용하지 않는다. 미국 「수정헌법」 제5조는 "누구라도 동일한 범행으로 생명이나 신체에 대한 위협을 거듭 받지 아니한다"라고 규정하여 '이중위험 금지 원칙'을 선언한다. 이에 따라 미국에서는 무죄판결이나 공소기각 등 피고인에게 우호적인 판결에 대해서는 검사의 항소를 인정하지 않는다. 만일 무죄판결에 대해 검사의 항소를 인정한다면 배심원들에 의하여 무고한 것으로 판명된 피고인을 두 번, 세 번 유죄판결을 받을 위험에 빠뜨리게 된다고 본다.

이렇게 되면 피고인에게 일방적으로 유리한 것으로 생각될 수도 있으나 사실은 그렇지 않다. 국가공권력의 상징인 검사는 막강한 권한을 가지고 범인과 증거를 수집한다. 그리고 이를 법정에 제출하고 합리적 의심이 없을 정도로 유죄임을 입증해야 한다. 만일 배심원이 유죄에 대한 합리적 의심이 남아 무죄로 판결했다면 이것은 검사가 자신의 의무를 다하지 못한 것이다. 그럼에도 동일한 사실을 바탕으로 항소하여 다시 판결을 받아 보려는 것은 검사의 실패를 상소심 판사에게 전가시키는 것에 지나지 않는다.

그리고 무죄판결을 받은 검사는 항소에 아무런 부담을 느끼지 않는다. 항소가 기각되어도 무죄이기 때문이다. 그러나 새로 재판을 받아야 하는 피고인은 다시 형을 받을 위험에 처한다. 동료 시민들에 의해 무죄로 판결받았으나 다시 판사에 의해 유죄판결을 받을 위험에 처하므로 매우 심각한 불이익이다. 검사와 피고인은 항소 여부에서도 평등하지 않다. 검사의 항소를 제한할 때 비로소 검사와 피고인의 실질적 평등은 확보될 수 있다. 물론 검사도 법원과 배심원의 구성이 잘못되었거나 증거로 사용해서는 안 되는 증거를 사용했을 때와 같이 1심 판결에 법률위반이 있다면 상소할 수 있다.

한편, 피고인은 사실문제에 관해서도 상소할 수 있다. 잘못된 사실관계 인정으로 무고한 자를 처벌해서는 안 되기 때문이다. 특히 1심 국민참여재판에서 제출할 수 없었거나 발견하지 못했던 새로운 증거가 나왔다면 상소를 통하여 잘못을 바로잡아야 한다. DNA 감정이나 총탄감정이 잘못되었음이 사후에 밝혀지거나, 목격자가 새로 등장했거나, 진범이 잡혔다면 형이 확정되었어도 재판을 다시 해 억울함을 해소해야 하므로 상소는 마땅히 허용되어야 한다. 그리고 1심 판결 후 형이 폐지되거나 변경 또는 사면이 있을 때, 간통죄와 같이 범죄가 위헌임이 선언되었을 때에도 피고인에게 상소를 허용해야 한다. 무고함이 명백하기 때문이다. 이런 예외는 배심원 평결의 구속적 효력에 영향을 미치지 않는다.

05
법의 여신의 저울은 공평하다
「형사법」의 기본 원칙

이 장에서는 배심원으로서 국민참여재판을 하는 데 필요한 「형사법」의 기본 원칙을 살펴본다. 「형사법」의 기본 원칙은 「형법」과 「형사소송법」의 근본이자 재판의 기초를 이룬다. 배심원 활동의 중요 지침이기도 하다. 「형사법」의 기본 원칙을 지키지 않는 재판은 위법한 재판으로 무효다.

「형사법」은 인간의 공동생활에 불가결한 가치를 보호하는 역할을 한다. 그러면서 「형사법」은 국가의 자의적 형벌로부터 시민의 자유와 권리, 안전과 평화를 보호한다. 범죄인에 대해서만 법에 정해진 형벌로만 처벌함으로써 범죄인을 포함한 시민 전체를 보호한다. 범죄인의 인권을 보호하고 범죄인을 인간답게 대할 때에만 일반시민들의 인권도 보호받는다. 일반시민도 보호하지만 범죄인도 보호하는 것이 「형사법」의 기본 원칙이다.

국가권력으로부터 시민을 보호하는 죄형법정주의

법률 없으면 범죄 없고 형벌 없다

죄형법정주의는 어떤 범죄도 미리 법률로 정한 것이 아니라면 처벌해서는 안 되고 형벌도 법률이 정한 것 이외의 것은 가할 수 없다는 원칙을 말한다. 죄형법정주의는 국가형벌권의 확장과 자의적 행사로부터 시민의 자유와 권리를 보장하기 위한 「형법」의 최고원리다.

다른 많은 원칙과 같이 죄형법정주의도 인간 경험의 산물이다. 근대 계몽주의는 국가와 시민의 관계를 변화시켰다. 계몽주의가 꽃피기 전, 즉 부르주아 혁명 이전에는 국가나 왕만이 주권을 가지고 있었고 백성은 국가나 왕을 위해 존재했다. 사회구성원은 그래서 시민(市民)이 아니라 신민(臣民), 혹은 백성으로 불렸다.

재판 역시 국왕의 뜻대로 자의적으로 이루어졌다. 재판권과 백성에 대한 지배권 전부를 국왕이 가지고 있었기 때문이다. 그러던 중 부르주아 혁명으로 국가가 시민을 위해 존재한다는 점이 선언되었다. 국가권력의 무한성에 대한 두려움과 함께 인간의 귀중함을 인식한 것이다. 재판은 국왕으로부터 독립된 사법부가, 미리 마련된 법률에 의해 진행하게 되었다. 이로써 국가권력의 자의적 행사로부터 시민을 지킬 수 있는 토대가 마련되었다.

죄형법정주의는 범죄와 형벌은 법률에 의해 규정되어야 한다는 법률주의를 첫 번째 내용으로 한다. 범죄와 형벌을 법률로 규정해야 한다는 죄형법정주의는 다음과 같은 세분화된 원칙으로 표현된다.

첫째, 범죄와 형벌은 법률로 규정해야 한다. 행정부가 정하는 대통령령이나 부령으로 정할 수는 없다. 그리고 법률로 범죄와 형벌 전부를 행정부의 대통령령 등에 위임해서는 안 된다. 법률에서 먼저 금지된 행위인 범죄와 형벌의 종류 및 그 폭을 정한 다음 그중의 일부를 제한적으로 대통령령 등에 위임할 수는 있다.

둘째, 관습형법은 금지된다. 관습법으로 범죄를 새로 만들거나 형을 가중할 수는 없다. 관습은 사회를 유지하는 규범의 역할을 하지만 범죄와 형벌을 새로 만들거나 가중해서는 안 된다. 관습법이 있는지 여부는 재판을 하는 도중에 사법부가 결정하게 되는데 이렇게 되면 사법부가 법률을 만드는 결과가 된다. 삼권분립원칙 위반이다. 다만 관습에 의해 범죄가 성립하지 않는다고 해석할 수는 있다.

셋째, 범죄와 형벌에 관한 법률은 국회에서 제정되어야 한다. 국회는 선거에 의해 선출된 국민의 대표자들로 구성된다. 국민주권이 구현되는 곳이다. 국민의 대표성이 없는 곳에서 만든 법률은 국민의 주권을 제대로 반영하지 못하는 근원적 문제가 있다. 과거 대통령이 일방적으로 발령했던 유신시대의 긴급조치나 전두환 군부 쿠데타 이후 만들어진 국가보위입법회의(1980년)에서 제정한 법률은 모두 죄형법정주의 위반이다.

법적 안정성을 위한 소급효 금지

사후입법에 의한 소급처벌 금지

죄형법정주의는 범죄와 형벌은 행위 시의 법률에 의해 결정해야 한다는 원칙을 포함한다. 사후입법에 의한 소급처벌은 금지된다.

법률의 주요 기능 중의 하나는 법적 안정성과 예측 가능성이다. 사회적으로 금지되고 처벌받는 행위가 무엇인지 사전에 명확히 알려져 있어야 사람들은 자신의 행위를 결정한다. 그렇지 않고 자신의 행위가 범죄가 되는지 안 되는지 불명확하고 행위 후 정권과 사회의 변화로 처벌받는다면 누구도 안심하고 행동할 수 없다. 우리 「헌법」도 확인하고 있고 「국제인권법」에서도 강조하는 「형사법」의 대원칙이다. 우리 「헌법」은 "모든 국민은 행위 시의 법률에 의하여 범죄를 구성하지 아니하는 행위로 소추되지 아니하며, 동일한 범죄에 대하여 거듭 처벌받지 아니한다"고 하여 소급처벌 금지 원칙을 천명하고 있다.

이 원칙은 극히 예외적인 경우에 완화될 수 있다. 사회적 정의 구현을 위해 처벌할 필요성이 있음에도 국가권력이 처벌을 하지 않은 경우가 이에 해당한다. 제2차 세계대전 후 독일 나치와 일본 군국주의자에 대한 전범재판, 민주화 이후 군부 쿠데타에 대한 재판 등이 그 예이다.

독일과 일본의 전쟁범죄

독일 나치와 일본 군국주의자들은 침략전쟁인 제2차 세계대전을 일으켰고 유대인 및 민간인 학살, 포로 학대 등의 범죄를 저질렀다. 전쟁 피해 규모, 유대인 등 민간인 학살 규모는 역사상 유례가 없을 정도로 엄청났다. 인류의 존속 자체를 위협할 정도였다. 민간인 학살이나 종군위안부와 같은 성착취는 전쟁에 반드시 수반되는 것도 아니어서 과거나 지금이나 범죄임이 틀림없다.

독일과 일본의 전쟁, 전쟁범죄와 민간인 학살은 국가에 의해 조직적이고 체계적으로 이루어졌다. 구체적 행위자들은 국가의 명령에 따랐을 뿐이었다. 국가의 명령을 받은 자들은 자신의 행위가 도덕적으로 잘못된 것임을 느꼈을 수도 있다. 하지만 그 행위는 당시에는 범죄라고 규정되어 있지 않았고 오히려 잘 수행하면 출세할 수 있었던 행위였다. 제2차 세계대전 전까지는 전쟁을 벌인 집단을 처벌하지 않았다. 전쟁은 어디까지나 정치의 연장이었고 범죄라고 생각되지 않았다. 합법적인 권력끼리의 충돌로 보았던 것이다.

그러나 제2차 세계대전 전승국들은 기존의 생각을 뒤집었다. 과거와 같이 처벌하지 않기에는 전쟁의 피해와 민간인 학살, 종군위안부 동원 등 범죄의 규모가 너무 컸다. 전쟁을 제대로 청산하지 않으면 다시 세계대전이 발생할 수 있고 그러면 인류는 절멸하리라는 위기감이 작용했다. 제2차 세계대전을 역사적, 법률적으로 정리할 필요가 제기된 것이다.

연합국은 참담한 전쟁의 피해상황을 보고 인류의 존속과 인간의 가치를 재확인하기 위해 독일 나치와 일본 군국주의에 대한 처벌을 결정한다. 미국, 영국, 소련 등 연합국의 전범처벌 의지 확인은 포츠담 선언에서 "연합국의 포로를 학대한 자를 포함한 일체의 전쟁범죄인에 대해서는 엄중한 처벌을 가하게 될 것이다"라고 말하며 시작되었다. 그리고 실제로 전쟁 승리 후 독일 나치에 대해서는 뉘른베르크 전범재판(이하 뉘른베르크 재판)으로, 일본 군국주의 관계자들에 대해서는 극동국제군사재판(이하 도쿄재판)으로 처벌했다.

독일 나치에 대한 처벌 근거 규정은 미국, 영국, 프랑스, 소련이 체결한 '유럽 추축국 주요 전쟁범죄자 기소 및 처벌에 관한 협정 및 국제군사법원 헌장'(1945년 8월 8일)과 이에 부속한 '국제군사재판소 헌장'이었다. 독일의 항복 이후에 마련된 헌장들이다. 독일은 1945년 5월 8일 항복했고 전범재판은 1945년 11월에 시작되었다.

일본 군국주의자에 대한 처벌 근거 규정은 연합국 최고사령관 최고

사령부 일반명령 제 1 호인 '극동국제재판소 헌장'(1946년 1월 19일) 이었다. 내용은 뉘른베르크 재판소 헌장과 유사하다. 하지만 극동국제재판소 헌장은 연합국들의 조약이 아니라 연합군 사령관인 맥아더의 명령이라는 점에서 차이가 있다. 도쿄재판에서 미국이 압도적 영향력을 행사하게 된 원인 중의 하나이다. 전범들은 1946년 4월 기소되었고 재판은 5월 3일부터 시작되었다.

역사적인 두 재판 모두 사후입법에 의한 소급처벌이었다. 무리한 재판이었다, 승자에 의한 일방적인 재판이었다는 일부의 비판도 있었다. 그만큼 소급처벌은 근원적인 문제를 안고 있다. 그러나 영국이 주장한 즉결처분보다는 훨씬 나은 방법이었다.

전범재판으로 전쟁범죄가 완전히 청산되었을까? 불행히도 그렇지 않다. 전범재판을 거쳤음에도 전쟁에 직접 책임이 있는 고위직 전범들은 충분히 처벌받지 않았다. 일본의 경우 기시 노부스케는 A급 전범으로 체포되어 전범재판을 기다리다 전범재판이 중단되는 바람에 석방되었다. 그는 도조 히데키 내각의 장관으로 전쟁 책임이 있었음에도 처벌받지 않았다. 석방 후 그는 정치활동을 재개했고 일본의 총리 자리에까지 올랐다. 프랑스에서도 기업가나 법률가는 제대로 청산하지 못했다.

하지만 뉘른베르크 재판과 도쿄재판은 큰 틀에서는 전쟁범죄와 민간인 학살을 처벌함으로써 인류의 존속을 지키고 인간의 가치를 재확인한 재판으로 평가된다. 아무리 국가의 행위라고 해도 침략전쟁과 집단학살, 인도에 반하는 범죄는 처벌받는다는 점을 확인한 귀중한 경험이다.

전범재판은 인류의 존속과 인간의 가치를 확인할 필요성이 너무 높아, 다른 말로 정의의 요구가 높아 사후입법에 의한 처벌을 감수하고 이루어졌다고 볼 수 있다. 정의에 대한 요구는 사람의 DNA에 포함되어 있다. 뉘른베르크 재판과 도쿄재판의 경험은 국제형사재판소의 설립으로 이어져 미리 마련된 법률과 법정이 전쟁범죄, 집단학살, 인도에 반하는 범죄를 처벌하고 있다.

전두환·노태우 전 대통령의 쿠데타 처벌

우리나라는 전두환, 노태우 전 대통령의 처벌을 둘러싸고 사후입법에 의한 소급처벌이 문제가 된 적이 있다. 민주화 운동으로 전두환, 노태우 등 신군부가 1979년 12·12 사태와 1980년 5·17 쿠데타를 일으켜 헌정을 중단하고 민간인을 학살한 다음 정권을 탈취했음이 명백해졌다. 남은 것은 이들에 대한 처벌 문제였다. 많은 국민들은 전두환, 노태우의 처벌을 요구했으나 검찰은 이를 외면했다. 검찰의 불기소 처분은 국민의 공분을 일으켰고 결국 국회에서 특별법을 제정하여 이들을 처벌하기로 결정한다.

전두환, 노태우의 내란죄와 뇌물죄를 처벌하기 위한 「5·18 민주화 운동 등에 관한 특별법」이 그것이다. 그런데 이 법은 전두환, 노태우의 내란죄와 뇌물죄에 대해 공소시효가 완성된 이후 제정되었다. 이 법에 의해 처벌받게 된 이들은 이 법을 위헌이라고 주장했다. 법률 다툼은 헌법재판소로 넘어갔다. 국민의 이목이 집중된 가운데 헌법재판소는 위헌 주장, 사후입법에 의한 소급처벌 주장에 대해 특별법이 합헌이라고 판단했다(1996. 2. 16. 96헌가2등).

기존의 법에 의하여 형성되어 이미 굳어진 개인의 법적 지위를 사후입법을 통하여 박탈하는 것 등을 내용으로 하는 진정소급입법은 개인의 신뢰보호와 법적 안정성을 내용으로 하는 법치국가 원리에 의하여 헌법적으로 허용되지 않는 것이 원칙이지만, 특단의 사정이 있는 경우, 즉 기존의 법을 변경하여야 할 공익적 필요는 심히 중대한 반면에 그 법적 지위에 대한 개인의 신뢰를 보호하여야 할 필요가 상대적으로 정당화될 수 없는 경우에는 예외적으로 허용될 수 있다.

그러한 진정소급입법이 허용되는 예외적인 경우로는 일반적으로, 국민이 소급입법을 예상할 수 있었거나, 법적 상태가 불확실하고 혼란스러웠거나 하여 보호할 만한 신뢰의 이익이 적은 경우와 소급입법에 의한 당사자의 손실이 없거나 아주 경미한 경우, 그리고 신뢰보호의 요청에 우선하는 심히 중대한 공익상의 사유가 소급입법을 정당화하는 경우를 들 수 있다.

요점은 이렇다. 내란죄를 처벌해야 하는 공익, 정의의 요청은 높다. 그런데 내란을 주동한 자들이 정권을 장악해 이들이 통치하는 기간 동안에는 처벌하지 못했다. 이 경우 정의라는 공익이 공소시효라는 개인의 신뢰보호 이익보다 훨씬 중요하다. 이때는 예외적으로 사후입법에 의한 소급입법이 가능하다. 타당한 논리전개다. 이로써 역사적인 전두환, 노태우 처벌은 이루어졌고 판결문에 그쳤지만 과거사는 어느 정도 정리되었다.

하지만 소급입법을 일반화해서는 안 된다. 전두환, 노태우가 내란죄로 처벌받지 않았던 것은 이들이 정권을 장악하고 있었기 때문이다. 전쟁범죄와 구조가 동일하다. 항복하거나 정권이 바뀌기 전에는 처벌할 수 없었던 제약이 있었다. 헌법재판소가 표현하지는 않았지만 전두환, 노태우의 공소시효가 지난 것은 이러한 제약으로 인해 국가가 처벌할 수 없고 처벌하지 않았던 사실이 바탕에 깔려 있다. 즉, 특수한 상황으로 인한 제약이 없는 한 사후입법을 통한 소급처벌은 죄형법정주의 위반이다.

시민의 자유를 위한 전제, 명확성 원칙

죄형법정주의는 무엇이 범죄이고 그에 대한 형벌은 무엇인지 명확히 규정할 것을 요구한다. 무엇이 범죄이고 형벌인지 정확히 알아야 시민은 어떤 행위가 금지되고 허용되는지 알 수 있어 자유로운 사회생활을 할 수 있다. 그리고 범죄 내용이 명확해야 수사 및 기소기관, 정보기관 등 국가권력의 자의적 행사를 방지할 수 있고 법관의 자의적 재판진행과 판결선고를 막을 수 있다.

범죄와 형벌에 대한 명확성의 원칙은 첫째, 범죄 구성요건의 명확성, 둘째, 형벌제재의 명확성, 셋째, 부정기형의 금지로 구성된다.

첫째, 범죄의 구성요건은 명확해야 한다. 당연하고 쉽게 보이지만 경우에 따라 상당히 어렵기도 하다. 예를 들면 살인은 금지되는데 그 피해자에 태아는 포함될까? 공공장소에서 음란한 행위는 금지되는데 남녀가 버스 정류장에서 키스와 스킨십을 하는 정도가 음란에 포함될까? 재판으로 유명한 소설이 되어 버린 《즐거운 사라》는 지금의 시각으로도 음란물일까? 모든 법률용어는 해석이 필요할 정도로 모호하다.

구성요건의 명확성은 해석의 필요성을 배제하지 않는다. 해석은 필요하되 통상의 판단능력을 가진 일반인이 그 의미를 이해할 수 있는가를 기준으로 한다. 즉, 판사가 아니라 사회를 대표하는 배심원이 통상의 판단능력을 가진 일반인에 해당하므로 기준이 될 수 있다. 배심원이 보기에 대상 범죄의 내용이 이해할 수 없을 정도로 모호하다면 그 법률은 죄형법정주의 위반으로 무효다.

둘째, 형벌제재 역시 명확해야 한다. 형벌의 종류와 양, 즉 범죄에 대해 징역형이나 벌금형 중 어느 것을 선고할 것인지 징역형을 선고한다면 어느 정도를 선고할 것인지 명확히 규정되어 있어야 한다. 형벌의 종류는 징역형이나 벌금형 중 선택할 수 있고 형벌의 양은 징역 5년이하 또는 징역 3년 이상 등으로 범위를 정해 규정할 수 있다. 이렇게 선택형과 범위를 정해 놓음으로써 구체적 사건에서 구체적 정의를 실현할 수 있다.

셋째, 부정기형은 금지된다. 형벌의 양은 법률에 의해 법정에서 선고되어야 한다. 부정기형은 징역형, 금고형 등 형벌의 종류만 정하고 석방 여부는 수용인의 교정 정도에 의해 결정하는 제도다. 이렇게 되면 형벌이 법률과 법관에 의해 결정되는 것이 아니라 교정 당국, 즉 행정부에 의해 결정된다. 석방 여부가 전적으로 행정부의 손에 좌우되기 때문이다. 배심원들은 양형에 관한 의견을 제시하는데 이것은 부정기형이 없다는 것을 전제로 한다. 다만 소년범에 대해서는 장기와 단기를 정해 부정기형을 선고할 수 있다. 단기만 지나면 가능한 한 석방하기 위해서 마련된 제도다. 소년의 보호와 신속한 사회복귀를 위해서 예외적으로 인정된다.

피고인에게 불리한 유추해석 금지

죄형법정주의는 범죄와 형벌에 관해 피고인에게 불리한 유추해석을 금지한다. 유추란 법률에 규정이 없는 사항에 대해 유사한 성질을 가진 분야의 법률을 적용하는 것을 말한다. 유추는 새로운 현상에 기존의 이론을 대입하는 논리적 사고방식 중 하나로서 일상생활에서는 자주 일어난다.

「형법」에서는 죄형법정주의에 의거해 피고인에게 불리한 유추해석은 금지한다. 새로운 현상에 대한 처벌 여부는 법관이 아닌 국민의 주권이 표현되는 국회가 정해야 하기 때문이다. 만일 새로운 현상이 기존의 법규정과 유사하다는 이유로 처벌한다면 이는 법관에 의한 법의 창조, 입법이 되어 버린다. 죄형법정주의 위반이다. 단, 금지되는 것은 피고인에게 불리한 유추해석일 뿐이고 피고인에게 유리한 유추해석은 허용된다. 여기에서도 피고인을 보호하려는 「형법」의 정신을 확인할 수 있다.

지나친 형벌을 경계하는 적정성 원칙

죄형법정주의는 형식만이 아니라 형벌에 관한 법률의 내용도 적정할 것을 요구한다. 처벌해서는 안 되거나 처벌할 필요가 없는 행위를 범죄로 규정해서는 안 된다. 책을 읽고 연구하는 행위를 처벌해서는 안 된다. 「헌법」상 보장된 집회와 시위를 처벌해서도 안 된다. 정부에 대한 합당한 근거가 있는 비판 행위도 처벌해서는 안 된다. 어떤 행위를 처벌할 것인가 아닌가는 국가의 지향점과 관련 있는 철학적 선택이다.

처벌을 하더라도 범죄에 상응하는 처벌이 이루어져야 한다. 절도와 살인을 같은 형으로 처벌해서는 안 된다. 살인이라고 해도 지나치게 가혹하게 처벌해서는 안 된다. 이런 면에서 보면 법정형으로 사형만 규정된 법률은 죄형법정주의 위반이다.

극단적인 사례는 전쟁 중에 발생한다. 전쟁 중에 어린 소년이 적군의 업무에 협조한 범죄사실로 기소되었다고 가정해 보자. 그러나 그 행위는 파출소(내무서)에 나가서 연락을 하거나 잔심부름을 하고 동네 사람의 집을 가르쳐 준 정도의 가벼운 일이다. 그런데 「부역자 처벌법」은 이 정도의 사안에 대해 법정형이 사형이나 무기 또는 10년 이상의 징역형이고, 단독판사가 단심으로 재판하도록 규정한다. 이때 법관이나 배심원은 어떻게 재판해야 할까?

이 사례는 한국전쟁 당시 실제로 있었던 일이다. 「부역자 처벌법」은 이승만 정권에서 대통령 긴급명령 1호로 발령되었고 재판에 회부된 피고인은 만 14세의 소년, 법관은 유병진 판사였다. 이 재판에서 유 판사는 소년이 북한군에 협력해서는 안 된다는 것을 알 능력이 없었거나 이를 기대할 수 없었다고 보아 무죄를 선고했다. 「형법」이론상 기대가능성 이론에 근거했으나 본심은 다른 데 있었다. 형벌이 너무 가혹해 도저히 유죄판결을 할 수 없었던 것이다.

이런 재판에서는 사람부터 살려야 한다. 아무리 생각해도 14세의 소년이 사형을 당할 일을 한 것은 아니기 때문이다. 도저히 사형이나 무기징역을 선고할 사안이 아닌데도 법정형이 사형이나 무기징역밖에 없다면 어떤 이유를 대서라도 무죄를 선고하는 것이 인간의 양심, 사회의 양심일 것이다.

유병진 판사는 1958년 「국가보안법」 위반죄로 기소된 서울대 유근일 필화사건에서 무죄를 선고했고, 같은 해 진보당 당수 조봉암의 간첩죄에 대해서는 무죄를, 「국가보안법」 위반에 대해서만 일부 유죄를 인정하여 징역 5년을 선고했다. 유 판사는 그해 법관 연임이 거부되어 변호사로 개업한 후 1966년에 52세로 유명을 달리했다. 유 판사가 무죄를 선고했던 조봉암의 간첩죄는 서울고등법원이 유죄로 인정, 사형을 선고했다. 조봉암 당수는 1959년 사형되었다. 유 판사는 이 사건으로 빨갱이 판사라는 비판을 받는 등 곤욕을 치렀다.

세월이 흘러 2007년 '진실 화해를 위한 과거사 정리위원회'(이하 진실화해위원회)는 진보당 사건이 조작된 것임을 인정했고 2010년 대법원 역시 재심으로 조봉암의 무죄를 확인했다. 결국 유 판사가 옳았던 것이다.

범죄란 무엇인가?

비행과 범죄

배심원은 경찰과 검사가 수사하고 검사가 기소한 사건을 법정에서 만난다. 그 사건이 바로 범죄다. 범죄는 피해자에게 돌이킬 수 없는 상처를 준다. 어린 시절의 성폭행 범죄나 상해는 회복하기 힘든 상처를 남긴다. 살인은 가장 중요한 생명을 빼앗는다. 범죄는 사회에도 엄청난 충격을 준다. 사회는 동요하고 불안해진다. 그 충격을 상쇄시키기 위해, 범죄를 추방하기 위해 사회는 입법이나 정책을 취한다.

모든 범죄는 피해자와 사회에 상처와 충격을 준다. 하지만 피해자와 사회에 상처와 충격을 주는 행위 모두가 범죄는 아니다. 추방의 대상이 되는 행위가 모두 범죄는 아니다. 범죄가 성립되려면 먼저 《형법전》이나 특별법에서 형벌을 과하는 행위, 즉 범죄행위로 규정되어야 한다. 죄형법정주의의 요청이다. 엄청난 피해를 야기한 불법행위도, 극도의 불쾌감을 주는 비행도 법률에 규정이 없으면 처벌할 수 없다.

결국 범죄란 형벌을 과할 필요가 있는 불법행위, 사회적으로 추방해야 할 필요가 있는 유해행위로서 법률로 규정된 것을 말한다. 다른 말로 개인의 자유와 권리, 안전과 평화, 사회공동체의 존속과 발전을 심각하게 침해하는 행위라고 할 수 있다. 범죄와 비행은 처벌 여부로 구분된다. 그렇지만 범죄와 일반 불법행위, 비행을 구분하는 선이 그렇게 분명한 것은 아니다.

범죄와 이익

범죄는 특정한 것을 보호하기 위해 고안된 개념이다. 범죄가 보호하는 특정한 것은 바로 개인과 사회의 중대한 이익이다. 사회와 국가가 보호해야 할 필요가 있는 중대한 이익, 개인과 사회의 존속에 필요한 이익을 보호하기 위해 범죄라는 개념이 존재한다.

세상에는 수많은 이익 또는 이해관계가 존재한다. 하지만 법률이 이 모든 이익이나 이해관계를 보호할 수는 없다. 어떤 것은 개인이 스스로 처리해야 하고 또 어떤 것은 무시될 수도 있다. 복잡한 지하철 안에서도 남과 부딪히지 않을 필요성, 자신의 신체를 지킬 이익은 있다. 그렇지만 지하철 안에서 누가 밀었다고 이를 범죄라고 하지는 않는다. 이러한 행위를 범죄라고 처벌하면 지하철 자체가 운행될 수 없고 사회가 유지되지 않는다. 지하철 안에서는 남과 부딪히지 않고 자신의 신체를 지킬 이익은 경미하고 다른 이익에 양보해야 한다.

반드시 보호되어야 하는 이익이지만 양보해야 하는 경우가 있다. 민주국가에서 우리는 집회와 시위의 자유를 누린다. 그런데 집회를 하다 보면 교통이 일시 마비될 수도 있고 상점 운영이 방해될 수도 있다. 하지만 집회와 시위의 자유, 표현의 자유가 더 중요하기 때문에 교통과 영업 이익은 양보된다.

이익은 먼저 중대한 이익과 별로 중요하지 않은 이익으로 나눌 수 있다. 중대한 이익은 법률이 보호하는 이익을 말한다. 중대한 이익은 다시「헌법」이 보호하는 이익과 일반 법률이 보호하는 이익으로 구분된다. 「헌법」에서 보호하는 이익은「헌법」상의 권리로서 인권 혹은 기본권으로 불린다. 일반 법률보다 더 두텁게 보호되는 이익이고 좀처럼 양보될 수 없는 중요한 이익이다.

이익의 발전 순서

범죄는 이익과 관련된 개념이다. 모든 사람과 단체에는 이익이 있는데 이 중 중대한 이익만을 범죄로부터 사회가 보호한다. 그런데 이익은 변화·발전하는 개념이다. 과거에 비해 우리는 공동체보다 개인의 이익을 중시한다. 최근에는 개인의 프라이버시가 중요한 이익이 되었다. 이처럼 이익은 변화·발전하는데 범죄와 관련한 순서를 설명하면 다음과 같다.

① 일반적 이익

개인에게 편리함을 주는 이익이지만 개인만 관심이 있고 사회는 아직 관심을 표하지 않는 단계다. 개인은 사회에 보호를 요청하지만 사회는 아직 응답하지 않는다. 법률은커녕 도덕이나 윤리도 이에 대한 존중을 표하지 않는다.

② 사회적 이익

개인의 이익이 사회가 인정하는 이익으로 발전한 단계다. 사회는 이 이익이 개인의 존속과 발전에 필요하다는 점을 인정하고 이를 보호할 방안을 마련하기 시작한다. 개인의 이익에 대한 존중이 도덕이나 윤리로 표현된다.

③ 중대한 이익

사회적으로 인정된 이익 중에서 일부 이익이 개인의 자유와 권리, 존속과 평화, 사회의 유지와 발전에 필요하다고 인정된 단계다. 형식적으로는 국회의 법률로 표현된다. 국가공권력을 동원하여 이를 보호한다. 침해행위는 범죄로 규정되고 처벌받는다.

④ 매우 중대한 이익

중대한 이익 중 개인의 자유와 권리, 사회공동체의 유지와 발전에 필수적인 이익을 「헌법」에 규정하는 단계다. 인권 또는 기본권으로 보호되는 이익이다. 인권의 발전으로 국제적으로 공통점을 갖고 보편적으로 적용된다. 인권침해는 특히 중대한 범죄로 다루어진다.

형사재판은 중대한 이익 또는 매우 중대한 이익을 침해하는 행위인 범죄를 다룬다.

이익의 유동성과 배심원

「형법」이 보호하는 이익 또는 법률이 보호하는 법익은 고정불변한 것이 아니다. 역사의 흐름, 사회 인식의 변화, 사회운동의 전개 등으로 이익은 변화·발전한다. 대표적인 사례가 여성 권익의 신장이다. 가부장제 사회에서는 여성은 남성이나 가족의 부속품이었다. 하지만 활발한 여성운동의 결과 남녀평등은 「헌법」의 핵심적 가치가 되었다. 남녀평등을 침해하는 행위 중 중요한 행위는 범죄로 규정되었다. 강간이나 강제추행과 같은 성폭력 범죄, 성희롱 등 남녀차별 행위가 이에 해당한다. 그리고 다른 사례로는 환경범죄가 있다. 환경에 대한 관심은 환경침해 행위를 범죄로 규정하기에 이르렀다.

이처럼 「형법」의 범죄는 일반 사회생활과 긴밀한 관계에 있다. 사회생활상의 경험, 사회의 인식, 또는 일반시민의 법감정을 「형법」이 수용하는 것이다. 따라서 형사재판을 판사의 손에만 맡기는 것은 논리적이지 못하다. 다양한 사회생활의 경험이 반영되지 못하기 때문이다. 일반시민으로 구성되는 배심원이 이러한 역할을 담당하는 것이 타당하다. 배심원도 법률의 규정에 따라 재판을 하지만 법률이 사회를 반영하는 것 이상으로 배심원은 사회를 대표한다.

범죄와 범죄자, 어느 쪽이 더 문제인가?

응보사상과 예방사상

특정한 행위를 범죄로 규정하고 처벌하는 것은 궁극적으로 무엇 때문일까. 다양한 설명이 시도되었고 지금도 시도되고 있다.

범죄를 처벌하는 것은 인간의 본성에 가깝다. 자신이나 자신과 가까운 사람에게 느닷없이 가해지는 범죄는 그 자체로 부조리고 부정의다. 마땅히 지켜야 할 선을 지키지 않았기 때문이다. 누군가 책임을 져야 한다. 태풍이나 쓰나미로 피해를 입은 경우와 다르다. 자연재해는 책임질 사람이 없는 불운이다. 불운은 서로 도와가면서 극복해 나갈 수밖에 없다.

그러나 범죄는 다르다. 단순한 불운이 아니라 부조리, 부정의다. 누군가 책임을 져야 한다. 범죄를 처벌하는 것은 부정의를 바로잡아

정의를 세우는 작업이다. 인간이 사회를 구성하면서부터, 범죄가 발생하면서부터 범죄에 대한 처벌은 함께 생겨났고 운명을 같이한다. 범죄의 처벌과 정의의 구현은 사랑, 믿음, 행복, 복수, 해탈 등과 같이 인간의 DNA에 포함되어 있을지도 모른다.

범죄를 처벌하는 첫 번째 이유는 여기에서 나온다. 범죄를 처벌함으로써 부조리와 부정의를 바로잡는 것이 일차적이고 원초적인 이유다. 다만 범죄에 대한 처벌은 범죄인이 저지른 행위에 상응하여 이루어져야 한다. 자신의 가족 한 명에게 상처를 가했다고 상대방 가족이나 일족, 씨족을 모두 죽일 수는 없다. 범죄에 대한 처벌이 원초적인 복수여서는 안 된다. 범죄에 상응한 처벌을 함으로써 범죄로 인한 사회의 부조리와 부정의를 바로잡아 정의를 세우는 것, 이것을 응보주의라고 부른다.

하지만 응보주의는 너무 추상적이고 범죄에 대한 정확한 처벌을 하는지 확신할 수 없다. 범죄로 인한 부조리와 부정의를 대체할 처벌을 정확히 계산할 수 없기 때문이다. 복수와 무엇이 다른지도 애매하다.

응보주의에 대항하여 출현한 이론이 예방주의다. 범죄 처벌의 목적은 범죄를 줄이는 데 있다고 보는 이론이다. 예방이론 중 일반예방주의는 범죄를 처벌함으로써 일반시민들에게 죄를 범하면 처벌받는다는 것을 경고하여 일반시민이 죄를 범하는 것을 예방할 수 있다고 본다. 특별예방주의는 범죄자를 처벌함으로써 해당 범죄자를 격리·교화하고 범죄인이 다시 범죄를 저지르지 못하게 하는 것이 범죄 처벌의 목적이라고 본다.

형사정책의 딜레마, 재범

응보, 일반예방, 특별예방. 이 세 가지는 형벌의 기능이자 목적이다. 하나만 가지고는 범죄 처벌, 형벌의 목적을 설명할 수 없다. 이 세 가지 기능이 제대로 작동한다면 범죄는 줄어들 것이고 끝내는 범죄 없는 세상이 올 것이다. 그리고 한번 처벌받은 범죄인은 다시 범죄를 저지르지 않을 것이다.

그러나 현실은 그렇지 않다. 우리를 포함한 세계의 범죄는 증가하지 줄어들지 않는다. 위 이론이 옳다면 세계는 벌써 범죄 없는 세상이 되었을 것이다. 사회의 발전에 따라 오히려 범죄는 증가하는 경향이 있다. 그리고 한 번 처벌받은 범죄인이 다시 범죄를 저지르는 경우가 대부분이다.

법무부 교정본부에 의하면 2012년 연도말 수용인원은 46,708명으로 초범은 29,001명(62.1%)이고 재범은 17,707명(37.9%)이다. 여기의 수용인원은 아직 재판받지 않은 미결수와 재판받은 기결수를 모두 포함한 수다. 기결수는 31,434명 중 14,758명(46.9%)이 재범이다. 단순히 계산해 보아도 재범만 막는다면 교도소와 구치소에 수용되는 사람 중 1만 7천 명 정도를 줄일 수 있다. 5백 명 규모의 교도소 34개를 짓지 않아도 될 정도의 엄청난 숫자다.

재범은 형사정책의 딜레마이다. 재범을 막는 최선의 방법은 영원히 사회와 격리하든지 아니면 사회 내에서 감시하는 것이다. 범죄인이 재범을 저지를 가능성이 높다면 범죄의 종류와 관계없이 사회와 격리시켜야 한다는 주장이 나올 수 있다. 강력범죄를 대상으로 한 것이지만 3회 이상 범죄를 저지르면 무기징역을 선고하는 삼진아웃 제도가

1990년대 중반 미국에서 실시되었다. 격리 중심의 형사정책이었다. 하지만 이 제도는 범죄의 감소라는 목표를 달성하지 못했다. 오히려 수용인의 증가, 인권 수준의 후퇴라는 부작용을 낳았다. 미국의 수용인은 2백만 명 이상으로 세계 최고 수준이다.

범죄가 가벼우면 사회로부터 오랫동안 격리할 수도 없다. 범죄와 형벌이 균형을 이루어야 하기 때문이다. 그리고 범죄자를 처벌하는 근본적인 목적은 범죄자를 교화하여 사회에 복귀시키는 것인데 격리는 이 목적에 부응하지 못한다. 그리고 사회 내에서 감시하는 것 역시 이중처벌, 사회생활 제약 등 인권침해의 문제가 있다. 재범 방지를 위해 범죄자를 강하게 처벌하는 시도는 이미 역사적으로 실패했다.

주관주의의 등장과 쇠퇴

범죄의 추방을 위해 범죄인에게 주목하는 시도는 오래전부터 있었다. 재범률에서 확인한 바와 같이 현실에서는 동일한 범죄인이 계속 범죄를 저지르기 때문이다. 범죄인들을 집중 연구하여 생래적 범죄인이 있다는 주장도 한때 있었다. 실증주의 영향으로 이런 주장이 과학이라고 소개되었다. 계속 범죄를 저지르는 범죄자, 잔혹한 범죄를 저지르는 자를 보면 진짜 범죄인은 따로 있는 것처럼 보인다.

이렇게 범죄 자체가 아니라 범죄인에게 주목하는 이론을 주관주의라고 한다. 실증주의가 풍미할 당시에 세계를 휩쓴 이론이다. 이때에도 재범이 가장 중요한 문제였다. 이 이론은 상습범 이론으로 발전하여 이미 「형법」의 한 부분은 차지하고 있다. 이에 반해 범죄 자체에 집중하는 이론을 객관주의라고 한다.

최근 주관주의는 경향범으로 모습을 바꾸어 등장하고 있다. 특히 주목받는 범죄는 성범죄이다. 성범죄는 개인의 성적 취향이나 경향 때문에 생기므로 아무리 처벌과 교화를 해도 재범을 피할 수 없다는 것이다. 이 이론은 성폭력범에 대한 구금형의 증가, 공소시효의 배제 혹은 연장, 수강명령, 보호관찰, 약물치료, 신상정보 등록, 등록된 신상정보의 공개 등의 형사정책을 제안한다. 최근에는 약물치료인 화학적 거세를 넘어 물리적 거세까지 논의되고 있다. 성범죄가 여성의 정체성을 파괴하는 잔혹범죄인 것은 틀림없지만 최근의 처벌 경향은 지나친 면이 있다. 다른 범죄와의 균형을 맞추면서 처벌의 수위를 조절해야 한다.

특정 인종집단에 대한 박해, 코레마츠 재판

범죄인에게 집중하게 되면 특정 인종, 집단, 계급, 계층을 차별하거나 학대할 가능성이 높다. 범죄인이 속한 특정 인종, 집단, 계급, 계층에 대한 편견이 생기기 때문이다. 독일의 나치시대, 일본의 군국주의 시대에 범죄인에게 집중하는 주관주의 이론이 발전하면서 특정 인종과 집단에 대한 학살이 이루어졌다. 독일 나치의 유대인 학살이 여기에 해당한다.

자유를 중시하는 미국에서도 특정 인종, 집단에 대한 박해가 있었다. 제2차 세계대전 당시 미국은 일본과 전쟁에 돌입하자 일본계 미국인에 대해서 개인의 자유를 제한하는 정책을 시행했다. 이민자로 출발했고 이민으로 성공한 미국이 외국출신 자국민을 차별한 것은 믿기 어렵지만 사실이다.

진주만 공격으로 미국이 일본의 침략을 받자 루스벨트 대통령은 1942년 2월 행정명령 9066호로 군이 미국 영토에서 군사지역을 지정하고 이들 지역의 운영을 위한 별도의 규칙을 도입할 수 있도록 했다. 군은 이 명령에 근거해 태평양 연안지역에 거주하는 일본계 미국인 모두에게 야간 통행금지를 명령했다. 그리고 1942년 5월에는 11만 명의 일본계 미국인들을 미네소타 주에 급조한 집단 거주지역에 강제 이주시켰다. 이유는 이들이 미국과 전쟁상태에 있는 일본 출신이라는 것이었다. 대부분의 일본계 미국인들은 순응했다. 국가권력의 힘은 강대하고 이방인들은 순응 이외에 다른 생존방법이 없기 때문이다. 독일 나치의 유대인 학살 시 유대인도 저항이 아니라 순응을 택했다.

이와 같이 범죄를 중시하지 않고 범죄인, 사람을 중시하면 범죄의 가능성을 계산하여 예방적 처벌을 하게 된다. 범죄를 저지르지 않았는데도 말이다.

범죄와 범죄자는 항상 구체적이고 개인적이다. 그리고 범죄는 일회성 사건이다. 사흘 굶으면 담을 넘는다는 말도 있지만 아무리 어려운 상황에 처해도 모든 사람이 범죄를 저지르는 것은 아니다. 사람은 자유의지를 지니고 있으며 자신의 행동을 통제할 수 있다. 모든 개인은 서로 다르다. 사람이 서로 다르기 때문에 다른 문화, 다른 국가, 다른 역사가 있다. 사람은 통계, 경향, 집단, 계급, 계층으로 대체될 수 없다. 하지만 범죄가 아닌 범죄자를 중시하면 구체적이고 개인적인 범죄를 추상적인 집단, 숫자와 통계로 대체한다.

미국 정부는 일본계 미국인이라는 이유만으로 구금형과 같은 처벌을 내렸다. 독일 나치는 유대인이라는 이유만으로 6백만 명을 처형했다. 홀로코스트라고 알려진 전대미문의 인종학살이었다. 1990년대에는 보스니아에서 인종청소라고 할 정도의 학살이 있었다. 아프리카에서는 부족 간 내전으로 부족 전체에 대한 학살이 이루어지고 있다. 모두 범죄 없는 처벌이다. 범죄가 아닌 범죄자에게 집중하는 순간 개인의 자유의지는 무시되고 무고한 사람도 처벌의 대상이 되어 버린다.

미국 이야기는 여기서 끝이 아니다. 법률문화가 발달한 미국에서 이런 큰 사건에 재판이 없을 리 없다. 미국 행정부의 조치에 일본계 미국인 청년인 프레드 코레마츠는 반발했다. 강제이주 명령을 받은 날짜에 출두하지 않고 잠적했다. 이후 그는 체포되었고 캘리포니아 지방법원과 항소법원에서 유죄판결을 받았다.

코레마츠는 이 사건을 연방대법원까지 가져가 끝까지 다투었다. 그러나 자유의 수호자라고 알려진 연방대법원은 1944년 12월에 6 대 3으로 정부의 강제이주 명령이 정당하다고 판결했다. 다수의견은 적대세력과 전쟁 중인 상황이 강제이주를 정당화한다고 밝혔다. 하지만 이 사건의 경우 소수의견이 더 논리적이고 정의에 가깝다. 다음은 소수의견의 일부다.

우리 국가 체제를 떠받치고 있는 근본적인 전제가 있다면 그것은 죄는 개인의 책임일 뿐 대물림되는 것이 아니라는 사상이다. 본 사건에서는 코레마츠가 일본에서 이민 온 부모의 자식이라는 이유, 그리고 그로 인해 임의로 탈퇴가 불가능한 특정 인종집단에 속했다는 이유를 들어 무고한 인물을 범죄자로 만들려는 시도가 벌어졌던 것이다. 계엄령조차 내려지지 않은 상태에서 단지 군사적 필요에 따른 행정 요청으로 일본인 조상을 둔 모든 개인들을 태평양 연안지역에서 강제 이주하는 행위는 애당초 승인되지 말았어야 했다. 그와 같은 조치는 정부가 지닌 헌법적 권한의 한계를 넘어 추악한 인종주의의 심연으로 빠져드는 행위이다. [1]

코레마츠의 이야기는 그의 유죄판결로 끝이 아니다. 국가의 잘못이 명백했기 때문이다. 1983년 샌프란시스코 항소법원은 그의 죄를 말소시키고 사면했다. 그리고 미국 의회는 1988년 미국 정부가 일본계 미국인에게 근본적인 부당행위를 저질렀음을 인정하고 생존자들에게 금전적 보상을 지급하는 법률을 제정했다. 1996년 코레마츠는 민간인에게 정부가 수여하는 가장 큰 영예인 대통령 자유메달을 수여받았다. 그래서 이 사건은 잘못을 저질렀지만 이를 솔직히 인정하는 미국의 태도를 확인하는 사건이기도 하다.

특정 지역에 대한 탄압, 제주 4·3 사건에 대한 반성

우리 역사에도 이와 유사한 사례가 있다. 제주 4·3 사건이 그것이다. 제주 4·3 사건은 공식적으로 "1947년 3월 1일 경찰의 발포사건을 기점으로 하여, 경찰·서청의 탄압에 대한 저항과 단선·단정 반대를 기치로 1948년 4월 3일 남로당 제주도당 무장대가 무장봉기한 이래 1954년 9월 21일 한라산 금족지역이 전면 개방될 때까지 제주도에서 발생한 무장대와 토벌대 간의 무력충돌과 토벌대의 진압과정에서 수많은 주민들이 희생당한 사건"으로 정의된다.

〈제주 4·3 사건 진상조사 보고서〉에 의하면 희생자는 약 2만 5천~3만 명으로 추정된다. 당시 제주도의 인구가 28만여 명이었던 점을 고려하면 무려 10%의 인명이 희생된 것이다. 신고된 희생자 14,028명 중 10세 이하 어린이가 814명(5.8%), 61세 이상 노인이 860명(6.1%), 여성이 2,985명(21.3%)이다. 남녀노소를 가리지 않은 과도한 진압작

---

1 레너드 케스터·사이먼정, 2014, 《미국을 발칵 뒤집은 판결 31》, 현암사, 243면.

전이었다. 특히 2,530명을 재판했다는 4·3 사건 군법회의는 소송기록이 없고 재판 없이 형량이 통보되기도 했다. 하루에 수백 명씩 처리했고 사흘 만에 345명을 사형 선고했다고 확인되는 등 법률이 정한 절차를 밟지도 않았다. 범죄와 범죄자를 구분하지 않아 이러한 비극적인 사태가 발생한 것이다. [2]

제주 4·3 사건은 인종에 대한 탄압은 아니지만 제주도민이라는 점이 중요한 기준으로 작용하였다. 전형적인 집단학살 형태 중의 하나이다. 제주 4·3 사건에 대해서는 국가를 대표하여 노무현 대통령이 사과했다. 그리고 4·3 평화공원 조성, 명예회복 등 추념사업도 벌이고 있다.

과거 사건의 진상을 밝히고 희생자의 명예를 회복하는 것은 단지 희생자와 유족만을 위한 것이 아니다. 과거사 정리는 대한민국 건국에 기여한 분들의 충정을 소중히 여기는 동시에 지난날의 과오를 반성하고 진정한 화해를 이룩하기 위한 것이다. 나아가 '평화와 인권'이라는 인류보편의 가치를 확립하고 정착시키기 위한 것이다. 제주 4·3 사건은 부끄러운 과거이지만 국가 차원에서 그 진상을 밝혀 기념하고 추념사업을 벌이는 것은 세계에 평화와 인권의 가치를 알리는 의미 있는 작업이다.

---

2 제주 4·3 사건 진상규명 및 희생자명예회복위원회, 2003, 〈제주 4·3 사건 진상조사 보고서〉, 366, 370, 466면.

피고인의 인권을 보호하는 무죄추정의 권리

시민의 기본적 권리

모든 사람은 형사재판에서 유죄판결이 확정될 때까지 무죄로 추정받을 권리를 지닌다. 즉, 수사나 재판과정에서 무죄로 추정받음으로써 불이익한 처우를 받지 않을 권리, 불이익을 받더라도 필요 최소한의 불이익을 받을 권리를 가진다. 무죄추정의 권리는 과거 무죄추정의 원칙이라고 불렀다. 원칙을 권리로 바꿔 부르는 것은 시민의 적극적인 권리 행사를 통해 무죄추정의 원칙을 관철하겠다는 의미이다. 국가의 선의에 기반한 자발적 보장은 언제나 부족하고 불완전하다.

무죄추정의 권리는 피고인 대부분이 유죄로 판결받는 현실에서 더욱 절실하다. 우리나라의 유죄율은 99%에 육박한다. 제1심 형사공판 사건의 무죄율은 2002년까지 1%도 안 되었다. 2003년이 되어 간신히 1%, 2009년 2%를 기록했다.

이처럼 현실에서는 기소가 되면 무죄판결을 받을 가능성이 지극히 낮다. 검찰 출두만으로 언론은 이미 범죄인 취급을 한다. 현실이 이와 같기 때문에 더욱 무죄추정 권리가 인정되어야 한다. 무죄추정 권리가 보장되지 않으면 수사와 재판 자체가 형벌이 될 수 있다. 수사과정의 고문이나 가혹행위, 재판과정의 부당한 대우 등은 무죄추정 권리가 제대로 보장되지 못한 시스템과 심리에서 비롯된 것이다.

무죄추정의 권리는 우리 「헌법」의 기본적 인권이며 국제적으로도 널리 인정된다. 「헌법」이 개정되더라도 삭제할 수 없는 중대한 권리다. 무죄추정의 권리는 재판을 받는 피고인만이 아니라 수사를 받는 피의자에게도 인정된다. 수사기관이 유죄의 심증을 갖고 기소한 피고인에게 무죄추정의 권리가 인정되므로 아직 수사기관이 유죄의 심증을 갖지 못한 수사 단계의 피의자에게 무죄추정의 권리가 인정되는 것은 당연하다.

의심스러울 때에는 피고인에게 유리하게

무죄추정의 권리는 재판에서 '의심스러울 때에는 피고인에게 유리하게'(in dubio pro reo) 원칙으로 나타난다. 유죄판결을 하려면 합리적 의심이 없을 정도로 입증되어야 한다. 「형사소송법」은 "범죄사실의 인정은 합리적 의심이 없는 정도의 증명에 이르러야 한다"(법 307조 ②)라고 규정한다. 배심원과 판사는 합리적 의심이 없는 정도의 증명이 되지 못하면 피고인의 이익으로 판단해야 한다. 혐의만 있거나 심증은 가지만 물증이 없다면 처벌해서는 안 된다. 혐의형을 인정하거나 심증으로만 처벌하면 무고한 인물을 처벌하게 된다.

불이익 처우 금지

무죄추정의 권리는 피의자와 피고인이 형사절차 내외에서 불리한 처우를 받지 않을 권리로 나타난다. 즉, 무죄추정의 권리는 수사와 재판 절차에서 다음과 같은 중요한 원칙으로 나타난다.

첫째, 예단과 편견 배제의 원칙이다. 예단과 편견이 있으면 공정한 재판이 될 수 없다. 수사와 재판을 받는 시민을 이미 유죄로 보고 처우하기 때문이다. 수사와 재판 자체가 형벌이 될 수 있다.

둘째, 불구속 수사와 불구속 재판의 원칙이다. 구속되면 피의자와 피고인은 자신을 제대로 방어하기 어렵다. 증거수집도 어렵고 가족과 지인으로부터 도움받기도 어렵다. 구속 자체로 육체적, 심리적, 사회적 피해를 입는다. 회복하기 힘든 피해이다. 무죄추정의 권리는 불리한 처우를 최소화할 것을 요구하므로 수사와 재판도 불구속 상태에서 이루어져야 한다.

셋째, 부당한 대우 금지의 원칙이다. 여기에는 공판정의 신체구속 금지, 사복착용 권리, 변호인의 접견교통권 인정, 고문이나 가혹행위 금지, 모욕적 신문 금지 등이 있다.

피고인의 방어권 보장

무죄추정의 권리는 피의자와 피고인의 방어권을 보장하여 공정한 재판이 이루어지도록 한다.

첫째, 무죄추정의 권리는 시민을 경찰, 검사, 법원에 대해 적극적으로 자기주장을 할 수 있는 주체로 만든다. 권리가 없다면 수사받는 피의자나 재판받는 피고인은 수사나 재판의 대상에 지나지 않는다. 권리가 없다면 국가기관의 선의에 의지할 뿐이다.

오직 권리만이 시민을 국가기관에 당당히 맞설 수 있는 존재로 만든다. 권리 중심의 사고는 지금까지 시민을 일방적인 통치의 대상으로 보아온 봉건시대, 독재시대의 관점을 벗어나는 것을 의미한다. 일방적인 통치나 재판의 대상에서 국가권력 행사를 통제하고 감시하고 저항하는 존재로 시민이 바뀌는 것이다. 시민이 수사와 재판에서 국가권력에 대항할 수 있는 힘은 바로 무죄추정의 권리에서 나온다.

둘째, 무죄추정의 권리는 심리적으로 피의자와 피고인에게 방어권 행사에 따른 부담을 없앤다. 죄를 짓지 않았어도 자신이 가지는 방어권을 완전히 행사하기는 어렵다. 현실에서 마주치는 국가권력은 엄청나고 거대하다. 심리적 제약도 있고 제도적 제약도 있다. 현실적으로 보복 또는 불이익이 있을 수도 있다. 그러나 단순한 저항이 아니라 권리의 행사라면 심리적, 제도적 제약을 넘을 수 있다. 국가공권력이 아무리 권한을 남용하더라도 「헌법」이 보장한 권리를 행사했다고 보복을 가할 수는 없기 때문이다.

셋째, 무죄추정의 권리 때문에 수사 및 재판기관은 피의자와 피고인을 존중해야만 한다. 피의자와 피고인이 유죄임을 전제로 한다면 그들의 주장은 변명과 호소에 지나지 않는다. 변명과 호소는 경찰, 검사, 법원이 들으면 좋고 듣지 않아도 문제없는 재량의 영역에 속한다. 하지만 권리에 기초한 주장은 반드시 존중하고 들어야 하는 의무의 영역에 속한다.

불처벌 위험은 국가 부담

무죄추정 권리는 재판에서 '의심스러울 때에는 피고인에게 유리하게' 원칙으로 나타난다. 이것은 유죄가 의심스럽더라도 합리적 의심이 남아 있다면 유죄가 아닌 무죄를 선고해야 한다는 것을 의미한다. 그런데 이 원칙을 끝까지 관철하면 범죄자를 처벌하지 못하는 문제가 발생할 수 있다. 대부분 범죄자를 잡지 못하는 것은 수사 미진 때문이지만 진범을 처벌하지 못하는 사태는 언제든지 발생할 수 있다. 범죄자를 처벌하지 못하면 피해자의 원통함은 해소되지 않고 사회는 정의를 세우지 못한다. 이런 상태가 자주, 장기간 발생하면 형사절차는 위태로워지고 사회는 유지되기 어렵다.

따라서 먼저 충분하고도 철저한 수사, 그러면서도 합법적이고 인권친화적인 수사가 필요하다. 이러한 수사를 거치고 공정한 재판을 통해 합리적 의심이 없도록 증명하여 범죄인을 처벌해야 한다. 이러한 수사와 재판을 거쳤음에도 불구하고 합리적 의심이 남는다면 그때는 무죄를 선고해야 한다. 무죄추정의 권리, '의심스러울 때에는 피고인에게 유리하게' 원칙은 이때 적용된다.

이 경우 발생하는 불처벌의 위험은 국가, 사회공동체가 부담한다. 만일 이 위험을 시민들에게 부담시키면 국가권력은 무한 팽창하고 시민의 자유와 인권은 심각하게 침해된다. 시민들은 언제 수사받고 재판받을지 몰라 두려움에 떨게 된다. 범인필벌의 철학은 인간 본성 중의 하나이지만 통제되지 않으면 자신을 포함한 모든 시민의 위기, 나아가 국가 자체의 위기를 초래한다.

유죄입증의 원칙

유죄입증 책임은 검사에게

형사재판에서 피고인의 유죄는 검사가 입증해야 한다. 피고인은 자신의 무죄를 입증할 필요가 없다. 검사가 유죄를 입증하지 못하면 피고인은 자신의 무죄를 주장, 입증할 필요도 없이 무죄로 풀려난다. 이를 입증책임 또는 거증책임이라고 부른다. 「형사소송법」은 이를 좀더 전문적으로 설명한다. 입증책임, 거증책임은 증명이 필요한 사실이 존재하는가에 관해 증명이 불충분한 경우에 불이익을 받게 되는 소송관계인, 당사자의 지위라고 정의된다. 이 제도는 심리를 충분히 했음에도 법관과 배심원의 심증이 형성되지 않는 상황을 해결하기 위한 개념이다. 심증이 형성되지 않은 경우에도 재판은 해야 하는데 이때 입증책임을 진 쪽이 입증을 못했다고 하여 불리한 재판을 하는 것이다.

상식적으로 보면 유죄를 주장하는 사람은 유죄의 입증을, 무죄를 주장하는 사람은 무죄의 입증을 해야 할 것처럼 보인다. 형사재판이 아닌 민사재판에서는 원고나 피고는 자신에게 유리한 주장을 스스로 입증해야 한다. 일상생활에서도 동일한 원리가 적용된다. 주장하는 자가 입증해야 하는 것이다.

하지만 형사재판에서는 검사만이 유죄의 입증책임을 지고 피고인은 무죄의 입증책임을 지지 않는다. 왜냐하면 피고인에게는 무죄추정의 권리가 있기 때문이다. 피고인은 무죄로 추정되므로 자신의 무죄를 주장, 입증할 필요가 없다. 그러므로 검사, 즉 국가가 유죄의 입증책임을 진다.

검사가 입증책임을 지는 이유 중의 다른 하나는 국가기관이 강대한 권한을 가졌기 때문이다. 국가기관은 많은 권한을 동원해 수많은 증거를 수집할 수 있다. 이에 비해 피고인은 증거수집권이 없고 증인을 소환하여 질문할 수도 없다. 증거의 불균형이 심각한 것이다. 이러한 현실을 반영한 것이 검사의 입증책임이다. 이러한 원리를 판례는 다음과 같이 표현한다(2003. 12. 26. 2003도5255).

형사재판에 있어서 공소가 제기된 범죄사실에 대한 입증책임은 검사에게 있고, 유죄의 인정은 법관으로 하여금 합리적인 의심을 할 여지가 없을 정도로 공소사실이 진실한 것이라는 확신을 가지게 하는 증명력을 가진 증거에 의하여야 하므로, 그와 같은 증거가 없다면 설령 피고인에게 유죄의 의심이 간다 하더라도 피고인의 이익으로 판단할 수밖에 없으며, 민사재판이었더라면 입증책임을 지게 되었을 피고인이 그 쟁점이 된 사항에 대하여 자신에게 유리한 입증을 하지 못하고 있다 하여 위와 같은 원칙이 달리 적용되는 것은 아니다.

입증은 합리적 의심이 없을 정도로

유죄의 인정은 합리적 의심이 없을 정도로 입증되었을 때 할 수 있다. 합리적 의심이 없는 정도의 심증은 고도의 개연성(가능성보다 높은 수준)을 뛰어넘는 수준의 것, 다시 말하면 인간의 인식능력이 허락하는 한도 내에서 최선의 심증이다. 합리적 의심이 없을 정도의 입증을 구체적인 숫자로 말하기는 어렵지만 굳이 표현하다면 95% 이상의 확신을 가질 수 있는 입증이 될 것이다.

판례는 합리적 의심을 "모든 의문, 불신을 포함하는 것이 아니라 논리와 경험칙에 기하여 입증이 필요한 요증사실과 양립할 수 없는 사실의 개연성에 대한 합리성 있는 의문"이라고 표현한다. 정상적인 사회생활을 하는 사람이 느끼는 의심이 남아 있다면 합리적 의심은 완전히 해소된 것이 아니다.

이에 비해 민사재판 원칙은 증거우위의 증명과 심증이다. 민사재판보다 형사재판의 입증 정도가 훨씬 높다. 원칙적인 배심제에서는 유죄인정을 위해서 만장일치의 평결이 필요한데 이것이 합리적 의심이 없는 정도의 심증이라고 할 수 있다. 그러나 우리의 국민참여재판은 만장일치 평결을 반드시 요구하지는 않는다. 개선해야 할 부분이다.

공정한 재판의 전제조건

공정성, 재판의 생명

재판은 분쟁, 다툼이 발생했을 때 국가의 공권력을 배경으로 분쟁을 해결하는 방법 중의 하나다. 그런데 다른 분쟁해결 방식과 달리 재판은 힘으로 분쟁을 해결하지 않는다. 여기의 힘에는 직접적인 물리력 행사와 함께 다수결에 의한 해결도 포함된다. 국가기관의 직접적인 물리력 행사는 폭력을 의미하므로 발동의 요건이 엄격히 통제되어야 한다. 잘못하면 분쟁해결을 위한 노력이 더 큰 분쟁과 갈등을 낳고 국가의 정당성을 흔들 수 있다. 다수결에 의한 해결은 투표, 선거를 의미한다. 논리적 정당성이 없어도 투표에 의한 결정은 그 자체로 정당성을 갖는다.

이와 달리 재판은 물리력 행사도 없고 다수결로 결정하지도 않는다. 그렇다면 재판의 정당성은 어디에서 나오는 것일까? 그것은 바로 재판의 공정성에서 나온다. 재판에서는 심판을 구하는 자와 심판을 받는 자가 편견 없는 공정한 판단자 앞에서 충분히 자신의 입장을 주장하고 이를 입증할 수 있다. 범죄에 특별한 편견이 없고 피고인에게 불리한 예단도 없는 판단자가 피고인에게 충분한 주장과 변명을 할 기회를 부여하고 이를 경청한다. 그런 다음 양심에 따라 판단한다.

이러한 재판의 원칙이 그리 효율적이지 않다는 이유로 배심재판에서도 민주주의 일반 원칙에 따라 다수결로 재판할 것을 주장하는 사람도 있다. 하지만 재판은 투표가 아니다. 투표만으로는 피고인의 방어권이 충분히 보장되지 않는다.

선입견 없는 판단자와 피고인의 주장 기회 보장은 재판이 직접적 불리력도 없고 다수결로 결정하지 않음에도 정당성을 갖도록 한다. 이를 공정성이라고 한다. 공정한 재판을 통해서만 피고인도 자신의 형벌에 승복할 수 있고 시민들도 사법을 신뢰한다.

공정성은 사법부 독립에서 시작

공정한 판단자의 구성은 재판의 공정성을 보장하는 2대 요소 중의 하나다. 다른 하나는 피고인의 방어권 보장이다. 재판의 생명인 공정성은 공정한 판단자 구성으로부터 시작된다. 공정한 판단자가 있어야 피고인의 방어권이 보장된다. 역으로, 피고인의 방어권이 보장되어야 판단자는 공정해질 수 있다. 피고인의 무죄추정 권리도 충실히 보장된다. 공정한 판단자의 구성은 흔히 법원의 구성이라고 부른다. 하지만 이 표현은 부족하다. 판단자에는 배심원도 포함되기 때문이다.

공정한 판단자의 구성은 사법부의 독립에서 시작된다. 판단자의 구성에 행정부, 즉 유죄를 구하는 자의 의도가 반영되면 안 된다. 만일 판단자가 유죄를 구하는 자의 의도대로 구성되면 재판은 재판이 아니라 인권침해의 도구일 뿐이다.

사법부의 독립은 재판업무의 독립을 의미한다. 사법부의 독립에서 가장 중요한 것은 정치권력으로부터의 독립이다. 사법부 독립의 역사는 곧 정치권력의 사법부에 대한 불간섭의 역사다. 정치권력으로부터 독립된 판단자가 사건을 독립적으로 판단하는 것이 가장 중요하다. 최근에는 정치권력만이 아니라 경제권력, 언론권력으로부터 독립도 필요하다. 특히 재벌회장에게 가벼운 형을 선고하는 것은 경제권력으로부터 사법부가 충분히 독립되어 있지 않음을 보여준다.

사법부의 독립은 정치권력이 자제하고 보장해 주어야 하는 것이기도 하지만 본질적으로는 판사들이 주체적으로 지키고 만들어야 하는 것이다. 사법부의 구성원인 판사 자신들의 노력으로 지켜낸 사법부의 독립이 주어진 독립보다 더 소중하고 값지다는 것은 말할 필요도 없다.

이런 측면에서 보면 고위 판사들이 국무총리, 감사원장, 장관 등 정부의 다른 요직으로 승진하는 것은 사법부의 독립을 해치는 일임을 쉽게 알 수 있다. 판사 이후의 자리를 보고 정치와 관계를 맺는 행위는 판사 개인만이 아니라 사법부 전체를 타락시킨다. 윤리적으로 경계해야 하는 현상이다. 판사는 자신의 직업이 하늘이 자신에게 부여한 것이라고 생각하고 사법부의 독립을 위해 평생 매진하는 자세가 필요하다.

배심원 구성 역시 공정성이 중요한데 법률은 여러 장치를 통해 이를 보장한다. 일반시민으로부터 무작위 선발, 배심원에 대한 질문, 이유부 기피와 무이유부 기피, 배심원의 토론과 원칙적인 만장일치의 평결, 변호인의 존재 등은 배심원의 공정성을 제도적으로 보장한다. 공정한 법원, 공정한 판단자는 관할과 법관에 대한 제척, 기피, 회피 제도를 통해서도 이루어진다.

예단은 없어지지 않고 보존된다

공정한 판단자는 예단과 편견으로부터 자유로운 판단자를 말한다. 예단과 편견으로부터 자유로운 판단자를 구성하려면 사건에 대해 선입견이 없어야 한다. 즉, 사건에 대해 알지 못하는 무지의 상태에서 재판을 시작해야 한다. 유죄의 가능성을 배제하지는 않지만 무죄추정의 권리를 인정하는 상태이다.

공정한 재판이 되기 위해서 특히 중요한 것은 수사기관, 공소기관의 심증이 판사나 배심원에게 그대로 이전되지 않도록 하는 것이다. 수사기관과 공소기관은 유죄의 확신을 가지고 수사와 기소를 한다. 그러나 수사기관과 공소기관의 심증은 공개된 법정에서 합법적으로 획득한 증거에 의해 판사나 배심원의 검증을 통과해야 한다. 그렇지 않고 그 심증이 판사와 배심원에게 그대로 전달되면 수사기관이 재판을 하는 것과 같다. 국가가 공개된 법정에서 시민사회를 증거로 설득하고 재판기관이 수사결과를 비판적으로 검증한다는 재판의 기본 구상이 무너진다. 공정한 재판이 되지 않는 것이다.

수사기관과 공소기관의 심증이 판단자에게 일단 전달되면 그 심증, 즉 예단과 편견은 사라지지 않는다. 이를 예단 보존의 법칙이라고 한다. 한번 발생한 생각과 행위는 자연적으로는 사라지지 않는다. 에너지 보존의 법칙과 같다. 모든 사건은 흔적을 남기게 마련이다. 의식적으로 제거하려고 해도 여전히 남는다. 심리학적으로 증명된 일이다. 판사나 배심원이 이미 형성된 예단과 불법을 재판과정에서 제외시킬 수 있다고 생각하는 것은 관념의 조작일 뿐이다. 예단과 불법이 발생하면 이를 없애기 위한 적극적 행위가 필요하다. 그 행위에는 판사와 배심원의 새로운 구성이 포함된다.

예단과 편견이 만들어낸 비극, 드레퓌스 사건

인류 역사에서 예단과 편견, 아집과 무지가 빚어낸 비극적 사건은 적지 않다. 그중에서도 최악의 사건은 역시 프랑스의 드레퓌스 사건이라 할 것이다. 지금도 드레퓌스 사건은 잘못된 재판의 대명사로 불린다. [3]

드레퓌스 사건의 시작은 한 장의 메모에서 시작된다. 1894년 9월 프랑스군 정보국은 파리 주재 독일 대사관의 정보원으로부터 메모를 입수했다. 그 메모는 프랑스 육군의 기밀자료 목록을 열거한 것이었다. 정보국은 수사에 착수했고 이 과정에서 포병 대위 알프레드 드레퓌스가 부각되었다. 필적이 비슷하다는 것이 이유였다. 하지만 다른 구체적인 증거는 없었다. 그럼에도 드레퓌스는 곧바로 체포되었다. 드레퓌스가 알자스의 독일어 사용지역 출신인데다가 유대인이었기 때문이다.

앞에서 말했듯이 예단과 편견은 한번 만들어지면 적극적으로 없애지 않는 한 사라지지 않는 법이다. 예단과 편견이 작동하기 시작하자 아무것도 이를 가로막을 수 없었다. 드레퓌스의 재판은 일사천리로 진행되었고 결국 그는 비공개 군사법원에서 반역죄로 재판받았다. 증거는 불충분했으나 드레퓌스는 1895년 1월 종신 유배의 유죄판결을 받았다.

그러나 재판은 끝났지만 사건은 끝나지 않았다. 진실은 숨길 수 없는 법이다. 1896년 진범인 페르디낭 에스테라지 육군 보병 대대장이 포착되었다. 진범에 대한 군의 수사는 진행되었으나 군 지휘부는 수사를 가로막았다. 나아가 군 지휘부는 1898년 에스테라지에 대한 형식적

---

3 레너드 케스터 · 사이먼정, 2014, 《세계를 발칵 뒤집은 판결 31》, 현암사, 143면 이하.

비공개 재판으로 간첩혐의에 대해 무죄를 선고해 버렸다. 실체적 진실, 드레퓌스의 인권과 명예가 아닌 군의 권위를 우선한 것이었다.

진실이 알려지자 당시 프랑스 지식인이자 최고 작가였던 에밀 졸라가 나섰다. 에밀 졸라는 1898년 1월 13일 "나는 고발한다"라는 역사적인 글을 일간지에 발표한다. 그는 이 글에서 드레퓌스 사건을 상상할 수 있는 최악의 조작이라고 고발했다. 그 결과, 에밀 졸라는 명예훼손죄로 고소당해 영국으로 도피했고 레지옹도뇌르 훈장도 박탈당했다.

하지만 에밀 졸라를 비롯한 지식인의 힘은 여론을 돌려놓았고 여론의 힘으로 재심은 시작되었다. 그렇지만 프랑스 군은 반성하지 않았다. 1899년 재심에서 드레퓌스는 억울함을 풀지 못했다. 유죄판결을 받은 것이다. 드레퓌스의 무죄가 최종 확인된 것은 1906년 7월이었다. 그리고 그는 12년 만에 군에 복직했다.

드레퓌스 사건은 예단과 편견이 얼마나 무서운 것인지 잘 보여준다. 당시는 프랑스만이 아니라 전 유럽이 반유대주의 열풍에 휩싸여 있었던 시대였다. 프랑스 군과 재판은 반유대주의라는 편견에 사로잡혀 있었다. 이 당시의 반유대주의 열풍은 결국 나치의 홀로코스트, 유대인 학살로 발전한다. 처음부터 끝까지 유대인이라는 편견이 재판을 지배했다. 진실이 밝혀지고 난 다음에 이루어진 첫 재심에서도 유대인에 대한 편견은 사라지지 않았다. 실체적 진실과 예단·편견은 양립할 수 없는 존재이다.

드레퓌스 사건은 진실이 밝혀진 이후에도 재판의 오류를 인정하고 수정하는 것이 생각보다 훨씬 어렵다는 점을 보여준다. 조작과 오판으로 피해자는 고통받는데 프랑스 육군은 군의 권위를 우선 생각했다. 다른 사건에서도 비슷하다. 사건조작으로 죄 없는 자는 평생을 고통받는데 국가기관은 이에 둔감하다.

조작사건의 진실에 부딪히면 정치인과 권력자들은 권력의 권위, 사법부와 검찰의 권위, 군조직의 권위를 우선 생각한다. 조작사건, 오판사건의 진실 앞에 법관과 검사 역시 조직의 권위를 우선한다. 법원과 검찰이 흔들리면 국가가 흔들린다고 변명하면서 말이다. 국가와 시민의 관계를 거꾸로 보고 있기 때문이다. 국가가 시민의 자유와 권리, 안전과 평화를 보장하기 위해 존재하는 것임에도 불구하고 국가의 권위를 위해 시민을 희생시킬 수 있다고 생각하는 것이다.

시민을 위한 국가라는 철학, 인권의 소중함에 대한 인식, 타인의 고통에 대한 공감능력 등을 갖추지 않으면 무고한 시민의 고통에 둔감한 괴물의 탄생은 멈추지 않을 것이다.

피해자 보호를 위한 조치

한번 발생한 예단과 편견이 의식적으로 없애지 않으면 계속 남는 것처럼 불법행위는 적극적으로 제거하지 않는 이상 계속 남아 영향을 미친다. 이것이 불법 보존의 법칙이다. 한번 발생한 역사적 사실이 없어질 리 없다. 그리고 그 영향도 없어지지 않는다. 다만 표면적으로 망각될 뿐이다.

불법행위의 대표적인 예는 범죄다. 범죄로 인한 피해자나 그 가족의 고통은 사라지지 않는다. 소중한 인생과 생명, 재산과 가족을 잃은 슬픔은 누구도 대신할 수 없다. 피해자의 호소는 항상 사람의 마음을 움직인다. 범죄인을 처벌하고 정의를 세우면 고통은 가벼워질 수 있지만 사라지지는 않는다.

　범죄피해자는 공동체의 선량한 구성원이므로 공동체의 보호를 받아야 한다. 이 보호에는 범죄예방과 범죄 후 피해자의 회복도 포함된다. 범죄피해자의 회복은 반드시 필요하지만 수사나 재판으로는 이루어지지 않고 또 이루어져서도 안 된다. 만약 피해자가 수사와 재판의 전면에 나서면 수사와 재판은 감정이 지배하는 사적인 복수의 장이 될 수 있다.

　형사절차는 엄격한 법적 절차를 통해 유무죄를 찾아가는 과정이다. 개인의 사적 감정을 배제하고 객관적 기준에 의해 이루어진다. 이를 통해 피의자와 피고인의 인권을 보장하면서 범죄에 이성적으로 대응할 수 있다. 피의자와 피고인의 인권을 보장해야 하는 것은 이들도 공동체의 구성원이기 때문이다.

　범죄피해자의 회복은 수사와 재판이 아닌 다른 절차에서 이루어져야 한다. 범죄자를 극형에 처한다고 해도 피해자의 피해는 회복되지 않는다. 범죄인의 처벌과 피해자 인생의 회복과 새출발은 관련이 없다. 다른 기관과 다른 절차에서 피해자 회복이 이루어져야 한다. 이역시 국가의 의무이다. 국가는 범죄자 처벌, 피의자와 피고인의 인권보호와 함께 피해자 보호와 회복지원 의무를 진다.

　국가의 범죄자 처벌 의무와 피해자 보호 의무는 서로 긴밀하게 관련되어 있지만 꼭 비례관계에 있는 것이 아니다. 범죄자를 처벌하는 시스템이 제대로 작동하더라도 피해자 보호나 피해회복 시스템은 없을 수 있다. 실제로 과거 사법 시스템이 제대로 발전하지 못했을 때 범죄인을 처벌하는 시스템은 그나마 가동되었으나 피해자 보호 시스템은 제대로 작동하지 못했다. 범죄피해자를 보호하기 위한 기본법인 「범죄피해자 보호법」이 시행된 것은 2006년 3월 24일이다. 물론, 범죄피해자를 위한다고 하면서 피의자나 피고인의 인권과 방어권을 경시해서도 안 된다. 범죄인을 가혹하게 처벌해서는 더욱 안 된다. 범죄인은 저지른 범죄에 비례하여 처벌을 받아야 하는 것이 원칙이다.

배심원은 재판에서 대부분 피해자의 증언을 듣는다. 피해자는 사건에서 가장 중요한 증인이다. 크게 공감도 하고 감정이 움직이기도 한다. 범죄로 인생을 망친 피해자나 사랑하는 가족을 잃은 사람의 절규만큼 절박한 것은 세상 어디에도 없을 것이다. 속으로 우는 경우도 있을 수 있다.

그러나 명심해야 할 것은 재판은 상대방이 있다는 사실이다. 그 상대방은 무죄추정의 권리를 누리는 피고인이다. 피해자의 증언이 진실일 수 있지만 피고인의 변명이 진실일 수도 있다. 감정이입이 안 될 수는 없지만 배심원은 가능한 한 감정을 배제하고 논리적으로 판단해야 한다. 재판은 어디까지나 증거에 근거하여 객관적 논리로 사실을 확정하는 절차이고, 재판정은 이성이 지배하는 장소이지, 감정이 지배하는 장소가 되어서는 안 된다.

범죄피해자 보호는 다른 절차에서 이루어진다. 구체적으로 피해자에게는 형사절차에 대한 참여권이 보장되고 2차 피해방지를 위한 제도적 장치도 마련되어 있다. 그리고 「범죄피해자 보호법」이 제정되어 범죄피해자에 대한 구조와 형사조정 제도가 마련되어 있다. 이들 제도는 재판이 아닌 다른 절차에서 이루어진다. 피해자 보호와 지원, 피고인의 인권과 방어권 보장은 논리적으로 연결되지 않는다. 현행 피해자 지원제도는 피해자 보호에 불충분하므로 많은 개선이 필요하다.

국가에 의한 불법행위

수사과정의 국가범죄

불법행위, 범죄는 국가도 저지를 수 있다. 도덕국가, 이성국가를 지향하는 현대국가에서 상상하기 힘든 일이지만 실제로 발생하고 있는 일이다. 독일 나치나 일본 군국주의자들처럼 침략전쟁 범죄나 집단학살과 같은 전국가적 범죄만이 아니라 정권 유지를 위한 개별적 범죄도 저지른다. 이러한 범죄는 국가가 저지른다는 점에서 국가범죄라고 부른다.

민주주의와 정치, 인권이 발전하지 못한 후진국에서는 국가범죄가 보편적 현상이다. 하지만 선진국도 예외가 아니다. 선진국도 자국의 시민이나 타국의 정치인에 대해 비합법적 방법으로 정보를 수집하는 등 범죄를 저지른다. 범죄를 예방하고 시민을 보호해야 할 국가가 범죄를 저지르고 시민을 공격하는 것은 역설적이지만 보편적 현상처럼 보인다. 물론 비밀리에 벌어지므로 잘 알려지지는 않는다.

우리는 과거 많은 국가범죄를 경험했다. 군부독재, 권위주의 시절 많은 사건들이 고문, 폭행, 협박, 불법구금 등으로 조작되었다. 앞에서 본 조봉암 사건, 조용수 사건, 민청학련·인혁당 사건은 그중의 일부다. 과거 국가범죄 사건들은 최근 진상이 밝혀져 재심으로 무죄가 선고되는 경우가 많은데 대부분 고문, 폭행, 협박, 불법구금으로 조작된 사건들이다.

국가범죄는 과거의 일이 아니다. 2014년에도 간첩조작 사건이 발생했다. 서울시 공무원이었던 동포 유우성 씨에게 간첩혐의를 씌우기 위해 중국에서 증거를 조작한 사실이 드러났다. 국가정보원(이하 국정원) 직원은 유우성 씨의 중국 출입국 기록을 중국에서 위조했고 검사는 이 조작된 증거를 한국 법정에 제출했다. 유우성 씨의 행적을 자세히 알고 있었던 변호인은 이 증거가 조작되었다고 주장했다.

법원은 변호인의 신청을 받아들여 중국대사관에 증거로 제출된 중국의 공문서가 위조된 것인지 조회했다. 놀랍게도 중국대사관은 한국의 검사가 제출한 중국 출입국 기록이 위조되었다고 알려왔다. 증거 조작을 통한 간첩조작 사건은 이렇게 발각되었다. 이 사건에서 변호인들은 진실을 밝히기 위해 중국에 직접 출장까지 다녀오는 수고도 마다하지 않았다. 변호인들의 이러한 노력, 법원의 사실조회, 중국대사관의 솔직한 답변이 없었다면 유우성 씨는 조작된 증거로 유죄판결을 받았을지도 모른다.

고문, 폭행, 협박, 불법구금만 범죄가 아니다. 증거조작 역시 국가 공권력의 범죄행위이다. 증거조작에 가담한 국정원 직원은 처벌받았다. 그러나 국정원과 함께 수사를 진행했고 국정원 수사를 감독했던 검사들은 처벌받지 않았다. 처벌이 미진하면 사건은 재발하기 마련이다. 일본의 경우 2010년 증거를 조작했던 오사카 특수부 검사는 징역 1년 6개월의 실형을 선고받았고 부부장검사와 부장검사는 집행유예의 판결을 받았다. 우리와는 비교되는 장면이다.

납북어부의 비극

북한과 가까운 해역에서 고기를 잡는 어부는 항상 삼중의 위험에 처해 있다. 첫째는 납북의 위험, 둘째는 월경에 따른 처벌의 위험, 셋째는

「국가보안법」에 의한 처벌의 위험이 그것이다. 특히 「국가보안법」은 납북어부들을 수십 년간 조작간첩의 대상으로 만들었다. 여기에 납북되었다가 간첩으로 조작되어 30년을 간첩의 누명을 쓰고 살다 최근 재심으로 무죄를 선고받은 사례가 있다.

속초 출신으로 어부였던 외할아버지와 손자는 1971년 10월 북한경비정에 납북되었다가 1년 후인 1972년 9월 귀환했다. 이것 자체는 문제가 될 수 없다. 납북되었기 때문이다. 납북과 북한에서의 행적은 강요된 행위이기 때문에 원래 범죄가 될 수 없다. 그러나 이때는 10월 유신 직전이었다. 국가는 이들을 본보기로 사회를 통제하고자 했다. 경찰과 검찰은 이들을 「반공법」 위반 혐의로 기소했고 법원은 징역 1년을 선고하였다. 강요된 행위는 처벌할 수 없다는 「형법」 규정은 무시되었다.

이들의 불행은 이것으로 끝나지 않았다. 1981년 경찰은 C급 공작 승인을 받고 공작을 진행하여 피고인들이 어부들을 상대로 불온선동을 한다는 사실, 북한을 찬양하고 다닌다는 사실을 자백받았다. 또다시 시대가 문제였다. 이때는 군부 쿠데타를 일으켜 정권을 잡은 전두환 군부세력이 사회정화 운동을 하고 조작간첩을 만들던 때였다. 경찰은 이들을 구속영장도 없이 연행하여 각각 104일, 86일 동안 여관과 대공분실 지하조사실에 불법구금하면서 고문을 가했다.

세월이 한참 지나 이 사건을 조사한 진실화해위원회와 법원은 고문 사실을 인정했다. 고문 내용은 "볼펜을 손가락 사이에 끼워서 위에서 누르고, 각목을 오금지에 끼워 놓고 무릎을 꿇게 한 후 발로 밟고, 주먹으로 때리고, 잠을 재우지 않고, 얼굴에 수건을 씌운 후 매운 것 붓기·전기고문·구타, '국가 일에 협조하지 않으면 죽여 버리겠다'는 협박" 등 이었다. 이들은 고문을 견디지 못하고 거짓자백을 했다.

100일 가까이 이러한 고통을 견뎠다는 것이 오히려 놀랍다. 그 오랜 시간 동안 아무도 이들을 도울 수 없었고 돕지도 못했던 것이 당시의 현실이었다. 검찰 단계에서 검찰수사관은 자백을 번복하면 다시 경찰로 보내겠다고 협박했다. 검사가 한 것이라고는 "사실대로 진술한 것이냐"라고 물었던 것이 전부였다.

재판은 시작되었으나 어부들의 주장은 하나도 인정되지 않았고 유죄판결이 선고되었다. 1심에서 무기징역, 항소심에서 각각 징역 10년과 7년의 형을 선고받았다. 외할아버지는 항소심까지 유죄판결을 받았으나 대법원 심리 도중 사망했다는 이유로 공소기각 결정을 받았다. 구속 중이던 1982년 6월 18일 구속집행 정지로 석방되었으나 석방된 지 불과 보름 만인 다음달 7월 4일 사망했다. 누가 보아도 고문으로 인한 사망이었다. 국가가 살인을 한 것이다. 손자의 대법원 상고는 기각되었다.

살아남은 손자는 억울함을 풀기 위해, 간첩이 아니라는 것을 증명하기 위해 백방의 노력을 했다. 수십 년이 지난 후 다행히 진실화해위원회의 진상규명 결정을 받아 법원에 재심을 청구했다. 법원은 최종적으로 2013년 손자의 「국가보안법」 위반 사실에 대해 무죄를 선고했다. 사건 발생 후 무려 30년도 넘어서 이루어진 일이다. 그렇지만 외할아버지는 재심으로 무죄를 선고받지도 못했다. 공소기각 판결이라는 형식재판은 재심할 수 없다는 형식적 이유 때문이다.

고문, 폭행, 협박, 불법구금, 증거조작 등 국가의 범죄행위는 파멸적인 결과를 초래한다. 무고한 피해자의 인생은 회복될 수 없다. 아무리 재심으로 무죄를 확인하고 배상한다고 해도 이들의 인생은 회복될 수 없다. 한 번뿐인 인생에서 공부하고 직장을 갖고 연애하고 결혼하고 이웃들과 어울리고 친구들과 함께 늙어가는 그러한 즐거움을 가질 수 없다. 30년을 간첩이 아니면서 간첩의 누명을 쓰고 살아온 이들의 인생에 대해 아무도 보상할 수 없다.

과거의 잘못을 반성하지 않으면 이러한 현상을 용인하게 된다. 재발하는 것도 용납하게 된다. 일반범죄인의 범죄도 심각한 피해를 낳지만 국가 범죄는 파멸적인 결과를 가져온다는 점을 명심해야 한다.

부정의는 부정의로 해결할 수 없다

범죄는 부정의다. 다른 사람의 몫, 즉 법률이 보호하는 다른 사람의 이익을 빼앗고 없애기 때문이다. 개인에게 막대한 피해를 끼치고 사회에도 충격을 준다. 이 부정의는 바로잡아야 한다. 수사를 하여 범인을 체포하고 재판을 통해 범인을 처벌하는 것은 이 때문이다. 부정의가 처벌되지 않고 누적되면 개인의 안전, 자유와 권리는 위험에 처하고 사회는 혼란스러워진다. 한 마을에 계속 절도나 성폭행 범죄가 발생하는 경우, 기업들이 계속 오염물질을 배출하거나 주가조작을 하는 경우, 공무원이 계속 뇌물을 받는 경우를 상상해 보라. 이런 환경이라면 개인은 안전할 수 없으며 미래를 설계할 수도 없다. 사회는 발전은 커녕 존속하기도 어렵다.

수사와 재판은 범죄라는 부정의를 처벌하기 위해 존재한다. 정의를 세우기 위해 존재하는 것이다. 따라서 수사와 재판은 정의로워야 한다. 결과만이 아니라 과정까지 정의로워야 한다. 수사와 재판은 합법적으로 진행되어야만 정의로울 수 있다. 과정의 정의를 특히 공정성이라고 표현한다.

과정의 정의를 세우기 위해서는 국가공권력이 고문, 폭행, 협박, 불법구금, 장기구금, 회유 등 범죄행위를 저지르는 것을 엄격히 막아야 한다. 범죄를 해결한다고 하면서 범죄를 저지르는 것은 모순이다. 그리고 범죄로 범죄를 만들기 때문에 결과적으로 죄 없는 자를 처벌하게 된다. 원래 범죄의 부정의에 더해 국가범죄라는 부정의, 여기에 죄 없는 자의 처벌이라는 부정의가 더해진다. 이렇게 국가범죄는 이중 삼중의 부정의가 된다. 우리 「헌법」, 「형법」, 「형사소송법」이 위법수사를 엄격히 규제하는 이유는 여기에 있다.

수사의 위법은 재판으로 통제할 수 있다

수사과정은 재판에서 드러나기 마련이다. 즉, 공판절차는 수사과정의 문제점을 검토할 수 있도록 설계되어 있다. 죄 없는 자가 기소되었다면 그는 자신의 억울함을 법정에서 이야기한다. 법정이 아무리 권위적이라고 해도 경찰서나 검찰청의 조사실보다는 자유롭다. 변호인의 도움도 받을 수 있고 충분히 말할 수 있는 기회도 보장된다. 그리고 수사과정의 위법성은 위법수집증거 배제법칙을 통해 재판과정에서 체계적으로 점검된다. 이처럼 법정은 수사과정을 비판적으로 검토하고 통제하도록 구성되어 있다.

고문, 폭행, 협박, 불법구금 등 불법행위를 당한 피고인은 법정에서 더욱 자신의 억울함을 호소한다. 보통 사람들은 경찰과 검사는 자신의 말을 들어주지 않지만 판사는 자신의 말에 귀 기울여 줄 것이라는 절대적인 믿음을 갖고 있다. 신앙에 가까운 믿음이다. 특히 국민참여재판의 피고인은 판사와 배심원이 자신의 억울함을 풀어 줄 것이라는 종교적 믿음을 갖는다. 이러한 믿음은 진실을 이야기하고 누명을 벗어나려는 희망과 함께 법정에서 수사과정의 위법성이 드러날 수 있게 만든다.

법정에서 무고함과 억울함을 호소하는 피고인의 말, 이것은 범죄자의 뻔뻔한 부인일 수도 있다. 그러나 진정한 죄 없는 자의 마지막 호소일 수도 있다. 수사기관이 법정에 제출한 증거는 외관상 합법적으로 얻은 깨끗한 증거로 보인다. 그러나 피고인을 압박하여 얻은 증거일 수도 있다. 이 모든 판단은 오로지 판사와 배심원의 몫이다. 그리고 판사와 배심원의 임무 중의 하나는 수사과정에서 벌어진 불법행위를 감시하고 통제하는 것이다.

공권력 남용을 통제하는 공개재판주의

모든 재판은 공개한다

모든 재판은 공개하는 것이 원칙이다. 일반시민들은 재판과정과 재판결과를 특별한 제약 없이 참관할 수 있다. 시민이라면 아무런 이해관계가 없어도 모든 법정에 들어갈 수 있다. 판사나 정리가 일일이 왜 이 재판을 참관하는지 묻지 않는다. 물론 재판정 크기나 사건의 성격에 따라 제한할 수 있다. 재판정이 작으면 수용인원은 제한된다. 사건이 국가기밀 혹은 군사기밀을 취급하는 경우, 성범죄와 같이 공개하면 피해자에게 2차 피해가 발생할 경우에는 공개가 제한될 수 있다. 하지만 비공개는 어디까지나 예외이다.

공개재판주의는 밀행주의와 대립한다. 일반시민들이 지켜보는 가운데 재판을 진행함으로써 법원을 포함한 국가공권력의 권한남용을 통제하는 것이 근본 목적이다. 재판과정을 공개함으로써 판사의 책임감과 재판에 대한 신뢰를 높이는 목적도 있다.

국민참여재판에서 공개재판주의는 단순히 배심원과 일반시민들에 대한 공개를 넘어서는 의미가 있다. 재판은 배심원과 일반시민이 이해할 수 있어야 한다. 재판을 이해해야만 제대로 된 판단을 내릴 수 있고 비판과 감시를 할 수 있다. 배심원이 재판장을 통해 증인이나 피고인에게 질문할 수 있도록 한 것은 재판에 대한 이해를 위한 것이다. 의문이 있으면 이 질문권을 적극 활용해야 한다.

공개의 목적은 토론과 비판의 수용

공개재판주의는 일반시민이 재판의 과정과 결과를 비판하는 것을 허용하고 법원이 이 비판을 겸허히 수용하는 것을 의미한다. 즉, 공개재판주의가 단순한 공개나 관람만으로 그쳐서는 그 목표를 달성할 수 없다. 피해자, 일반시민, 전문가, 사회집단 등이 재판을 이해할 수 있도록 쉽게 진행해야 한다. 그래야 시민과 전문가들이 재판을 비판하고 법원을 견제할 수 있다. 한편 법원은 이러한 비판에 대해 근거를 가지고 답변할 수 있어야 한다. 만일 비판에 대해 제대로 답변할 수 없다면 재판과정 및 결과는 수정되어야 한다.

형사재판 결과는 모든 진리가 그러하듯 잠정적이다. 물론 유죄판결은 합리적 의심이 없을 정도로 입증된 것이다. 하지만 어디까지나 지금까지 제출된 증거에 의한 것이라는 점도 사실이다. 새로운 증거가 나온다면 결과는 바뀔 수 있다. 법적 안정성이 중요하지만 진실과 정의 앞에서 법적 안정성은 양보될 수 있다. 특히 진실과 정의가 시민의 인권과 명예에 직결된 것일 때에는 재판결과는 재검토되어야 한다.

형사절차는 스스로 이러한 경우에 대비하고 있다. 재심제도가 그것이다. 재심은 유죄의 선고를 받은 자에 대해 무죄나 원판결이 인정한 죄보다 경한 죄를 인정할 명백한 증거가 새로 발견되었을 때에 원판결을 파기하고 다시 재판하는 제도다. 이처럼 형사절차는 스스로 자신의 판결이 불완전할 수 있다는 점을 인정한다.

배심원이 최선을 다해 심리와 평결에 임한다는 것은 널리 알려진 사실이다. 배심원이 실체적 진실의 가장 가까운 곳까지 접근할 수 있고 실제로 접근하는 것도 사실이다. 그럼에도 불구하고 결론에 대한 비판은 얼마든지 있을 수 있다. 배심원의 평결도 있을 수 있는 비판에 답할 수 있어야 한다. 만일 이 비판에 제대로 답하지 못할 가능성이 있으면 쉽게 결론을 내려서는 안 된다. 충분한 증거가 제출되지 않았거나 피고인이 공정한 재판을 받지 못한 경우에는 외부의 비판에 견딜 수 없다. 배심원은 이런 가능성을 인정하고 겸손하게 심리에 임하고 사실인정에 신중을 기해야 한다.

이성에 대한 신뢰, 자유심증주의

이성과 경험에 기초한 판단

법정에 충분한 증거가 제출되고 검사와 피고인, 변호인의 의견진술까지 모두 끝나면 이제 판단만 남는다. 판단은 배심원과 판사의 몫이다. 완전한 배심제에서는 사실인정은 전적으로 배심원의 몫이지만, 현재 국민참여재판에서는 배심원과 판사가 나누어 가진다.

배심원과 판사는 자유심증주의에 따라 판단한다. 자유심증주의는 증거의 증명력을 법률로 규정하지 않고 배심원과 판사의 자유로운 판단에 의하는 원칙을 말한다. 즉, 인간의 합리주의, 이성을 신봉하는 계몽주의, 국민주권주의를 바탕으로 판단에 임하는 것이다. 다양한 증거, 새로운 증거를 획일적으로 평가할 수는 없다. 획일적으로 평가한다면 사건마다 다른 증거의 가치를 오판하게 된다. 새로운 증거에 대해서는 아예 평가할 수 없는 문제도 생긴다. 사건마다 다른 증거의 가치, 새로운 증거의 가치는 인간의 이성에 근거하여 합리적으로 판단할 수밖에 없다.

자유심증주의는 특히 배심제와 친하다. 배심원은 일반시민으로 구성된다. 증거에 관한 구체적인 법률규정은 알지 못하고 알 필요도 없다. 배심원들에게 요구되는 것은 사회 일반의 건전한 상식과 법감정이지 구체적인 법률지식이 아니다. 배심원들의 경험과 생각을 반영하려면 법률에 의한 제한을 두어서는 안 된다.

배심원과 법관의 자유판단은 첫째, 모순되는 여러 증거 중 어떤 증거를 선택할 것인지 의미하는 증거선택, 둘째, 선택한 증거로부터 어떤 사실을 인정할 것인지 의미하는 증거의 입증취시, 셋째, 증거가 결정적 증거인지 아닌지를 의미하는 증거가치 등을 법률의 제약이나 기준 없이 이성에 근거하여 판단하는 것을 말한다.

자유롭게 판단하되 한계는 인정

자유심증주의의 근거는 인간 이성에 대한 믿음이다. 하지만 인간의 이성이 언제나 완벽한 것은 아니다. 인간의 이성은 매우 강력하지만 예단과 편견에서 완전히 자유롭지는 않다. 위법한 증거, 증거로 쓸 수 없는 증거를 보고도 예단과 편견을 배제할 수 있을 만큼 인간의 이성은 완벽하지 않다. 따라서 위법한 증거, 증거로 쓸 수 없는 증거는 처음부터 배심원과 판사가 볼 수 없도록 해야 한다.

증거로 쓸 수 없는 증거는 처음부터 판단의 대상에서 제외하는 것이 「증거법」의 기본 원칙이다. 「증거법」 중에서 가장 중요한 위법수집 증거 배제법칙은 적법한 절차를 지키지 않고 수집한 증거는 증거로 사용하지 않겠다고 선언하는 것이다. 위법수집증거 배제법칙 등 「증거법」의 여러 원칙은 인간의 이성이 예단과 편견에서 자유롭지 못하다는 점에 대한 솔직한 인정에서 비롯된 것이다.

배심원들의 집단적 이성은 판사 개인의 이성보다 절대 부족하지 않다. 배심원들은 원칙적으로 12명, 국민참여재판에서는 9명이 모여 토론하여 사실을 인정한다. 건전한 상식을 가진 배심원들이 동일한 증거자료를 두고 만장일치에 이를 때까지 토론한다는 것 자체가 자의적 심증을 제약하는 강력한 요소이다.

판사에게는 이러한 보장이 없다. 아무리 판사가 훈련을 받더라도 배심원들의 만장일치 평결을 대체할 수는 없다. 대체할 수 있다고 본다면 그것은 관념의 조작일 뿐이다. 판사도 예단과 편견에서 자유롭지 못하다. 합의부인 경우 토론과 합의가 법률상 보장되어 있지만 실제 기능하는지는 의문이다. 국민참여재판, 배심재판이 원칙이 되고 법관재판이 이를 보충하도록 제도를 설계해야 하는 이유 중의 하나다.

배심재판에도 문제가 없는 것은 아니다. 배심원들에게 필요한 것은 사회 일반의 건전한 상식이다. 널리 퍼진 생각이되 건전해야 한다. 여성을 차별하는 남녀불평등 사상, 어린이를 물건으로 취급하는 가부장제 사고방식, 잔혹한 형벌만을 고집하는 혹형주의, 사람보다 재산을 우선시하는 물신숭배 사상, 특정 인종·계급·계층·집단에 대한 편견 등은 건전한 상식이 아니다. 그리고 비과학적 상식도 건전한 상식이 아니다. 한편, 상식이 변화한다는 점도 고려해야 한다. 상식 자체가 변화, 발전하므로 배심원도 이에 따라야 한다. 배심원의 토론과정은 이런 문제를 어느 정도 해결한다. 하지만 완전히 배제할 수는 없다. 배심원들 스스로 이를 인식하고 경계를 게을리해서는 안 된다.

그렇다고 자유심증주의를 과거의 법정증거주의로 대체할 수는 없다. 다만 자유심증주의가 완벽한 장치가 아니라는 점, 이에 대한 여러 견제장치를 마련할 필요가 있다는 점을 인식하는 것이 중요하다. 그리고 자유심증주의에 의한 결론에 대해 겸손한 자세를 취하는 것이 중요하다. 모든 제도는 완벽할 수 없고 사회와 개인의 구체적인 활동으로 보충할 수 있을 뿐이다.

과학적 감정은 존중하되 오염 여부 점검

배심원으로서 재판을 하다 보면 전문적이고 과학적인 증거를 접하는 경우가 있다. 사인감정, 총탄감정, 지문감정, 문서감정, 정신감정, 심리감정, 필적감정, 혈중알코올농도감정, DNA감정, 혈액감정 등이 이에 해당한다. 그런데 자유심증주의에 의하면 배심원과 법원은 감정인의 의견을 반드시 따를 필요가 없다. 과거에는 판사가 최종적인 결정을 내리므로 판사의 판단과 감정인의 감정결과가 달라도 문제없다고 해석했다.

하지만 과학적 증거는 함부로 배척하면 안 된다. 과거 과학기술이 발달하지 않았던 때를 기준으로 함부로 감정결과를 배척하면 오판의 위험이 높다. 최근의 과학적 감정은 대부분 과학계에서 공인된 이론에 근거하여 기술적으로 검증된 방법으로 이루어진다. 과학적 감정결과는 고도의 정확성을 가진 경우가 대부분이다. 이를 무시하면 과학의 성과를 무시하는 것이 되며 좀더 크게 말하면 논리칙과 경험칙에 위반된다.

정신감정이나 심리감정을 과학적 방법이 아니라고 보는 경향이 있다. 정신상태, 심리상태는 누구나 쉽게 알 수 있다는 점을 근거로 하는 것 같다. 하지만 최근 정신의학과 심리학의 발전은 이들 분야도 고도로 전문화되었음을 보여준다. 다른 전문적이고 과학적인 분야와 차이도 없다. 즉, 정신감정과 심리감정도 존중받아야 한다.

과학적 감정결과는 피고인의 유죄를 입증하는 데 많이 사용되는 것이 현실이다. 하지만 이는 피고인이 범인이 아니라는 점을 인정할 때 결정적 의미가 있다. 감정결과는 유죄인정에는 여러 증거 중의 하나일 뿐이지만 무죄인정에는 하나만 있어도 충분하다. 해부소견이나 혈액형, 유전자, 지문, 모발, 필적감정이 하나라도 모순된다면 그것만으로도 무죄의 증거가 된다.

감정결과를 채택하려면 감정과정이 믿을 만해야 한다. 증거를 언제 어디서 어떻게 채취했는지 먼저 살펴야 한다. 다음으로 보관방법과 분석실 이동과정, 분석과정을 모두 살펴야 한다. 이 과정에서 증거가 오염되었을 수도 있고 증거를 바꿔쳤을 수도 있다. 아예 거짓 감정을 하는 경우도 있다. 증거의 감정이 엄청나게 중요했던 오 제이 심슨 사건에서도 증거가 오염되는 일이 발생했다.

일본의 가고시마 현 부부 살인사건(다카쿠마 사건)에서는 피해자의 사체에서 채취한 음모가 피고인의 것과 유사하다는 감정서가 하급심 유죄인정의 결정적 증거였다. 그러나 피고인으로부터 채취한 음모는 수사본부 수중에서 일부 분실되었다가 나중에 발견되어 제출된 것이었다. 그것도 음모가 아니라 머리카락이었다. 또한 당시의 보관책임자는 이 음모를 자신이 직접 가지고 가고시마 현에서 도쿄의 경찰청 과학경찰연구소까지 침대특급 '하야부사'를 타고 갔다고 증언했다. 그러나 보관책임자가 탔다는 하야부사는 그날 폭우 탓에 운행되지도 않았다.[4] 한국의 강기훈 유서대필 사건(1992년)에서는 강기훈의 필적 감정이 거짓 감정임이 밝혀졌다. 감정결과를 믿으려면 감정의 전 과정에 대한 투명한 증명이 우선되어야 한다.

---

4 우치다 히로후미 외, 2015, 《전략자백》, 김인회 외(역), 뿌리와 이파리, 220면.

사람의 말에 대한 판단 방법

사람의 말을 법률용어로 진술이라고 한다. 진술의 종류에는 법정에서 배심원과 판사 앞에서 하는 진술과 법정 바깥이나 수사기관에서 하는 진술이 있다. 증거로 사용할 수 있는 요건은 서로 다르지만 증거로 인정되면 모두 유죄의 증거로 사용할 수 있다. 법정에서 배심원과 판사 앞에서 한 진술이 수사기관에서 진술하여 서류로 제출된 것보다 더 신빙성이 높은 것은 당연하다. 하지만 굳이 법정 밖이나 수사기관에서 한 진술도 배척할 필요는 없다. 다만 법정 바깥이나 수사기관에서 한 진술은 전문법칙이 적용되므로 증거로 쓸 수 없는 것이 원칙이다. 법정 증언이 법정 외 진술보다 더 믿을 만한 증거라고 법률도 본다. 법정 외 진술은 진술한 사람이 자신의 진술이 맞다고 인정해야 증거로 사용할 수 있다.

진술 중에서 특히 피고인의 자백은 유의해야 한다. 자백을 증거로 사용할 수 있는 요건은 다른 경우보다 까다롭다. 나아가 증거로 사용하더라도 유죄인정의 증거로 하는 데는 주의가 필요하다.

대법원은 자백의 신빙성 유무를 판단할 때에는 첫째, 자백의 진술 내용 자체가 객관적으로 합리성을 띠는지, 둘째, 자백의 동기나 이유가 무엇인지, 셋째, 자백에 이르게 된 경위는 어떠한지, 넷째, 자백 이외의 정황증거 중 자백과 저촉되거나 모순되는 것이 없는지 등을 점검하고 고려할 것을 요구한다.

진술 중 증인의 증언도 유의해야 한다. 특히 피고인과 이해관계가 대립되는 증인의 증언은 조심해야 한다. 증인과 피고인이 대립하는 대표적인 사례는 뇌물죄다. 대법원은 뇌물죄에서 수뢰자로 지목된 피고인이 수뢰사실을 시종일관 부인하고 있고 이를 뒷받침할 금융자료 등 물증이 없는 경우에 뇌물을 준 증뢰자의 진술만으로 유죄를 인정하기 위해서는 특별한 조건이 충족되어야 한다고 본다.

첫째, 증뢰자의 진술이 증거능력이 있어 증거로 사용할 수 있어야 한다. 둘째, 합리적 의심을 배제할 만한 신빙성이 있어야 한다. 셋째, 진술내용 자체의 합리성, 객관적 상당성, 전후의 일관성 등이 있어야 한다. 넷째, 증인의 인간됨, 그 진술로 얻게 되는 이해관계 유무를 고려해야 한다. 다섯째, 특히 증인에게 어떤 범죄의 혐의가 있고 그 혐의에 대해 수사가 개시될 가능성이 있거나 수사가 진행 중인 경우에는 이를 이용한 협박이나 회유 등의 의심이 있어 궁박한 처지에서 벗어나려는 노력이 진술에 영향을 미칠 수 있는지 여부를 고려해야 한다.

사람의 진술이나 피고인의 자백은 강력한 증거이지만 조작이나 왜곡될 수 있으므로 주의 깊게 판단해야 한다.

재심, 법적 안정성과 인권보호의 갈등

재판은 필연적으로 오판을 포함한다

형사재판이 확정되면 더 이상 다툴 수 없는 것이 원칙이다. 아무리 억울하더라도 재판을 계속할 수는 없다. 개인과 사회는 재판결과를 바탕으로 새로운 생활을 한다. 이처럼 법률은 불안정했던 법률관계를 최종적으로 안정시킨다. 이를 법적 안정성이라고 한다. 법의 존재 이유 중의 하나이다.

법적 안정성을 이루기 위해서는 재판은 정의에 기반을 두어야 한다. 과정은 공정해야 하고, 결과는 정의로워야 한다. 하지만 아무리 공정하고 신중하게 재판해도 오류나 오판은 있을 수 있다. 그렇다고 오판을 그대로 방치해서는 안 된다. 정의를 침해하기 때문이다. 오판은 법적 안정성이 아니라 무고한 시민을 처벌하는 부정의일 뿐이다. 국가는 단 한 명의 시민도 근거 없이 처벌해서는 안 된다. "의심스러울 때에는 피고인에게 유리하게", "10명의 범죄자를 놓치더라도 한 명의 무고한 사람을 처벌해서는 안 된다"는 격언은 이러한 가치를 잘 표현한다.

시민의 인권과 명예의 보호, 회복을 위해 오판은 시정되어야 한다. 아무런 이유 없이 처벌된 무고한 사람의 피해는 당연히 회복되어야 한다. 이것은 또 다른 정의의 요청이다. 하지만 오판을 시정해야 할 필요성은 여기에 그치지 않는다. 공동체 유지를 위해서도 필요하다. 무고한 자를 반복하여 처벌하면 공동체는 유지될 수 없다. 시민들이 공동체를 떠나거나 혹은 저항권을 행사하여 공동체를 재편할 수밖에 없다. 국가가 도덕성을 유지하고 국민을 통합하기 위해서도 오판은 시정되어야 한다.

오판은 기본적으로 이성의 한계, 재판 제도의 한계에서 비롯된다. 인간이 인간인 이상 과거에 발생한 사건을 전부 알 수는 없다. 아무리 정교하게 과거를 재구성해도 재구성한 과거가 과거 자체는 아니다. 인간 이성의 한계다.

재판은 증거자료에 기초하여 과거 사건을 가설적으로 재현하는 것이다. 시간이 지나면 새로운 사실이 나타날 수도 있고 법률해석이 달라질 수도 있다. 법률해석이 달라진 경우로는 간통죄가 있다. 간통죄는 이미 위헌으로 결정 났지만 이전에는 구속되고 징역형을 선고받았던 형벌이었다. 이러한 오판은 재판제도에 내재하는 것이다. 진실 앞에 겸손하고 재판을 공정히 진행하고 신중히 판단함으로써 최소화할 수는 있다. 형사절차를 개혁함으로써 역시 최소화할 수 있다. 그러나 완전히 추방하기는 어렵다.

오판은 구조적으로 발생할 수 있다. 자유로운 행위가 법률에 의해 금지되면 정상적이고 평화적인 행동이 범죄가 되어 버린다. 자유로웠던 학술활동, 정부비판 활동이 정부의 방침에 따라 갑자기 범죄가 된다. 유신시대의 긴급조치가 이에 해당한다. 긴급조치 9호는 「헌법」에 대한 비판을 범죄로 규정했다. 그런데 「헌법」이나 정부에 대한 비판은 민주주주의 필수조건이다. 따라서 긴급조치로 무고한 범죄자가 양산되었다. 오판이 구조적으로 발생한 것이다.

조작된 오판도 있다. 과거 군부독재와 권위주의 시절 발생했던 간첩조작 사건, 증거조작 사건들이 그 예이다. 정권의 안정을 위해 반대파 정치인의 제거, 민주화 운동 탄압, 민중생존권 투쟁 탄압, 문인이나 예술가에 대한 탄압에 공권력이 동원되어 고문, 폭행, 협박, 불법 구금 등을 이용해 오판을 양산했다. 위에서 본 납북어부 사건도 여기에 속한다.

이렇게 되면 국가공권력은 권위를 잃고 폭력으로만 통치한다. 국가공권력 자체가 범죄집단이 되는 것이다. 독일 나치 시절 대학 구내에서 '히틀러 반대'라는 유인물을 뿌리고 낙서를 했다는 이유로 대학생들이 단심으로 사형된 백장미단 사건은 국가공권력이 범죄집단과 다름없다는 사실을 극명하게 보여준다. 독일 나치와 일본 군국주의의 폭력적 통치는 인류가 멸망하는 것이 아닌가 하는 우려를 낳을 정도의 엄청난 전쟁피해, 인명피해를 초래했다. 그리고 최종적으로는 보호하려고 했던 국가 자체의 멸망을 초래했다.

이처럼 오판 위에 세워진 법적 안정성은 허구의 안정성이고 폭력 위에 건설된 불안정의 안정성이다. 법률이 신뢰를 잃고 국가도 신뢰를 잃어 결국 공동체는 붕괴하거나 아니면 시민들의 저항을 부른다.

재심은 피고인에게 유리한 경우에만

재심은 유죄의 확정판결에 사실오인의 오류가 있을 경우 이를 바로잡아 무고한 시민의 인권침해를 구제하는 비상구제 절차다. 이론적으로 재심에는 두 가지 형태가 있을 수 있다. 확정판결을 받은 자의 이익 또는 불이익을 묻지 않고 확정판결에 오류가 있을 때 모두 재심을 허용하는 방식과 유죄판결을 받은 자의 이익만을 위해 재심을 인정하는 방식이다. 이 중 우리 법률은 후자, 즉 이익재심만 인정한다.

피고인에게 유리한 경우에만 재심을 인정하는 제도는 중요한 원리가 내재되어 있다. 그것은 처벌의 공백을 국가가 부담한다는 원칙이다. 아무리 범죄를 빠짐없이 처벌한다고 해도 처벌의 공백은 발생하기 마련이다. 먼저 드러나지 않는 범죄가 있다. 피해자가 신고나 고소, 고발을 하지 않거나 적발하지 못한 경우다. 다음 적발되었다고 하더라도 수사가 충분하지 못해 기소까지 가지 못하는 경우가 있다. 수사가 충분하더라도 굳이 처벌의 필요성이 없다고 하여 기소유예를 하는 경우도 있다. 수사와 재판을 했음에도 불구하고 합리적 의심이 없을 정도로 증명되지 않아 처벌할 수 없는 경우도 있다. 이처럼 현실에서 모든 범죄가 처벌되는 것이 아니라는 점은 상식에 속한다.

범죄를 처벌하지 않는 처벌의 공백은 정의의 위기를 초래한다. 평등의 원칙에도 위반한다. 처벌의 공백은 국가와 시민 중 하나가 부담해야 한다. 우리 「헌법」은 이때 처벌의 공백은 국가가 부담한다고 말한다. 시민은 「헌법」상 무죄추정의 권리, 진술거부권, 이중위험 금지의 법리 등을 가진다. 유죄의 입증은 국가의 몫이다. 시민이 나서서 무죄를 입증할 필요는 없다. 유죄입증에 실패한 경우 국가는 처벌의 공백으로부터 발생하는 위험을 스스로 부담해야 한다.

처벌공백의 국가부담 원칙은 시민의 자유와 권리를 존중하고 침해하지 않겠다는 국가의 의지를 표명한다. 만일 처벌의 공백을 시민이 부담한다면 시민들은 항상 수사와 재판의 위험 앞에 노출된다. 모든 시민은 잠재적 범죄인이 된다. 예컨대 아파트에서 범죄가 발생했다면 아파트 주민 전체가 용의자가 될 수 있다. 처벌 공백을 시민이 부담한다면 시민들이 자신이 무죄임을 증명해야 한다. 이렇게 되면 생활이 불안정해지고 미래도 설계할 수 없다. 그리고 범죄에 비해 적게 처벌받았다고 다시 처벌할 수도 있다. 이중처벌의 위험에도 노출되는 것이다.

시민에 대한 과도한 처벌은 이론적으로 바람직하지도 않고 법률적으로도 엄격히 금지되어 있다. 시민의 인권과 명예에 직결된 문제이기 때문이다. 피고인에게 가벼운 형이 선고되었다고 하여 다시 처벌한다면 이중처벌을 하게 될 뿐 아니라 처벌공백의 국가부담 원칙을 위배하게 된다. 이런 이유로 우리 법률은 피고인에게 불리한 재심은 인정하지 않고 유리한 재심만 인정한다.

역사 속의 재심

송씨 일가 간첩단 사건

재심과 관련하여 우리 역사상 가장 중요한 사건은 송씨 일가 간첩단 사건이다. 판사들 스스로 가장 부끄러워하는 판결은 민청학련 사건 판결이라고 하지만 송씨 일가 간첩단 사건도 이에 못지않다. 오히려 더 부끄럽고 추악한 사건이다. 다만 민청학련 사건보다 덜 알려졌을 뿐이다. 송씨 일가 간첩단 사건에서 대법원은 처음부터 고문이 이루어진 것을 알고 무죄를 선고했다가 유죄로 입장을 바꾸어 처벌했다. 무죄임을 알면서 유죄를 선고한 법원 때문에 무려 29명의 무고한 시민이 유죄판결을 받았다. 그리고 이들은 1심 유죄판결 이후 27년 만에 재심으로 무죄를 확인했다. 있을 수 없고 있어서는 안 되는 일이었지만 실제로 발생한 일이다.

송기복 씨 등 송씨 일가는 1982년 「국가보안법」상 간첩죄로 기소되었다. 안기부의 발표에 따르면 "전 북괴 노동당 연락부 부부장 송창섭 외 동인의 처 한경희(사망)에게 포섭되어 일가친척으로 점조직식의 간첩단 조직, 서울과 충북을 거점으로 1957년 5월부터 1982년 3월까지 암약해온 고정간첩 사건"이었다.

송씨 일가 29명 전원에 대해 간첩죄가 적용되었다. 이 사건은 무려 7번이나 재판을 했다. 1심, 1차 항소심, 1차 상고심, 2차 항소심, 2차 상고심, 3차 항소심, 3차 상고심이 있었던 것이다. 역사상 유례가 없는 초유의 사태였다.

재판에서 송씨 일가가 고문을 당하고 불법구금되었던 사실이 명백히 밝혀졌다. 문제는 고문을 받고 불법구금된 상태에서 검사가 작성한 피의자 신문조서를 증거로 사용할 수 있는가 하는 점이었다. 검사 작성 피의자 신문조서에는 피고인들이 한 자백이 기재되어 있었다. 즉, 안기부에서 고문당한 후 검사 앞에서 한 자백을 증거로 사용할 수 있는가가 쟁점이었다.

안기부에서 고문과 가혹행위, 불법구금을 한 것은 사건 당시 모두가 알고 있었다. 송씨 일가가 고문을 받았다는 사실, 불법구금되었다는 사실은 검사도 잘 알고 있었다. 수사관들의 고문 사실을 알게 되면 검사는 당연히 고문에 대해 수사하고 고문경찰관을 기소하여 처벌받도록 해야 한다. 그리고 피고인에게 사과하고 석방해야 한다. 검사 이전에 인간으로서의 도리다. 하지만 검사는 그렇게 하지 않았다.

검사는 고문 및 가혹행위, 불법구금을 수사하지 않고 오히려 안기부에서 한 자백을 번복하지 말라고 협박했다. 서중석의 글에 따르면 송기준의 경우 검사가 구치소로 조사 왔을 때 입북 사실을 부인했는데 그 3일 후에 구치소에 안기부에서 수사했던 4명 중 3명이 와 "너 왜 검사 앞에서 부인하느냐. 자백하면 기소유예나 집행유예로 내보내 주려고 상사들과 다 합의가 돼 있는데 왜 엉뚱한 소리 하느냐. 다시 가서 조사를 받아야겠다"고 했다. 송기준이 수사관에게 안기부에서 했던 대로 자백하겠다고 하자 검사가 들어왔고 송기준은 수사관과 검사 앞에서 역시 그대로 자백하겠노라고 말했다고 한다. 그러나 옆방으로 옮겨 검사가 다시 질문했을 때 송기준은 다시 부인했는데 그러자 검사가 수사관 계장을 다시 불러서 "이 사람 또 부인한다. 이야기 좀 잘해주지"라고 말했다고 한다.

송기복은 상고이유서에서 "검사 수사 도중에 두 번씩이나 수사관이 방문하였고 이러한 심리적인 공포 속에서 안기부의 진술서를 그대로 읽어 나가는 조사를 받았다"고 주장했다. 게다가 검사는 이 모든 것은 운명이고 숙명이라고 생각하고 받아들이라고 종용하면서, "분단된 조국이 당신의 잘못만은 아니요. 우리 모두가 책임이 있는데 이것은 어쩔 수 없는 사건이니 시인하라", "당신만 혼자 아니라고 부정해도 당신의 친척 동생들이 전부 시인했는데 어떻게 당신은 홍수 속에서 떠내려가는 무리 중에 혼자만 떠내려가지 않고 서 있을 수 있겠는가? 또 혼자만 독야청청할 수 있겠는가"라고 역설했다는 것이다.5 믿기 어렵겠지만 실제로 발생한 일이다.

대법원은 두 번이나 검사작성 피의자 신문조서를 증거로 사용할 수 없다고 하면서 무죄취지로 파기환송했다. 판시내용은 다음과 같다.

제1차 환송판결은 피고인들은 사법경찰 관리의 직무를 수행하는 수사원에 의하여 임의동행의 형식으로 영장 없이 연행되어 외부와의 연락이 차단된 채 적게는 75일, 많게는 116일의 장기 불법구속을 당하고 있었던 사실, 피고인들은 위와 같이 불법 구속되고 있는 동안 인간으로서는 감내할 수 없는 신체상의 부당한 대우를 받았는데 사건이 검찰에 송청된 후에도 위 수사원들이 구치소에 면접을 와서는 전에 한 자백대로 모든 사실을 시인하여 동정을 받을 것과 그렇지 아니할 때에는 다시 수사기관으로 가서 조사하겠다는 등 회유와 위협을 하였을 뿐 아니라 검사의 조사 때 부인하면 다른 사람은 다 시인하는데 혼자만 빠져나갈 수 있느냐 끝내 고집하면 되돌려 보내겠다고 강압하고 한편으로는 혐의 사실을 부인하여도 아랑곳없이 전 수사기관의 조서를 읽어 주기에 하는 수 없이 혐의 사실을 자백하게 되었다는 취지로 변소하고 있는 사실, 원심의 조회에 대한 서울구치소장의 회보에 의하면 검사가 위 구치소에 임하여 피고인들을 조사하는 기간 동안

5 국가정보원, 2007, 《과거와 대화 미래의 성찰: 정치사법편(Ⅳ)》, 국정원 과거사건 진실규명을 통한 발전위원회, 294~295면.

수시로 위 수사원들이 피고인 1, 2를 면접한 점 등의 전제사실을 고려할 때 피고인들의 검사에 대한 자백은 부당하게 장기화한 신체구속 후에 또다시 신체상의 고통을 받지나 않을까 하는 불안하고 두려운 심리상태하에서 한 임의성 없는 것이라고 의심할 만한 이유가 있다고 할 것이니 「형사소송법」제309조에 따라 검사작성의 피고인들에 대한 각 피의자 신문조서는 증거능력이 없다는 것이고 당원의 1984. 4. 24 제2차 환송판결은 제1차 환송판결에서 설시한 전제사실이 인정되는 한 피고인들의 자백이 임의로 진술한 것이 아니라고 의심할 만한 이유가 있는 때에 해당한다.

긴 설명이지만 고문을 받고 한 자백이므로 검사 앞에서 한 자백은 임의성이 인정되지 않아 증거로 사용할 수 없다는 취지다.

검찰과 안기부는 즉시 반발했다. 유죄판결을 받기 위해 관계기관 대책회의를 개최하고 파기판결의 주심인 이일규 대법관에 대한 내사와 미행, 대법원장 비서실장을 통한 압력, 판사접촉을 통한 '협조' 요청, 변호인에 대한 내사와 비위사실 수집 등의 대책을 세워 시행했다.

대법원은 이에 응하여 "항소심 재공판 시 당시의 담당수사관, 공소제기한 담당검사 등을 증인으로 신청, 이를 담당 재판부가 받아들이게 하여 사실관계를 명백히 진술토록 하여 검찰작성 신문조서가 임의성 있다고 판결 후 재상고하면 사건을 특별배당 기각 판결토록 함"이라는 대책을 마련했다.

이후 재판은 대법원 방침대로 진행되어 3차 항소심은 새로운 증인을 불러 임의성 여부를 심리하고 다시 유죄를 선고했다. 대법원은 재상고되자 즉시 3차 상고심에서 기각판결로 유죄를 확정지었다. "임의성이 없다고 의심하게 된 사유들과 피고인들의 자백과의 사이에는 인과관계가 존재하지 않는 것이 명백하여 그 자백의 임의성이 있는 것임이 인정된다고 할 것이므로 결국 검사작성의 이 사건 각 피의자 신문조서는 증거능력이 있다"고 하면서 상고를 기각하고 유죄를 확정해 버렸다. [6]

논리적이지도 않고 일관성도, 정의감도 없는 판결이다. 대법원은 무죄임을 뻔히 알면서도 간첩죄를 유죄로 선고함으로써 자신이 두 번이나 내렸던 무죄판결을 뒤집었다. 이런 억울한 재판은 세계 역사에서도 유례를 찾을 수 없을 것이다. 대부분 사건에서 판사들은 고문 사실을 몰랐다고 변명한다. 그래야만 최소한 무지의 변명이라도 할 수있으니까. 물론 무지의 변명도 성립하지 않는다. 판사는 바로 이런 위법 사실을 밝혀내기 위해 있는 존재이기 때문이다. 그러나 이 사건은여기에 해당되지도 않는다. 판사들은 고문 사실을 뻔히 알면서도, 그리고 판결문을 통해서 알고 있다고 말하면서도 유죄판결을 선고했다. 사법부 역사상 가장 부끄럽고 추악한 판결이다.

송씨 일가 간첩단 사건은 2009년 27년 만에 재심에서 무죄가 선고되었다. 이로써 법률적으로는 피해자들의 인권과 명예는 회복되었다고할 수 있다. 그러나 피해는 회복되지 못했다. 피해자들은 인생의 절반을 간첩이 아니면서 간첩으로 살았다. 이들의 인생을 어떻게 되돌릴수 있겠는가? 재심으로 무죄가 된 것은 환영할 만하지만 이에 만족하기에는 피해자들이 겪은 고통이 너무 크다. 재판에서 이런 사태를 막지 못한 판사들을 비판하지 않을 수 없다. 무고한 시민을 간첩으로 만든 안기부와 검찰은 말할 것도 없다. 그래도 이 사건이 이나마 밝혀진것은 국정원이 전신인 안기부의 과거사를 밝혀내고 정리했기 때문이다. 그러나 검찰은 이 사건에 대해 어떠한 과거사 정리도 하지 않았다.

---

6 앞의 책, 290~312면.

강기훈 유서대필 사건

최근의 재심사건으로 유명한 것은 강기훈 유서대필 사건이다. 1991년 시작된 이 사건은 2015년 최종 무죄로 끝이 났다. 무려 24년 만의 일이다. 검사와 판사가 얼마나 개인의 자유와 인권에 둔감한지 보여주는 슬프고도 화나는 사건이다. 1991년 청년이었던 강기훈 씨는 반평생을 범죄자가 아니면서 범죄자의 누명을 쓰고 살았다. 이제 그는 장년에 접어들었고 병고에 시달리고 있다.

이 사건은 1991년에 시작된다. 1991년 반독재 민주화 운동으로 수많은 민주화 투사들이 목숨을 걸고 정권과 대결을 벌이고 있었다. 명지대 강경대 학생 치사사건이 발생했고 이를 계기로 노태우 정권에 항의하는 시위와 분신이 잇달았다. 이 와중에 김기설 씨가 분신사망하게 된다. 노태우 정권은 대통령 비서실장 및 관계장관이 참여한 가운데 치안관계 대책회의를 열었다. 검찰총장은 배후세력 개입 여부를 철저히 조사할 것을 지시했다. 검찰은 수사 끝에 김기설 씨의 유서를 다른 사람이 작성한 것으로 몰아갔고 유서대필자로 강기훈 씨를 지목했다. 검찰은 강기훈 씨를 잠재우지 않고 극심한 수면부족 상태에서 수사를 진행했다.

결정적인 증거는 국립과학수사연구원(이하 국과수)의 감정결과였다. 국과수는 현장에서 발견된 유서의 필적과 강기훈 씨의 필적은 동일하지만 김기설 씨의 필적과는 다르다고 회신했다. 이를 근거로 검찰은 강기훈 씨를 유서를 대필하고 자살을 방조했다는 혐의로 기소했고 법원도 유죄를 선고했다. 대법원의 최종판결은 1992년 7월이었다.

그런데 이 국과수의 감정은 엉터리였고 조작된 것이었다. 2007년 진실화해위원회의 요청으로 국과수는 다시 감정을 실시했다. 2차 감정에서 국과수는 유서 필적과 강기훈 씨의 필적이 다르다고 판단했다. 국과수는 1차 감정에 대해서는 4명이 감정해야 하는데 1명만이 감정했고, 초보적인 감정원칙도 무시한 감정이라고 설명했다. 스스로 부실한 감정이라고 밝힌 것이다. 국과수의 2차 감정결과는 7군데 사설 감정기관의 감정결과와 같았다. 즉, 유서는 강기훈 씨가 작성한 것이 아니었다.

이 사건은 검찰이 사안이 중대하여 직접 수사를 했다. 증거의 수집과 감정의뢰, 감정결과 분석까지 모두 검찰이 직접 지휘했다. 그런데 그 과정이 너무나 허술하게 진행되었다. 거짓은 항상 공백을 남기는 법이다.

애초에 시작되지 않았어야 할 이 사건은 2007년 진실화해위원회가 국과수로부터 1차 감정결과가 거짓이었고 조작된 것이라는 확인을 받는 순간, 끝이 났어야 했다. 재심은 즉시 시작되어야 했고 법원은 신속히 무죄를 선고했어야 했다. 이것이 오판으로 인해 고통받는 피해자에 대한 최소한의 예의일 것이다.

강기훈 씨는 진실화해위원회의 확인 이후 재심을 신청했다. 서울고등법원이 재심청구를 받아들인 것은 2009년 9월, 대법원이 재심을 결정한 것은 2012년 12월, 재심에서 서울고등법원이 무죄를 선고한 것은 2014년 2월, 대법원이 무죄를 확정한 것은 2015년 5월이었다. 진실화해위원회가 진실을 밝혀낸 이후 무려 8년이 지나 무죄가 선고된 것이다. 이 과정에서 두 가지는 확인해야 한다.

첫째, 검찰은 재심개시 결정과 재심무죄에 반발했다. 이미 증거가 거짓임이 밝혀졌는데도 반성은커녕 오히려 유죄를 주장하면서 고등법원의 결정에 반발하면서 대법원에 재항고와 상고를 했다. 이 때문

에 강기훈 씨의 무죄판결이 늦어졌다. 검찰은 자신들의 권위와 무오
류성을 지키고 싶어했다. 하지만 법률가 집단인 검찰이 지켜야 하는
것은 검찰의 권위가 아니라 시민의 자유와 인권이다. 이 사건에서 검
찰은 시민의 자유와 권리를 지켜야 하는 자신의 사명을 저버렸다. 물
론 다른 사건도 크게 예외는 아니다. 당시 수사검사들은 사과할 일도
아니고 책임은 유죄판결을 한 법원에 있다고 했다. 자신의 잘못을 반
성하지 않는 비윤리적인 태도다.

둘째, 법원은 2008년 재심신청을 받고 재심으로 무죄를 선고하기
까지 7년을 허비했다. 강기훈 씨는 진실화해위원회의 진상규명 결정
을 보고 재심을 청구했다. 사안이 이미 명백히 밝혀진 상태였다. 그러
나 법원은 이 사건을 무려 7년이나 지체했다. 무고한 피해자의 구제를
오랜 시간 동안 지체한 것이다. 신속한 재판은 이때 필요한 원칙이다.
검사의 재항고와 상고는 이유가 될 수 없다. 결론이 늦어진 것은 온전
히 법원의 책임이다. 법원은 자신의 권위를 생각했을 수도 있다. 하지
만 사법부의 권위보다 한 개인의 인생이 훨씬 더 중요하다. 사법부의
권위는 고위법관들의 자존심이 아니다. 사법부의 권위는 시민의 자유
와 인권을 지킬 때 생겨날 뿐이다.

울릉도 간첩단 사건

1974년은 한국 현대사의 분수령이다. 8명을 사형시킨 민청학련, 인
혁당 사건이 발생한 해다. 유신독재가 국민적 저항에 부딪혔고 긴급
조치가 발령되었다. 긴급조치 시대가 시작된 것이다. 1974년에 그리
알려지지 않은 간첩단 사건이지만 대규모 간첩단 사건이 발생했다.
1974년 3월 15일 울릉도 간첩단 사건이 그것이다.

10년 동안 울릉도를 거점으로 간첩활동을 해온 대규모 간첩망 일낭 47명이 검거되었다고 정부는 발표했다. 간첩은 대학교수, 강사, 고교 교사, 교회목사, 의사, 정당인, 은행원, 주부 등 여러 직업으로 구성되어 있었다. 1년 후 재판은 확정되었다. 3명이 사형에 처해졌고 징역형은 짧게는 5년, 길게는 무기가 선고되었다. 사형수 3명은 1977년 12월 5일 사형이 집행되었다. 민청학련, 인혁당 사건보다 가벼운 사건이 아니다. 그리고 이 사건도 역시 조작된 것이었다.

이 사건 관계자 중 무기징역을 받은 이성희 씨는 다행히 명예를 회복했다. 이성희 씨는 진실화해위원회에서 이 사건이 조작된 것임을 인정받았다. 그리고 재심을 통해 간첩혐의에 대해서는 무죄를 선고받았다. 그가 일본에 있을 때 북한을 방문한 것은 사실이므로 이에 대해서는 징역 3년형을 선고받았다.

그런데 이성희 씨가 최종 무죄로 확정된 때는 2014년 12월이다. 사건 발표 후 무려 40년이 지난 후이다. 일제 강점기보다 더 긴 세월이다. 그동안 이성희 씨는 전북대 교수에서 무기수로 전락했고 평생을 간첩으로 살았다. 그가 간첩으로 조작되었다는 사실은 당시의 수사나 재판 관계자들은 모두 알고 있었을 것이다. 그럼에도 그를 간첩으로 방치했다. 그는 전북대에서 총장으로까지 거론되던 인물이었다. [7]

울릉도 간첩단 사건은 아직 진행형이다. 사건 피해자 모두의 인권과 명예가 회복된 것은 아니기 때문이다. 김용희 씨 등 5명은 2015년 1월 대법원에서 무죄가 확정되었다. 2015년 11월 9일 박인조 씨 등 5명이 또 재심으로 무죄를 선고받았다. 그런데 아직도 재심을 신청하지 않은

---

7 최창남, 2012, 《울릉도 1974》, 뿌리와 이파리, 76면.

피해자들이 있다. 그때의 악몽을 되살리기 싫어서, 그리고 법정 근처에도 가기 싫어서 재심을 신청하지 않는 것일까? 무죄이지만 영구 보존되는 판결문에는 여전히 유죄로 되어 있는 현실을 바꿀 희망조차 사라진 것일까?

피해자가 재심을 신청하지 않을 때에는 검사가 재심을 청구하면 된다. 우리 법은 피고인을 위해 검사가 재심을 청구할 수 있도록 규정한다. 오판과 조작을 한 당사자가 국가라면 이를 바로잡는 것도 국가여야 한다. 같은 사건에서 일부 사람은 유죄, 일부는 무죄로 되어 있는 것은 법률적으로도 용납할 수 없다.

그러나 오판사건, 특히 조작사건에서 검사가 재심을 신청한 사례는 없다. 오히려 검찰은 이 사건 재심에서 피해자들이 법정에서 범행을 시인하는 듯이 진술한 것을 두고 증거로 써야 한다고 주장했다. 피해자들이 고문으로 거짓자백을 했다는 것을 잘 알고 있으면서도 이런 주장을 했다. 강기훈 씨 사건에서는 상고까지 하면서 그의 유죄를 주장했다.

검사는 검사로서 출발할 때 선서를 한다. 이때 사건의 실체를 밝히고 억울한 피해자를 구제하면서 수사와 재판과정에서 억울한 사람이 나오지 않도록 하겠다고 다짐할 것이다. 진실이야 어찌되든 자신과 검찰에게 유리한 수사와 재판을 할 것이라고 다짐하지는 않을 것이다. 누구를 짓밟더라도 출세하겠다는 선서는 더욱 하지 않을 것이다. 그러나 검찰은 이런 조직이 되어 버렸다. 임은정 검사 사건에서 보듯이 무죄가 명백한 재심사건에서 무죄구형을 했다고 하여 징계하는 폐쇄적 조직이 되어 버렸다.

심리적 압박과 거짓자백

수사기관의 직접적인 고문, 폭행, 협박이 없더라도 피고인이 심리적 압박을 이기지 못하고 거짓자백을 하는 경우도 있다. 이때 배심원과 판사는 피고인의 자백이 거짓자백임을 알아내야 한다. 이를 위해서는 피고인에게 스스로를 방어할 수 있는 기회와 분위기를 제공해야 한다. 그리고 열린 마음을 가져야 한다.

일본에서 고문, 폭행, 협박이 없었음에도 불구하고 피고인이 심리적 압박을 이기지 못하고 거짓자백을 했다가 처벌받은 사례가 있다. 그것도 2002년의 일이다. 진범이 잡혀 피고인은 재심으로 무죄선고를 받았지만 피해는 회복될 수 없다.

2002년 일본 토야마히미 시에서 18세 소녀의 강간사건과 16세 소녀의 강간미수 사건이 발생했다.[8] 피해자의 증언에 기초한 몽타주에 의해 피고인이 수사선상에 올랐고, 피해자 소녀들은 피고인을 범인이라고 증언했다. 하지만 물증은 피고인이 범인이 아니라는 점을 시사했다. 현장의 범인 발자국과 피고인의 발자국이 달랐고 강간미수 사건 시간대에 피고인은 자택의 전화를 사용하고 있었다. 범인이 아닐 가능성이 충분히 있었다. 그럼에도 불구하고 경찰은 피고인을 범인으로 지목했다.

피고인은 수사 초기단계에는 범행을 부인했으나 곧 자백했다. 피고인에게는 2002년 11월 징역 3년의 실형판결이 선고되었다. 그는 항소하지 않았고 유죄판결이 확정되고 가석방되기까지 형무소에서 복역했다. 사건은 이렇게 끝나는 줄 알았다.

---

8 우치다 히로후미 외, 2015, 《전략자백》, 김인회 외(역), 뿌리와 이파리, 84~102면.

그런데 피고인이 복역을 마친 2006년 8월 돗토리 현에서 강제외설죄 혐의로 체포된 범인이 토야마히미 시 두 사건을 자신이 저질렀다고 자백했다. 다음해 1월 토야마 현 경찰은 피고인의 무고함을 발표했다. 그리고 검찰관(우리나라의 검사)은 재심청구를 했고 법원은 무죄판결을 선고했다.

이 사건에서 피고인이 거짓자백을 한 것은 틀림없다. 왜냐하면 진범이 잡혔기 때문이다. 왜 피고인은 거짓자백을 했을까? 심리학자의 분석에 의하면 피고인이 심리적으로 완전히 무너졌기 때문이다.

피고인의 심리적 파멸은 체포상태에서 비롯되었다. 피고인은 체포됨으로써 ① 일상생활로부터 격리, ② 타자에 의한 지배와 자기통제감의 상실, ③ 증거 없는 확신에 의한 장기간의 정신적 굴욕, ④ 사건과 관계없는 수사와 인격부정, ⑤ 전혀 들어주지 않는 변명, ⑥ 언제까지 계속될지 모르는 미래에 대한 전망 상실, ⑦ 부인의 불이익 강조, ⑧ 취조관과의 '자백적 관계'라는 일반 사회생활에서는 경험할 수 없는 상태에 빠졌다. 자포자기의 심정에 빠진 것이다.

이 심리상태는 재판 단계에서도 계속 이어졌다. 거짓자백을 철회할 기분이 나지 않을 정도로 절망했던 것이다. 이 사건에서 피고인은 수사를 받으면서 자신의 무고함은 가족도 믿지 않는다는 말을 수사관으로부터 들었다. 재판에서도 친족들이 피고인을 유죄라고 생각하고 피해자에게 사죄했다. 피고인의 자백을 들은 변호인은 피고인의 유죄를 의심하지 않았다. 결국 아무도 그의 진실을 듣지 않았던 것이다.

피고인은 깊이 절망했고 인생을 포기했다. 그 결과 그는 저지르지도 않은 범죄를 자백했다. 이 사건은 재심을 통해 무죄로 끝났다. 피해는 회복될 수 없지만 그래도 해피엔딩이라고 할 수 있다. 그러나 판사가 거짓자백을 꿰뚫어 보았기 때문에 무죄를 받은 것이 아니다. 운 좋게 진범이 잡혔기 때문이다. 진범이 잡힌 것 이외에 바뀐 것은 없다. 피고인을 거짓자백으로 몰아간 수사와 재판의 구조는 그대로 남아 있다.

06
공권력 견제의 실마리
위법수사 통제와 「증거법」

수사, 기소, 재판의 상호견제

수사권, 기소권, 재판권의 분리

형사절차는 수사, 기소, 재판의 3단계로 이루어진다. 수사는 범죄가 발생했을 때 범인을 발견, 확보하고 증거를 수집하는 활동이다. 수사를 할 수 있는 권한을 수사권이라고 한다. 우리의 경우 사법경찰과 검사가 담당한다. 이때의 검사는 수사기관이다.

수사가 충분히 이루어지면 기소여부를 결정한다. 공소제기를 통해 계속 재판까지 할 것인지 아니면 여기서 중단할 것인지 결정하는 순간이다. 수사와 불기소, 수사와 재판이라는 절차를 구분하는 중대한 기로다. 이것을 결정하는 권한은 수사권이 아니라 기소권이다.

기소권은 수사권과 다른 독자적 권한이다. 수사를 잘한다고 해서 기소여부를 제대로 결정할 수 있는 것은 아니다. 법률적으로 해당 사건을 분석하고 기소할 범죄사실을 정리하고 공소를 유지해야 하기 때문이다. 이런 이유로 기소여부는 경찰이 아니라 검사가 담당한다. 법률가의 관점에서 사건을 비판적으로 보아야 하기 때문이다. 이때의 검사는 기소기관이다.

기소권한을 가졌다고 해서 수사를 잘할 수 있는 것도 아니다. 기소는 법률가의 관점에서 사건을 분석하는 것이지만 수사는 사실관계를 확인하는 현장의 작업이다. 코난 도일의 셜록 홈즈, 애거서 크리스티의 포와로, 히가시노 게이고의 유가와 교수는 수사는 잘하겠지만 기소와 재판을 잘할 것이라고 장담할 수 없다.

한편, 재판은 수사나 기소와 완전히 다르다. 수사와 기소가 일방적으로 진행된다면, 재판은 공정한 판단자를 앞에 두고 대립하는 두 당사자가 대등하게 싸운다. 수사와 기소가 상하관계라고 한다면 재판은 수평관계이다. 재판을 할 수 있는 권한을 재판권이라고 하는데 이는 법원에 전적으로 속한다.

수사, 기소, 재판은 모두 형사절차를 구성하지만 구성원리는 서로 다르다. 형사절차는 일정한 목표를 향해 달려가는 일방적인 절차가 아니다. 매 순간마다 잘못이 없는지 끊임없이 점검하고 검토하는 절차다. 이것을 단계별 적법성 확인원칙, 위법성 검토원칙이라고 한다.

다른 권한은 다른 기관에서

형사절차를 구성하는 수사, 기소, 재판에 대한 법적 권한은 수사권, 기소권, 재판권으로 나뉘고 이들 권한은 각각 다른 기관에 속하는 것이 원칙이다. 왜냐하면 수사권, 기소권, 재판권 모두 개인에게 생명과 자유를 빼앗을 수 있을 정도로 막대한 영향을 미치기 때문이다.

즉, 혐의가 없는데 수사하거나 과도하게 수사하는 경우, 범죄혐의가 없는데 기소하는 경우, 범죄인이 아닌데도 재판을 하여 무고하게 처벌하는 경우 모두 선량한 시민을 파멸로 이끌 수 있다.

사정이 이렇기 때문에 수사권, 기소권, 재판권을 분리하여 다른 기관에 맡기는 것이 세계적으로 보편적인 현상이다. 한 기관에서 권한을 독점하면 필연적으로 권한이 남용된다. 견제가 이루어지지 않기 때문이다. 권한은 분산되어야 서로 견제할 수 있다. 수사권은 경찰이, 기소권은 검사가, 재판권은 법원이 행사하는 것이 바람직하고 타당하다. 권한을 분산해야 권한남용을 제도적으로 막을 수 있고 기관 간 견제를 통해 서로를 통제할 수 있다.

하지만 우리는 검사가 수사권과 기소권을 모두 가지고 있다. 그리고 재판에도 막강한 영향력을 미친다. 판사와 사법시험이라는 같은 시험, 사법연수원이라는 같은 학교 출신이라는 사실이 큰 영향을 미친다. 같은 공무원이라는 인식도 작용한다.

우리나라 검사의 권한은 세계적으로 유사한 사례가 없을 정도로 형사절차에서 절대적이다. 검사가 수사과정에서 경찰을 지휘하고 통제하는 현재의 방식은 해방 직후 경찰의 문제가 너무 심각했기 때문에 잠정적으로 마련된 것이다. 빠른 시일 안에 수사권과 기소권을 분리해야 한다.

인권보호를 위한 안전선, 위법수사 통제

형사절차에서 수사, 기소, 재판을 분리하는 이유는 형사절차가 필연적으로 시민의 인권을 침해하기 때문이다. 따라서 수사, 기소, 재판을 다른 기관이 담당하도록 하여 일방통행이 아니라 서로 견제하도록 하고 있다. 잘못된 수사, 기소, 재판을 막기 위한 것이다.

시민에 대한 인권침해는 수사과정에서 가장 많이 발생한다. 수사는 체포나 구속, 수색과 압수, 소환과 출두, 신문과 진술 등을 수반하므로 필연적으로 시민의 인권을 침해한다. 수사과정의 인권침해는 불가피하지만 가능한 한 최소화되어야 하고 또 통제되어야 한다. 수사는 인권침해 최소의 원칙, 적법절차 원칙에 따라 이루어질 때 정당성을 얻는다. 수사과정에서 인권침해가 과도하면 범죄와 똑같은 부정의일 뿐이다. 적법수사는 수사, 기소, 재판의 정당성을 보장한다.

적법수사를 전적으로 경찰과 검사에게 맡길 수는 없다. 내부감찰도 한 방법이지만 관료주의로 무장한 경찰과 검사가 내부감찰로 자기통제를 할 가능성은 낮다. 윤리나 전통, 문화로 해결할 수도 없다. 우리에게는 적법수사, 정당한 수사에 대한 전통이나 윤리가 너무 약하다. 외부의 통제가 필요하다.

형사절차 내에서는 주로 법원이 재판과정에서 위법수사를 발견하고 통제한다. 배심원으로 참여한 일반시민 역시 위법수사를 통제할 수 있다. 법원과 배심원의 위법수사 통제는 비록 사후적인 것이지만 효과가 크다. 수사는 재판을 목표로 하기 때문이다.

법원의 재판과정에서 위법수사를 발견하면 첫째, 위법수사를 통해 얻은 증거를 사용하지 않음으로써 무죄를 선고하거나, 둘째, 위법의 정도가 심각하면 재판 자체가 성립되지 않았다고 선고하거나, 셋째, 위법수사 관계자들을 고발하여 처벌함으로써 위법수사를 통제할 수 있다.

특히 위법수사를 통해 얻은 증거를 사용하지 않는 것은 매우 효과적이다. 위법하게 수사를 해서라도 얻고자 하는 것이 증거인데 위법하게 수집한 증거를 사용하지 못하게 하면 위법수사의 유혹을 없앨 수 있기 때문이다. 이를 위법수집증거 배제법칙이라고 한다. 우리나라는 물론 세계적으로 널리 받아들여지는 원칙이다.

변호인은 수사기관의 위법수사를 견제하는 데 가장 중요한 역할을 한다. 현장에서 실시간으로 수사를 대면하기 때문이다. 수사를 받는 피의자도 위법수사에 대해 저항할 수 있지만 심리적으로 위축되어 있기 때문에 기대하기 어렵다. 변호인은 피의자의 인권과 방어권을 지키는 존재이므로 위법수사에 저항할 수 있다.

변호인의 위법수사 통제기능은 피의자 신문 시 변호인의 참여권에서 잘 나타난다. 변호인은 피의자가 경찰이나 검사 앞에서 조사받을 때 이에 참여할 수 있다. 외부에서 볼 수 없었던 밀폐된 공간의 수사과정이 최소한 변호인에게는 공개되는 것이다. 변호인은 위법수사에 대해 그 자리에서 지적하고 수정을 요구할 수 있다. 미국의 미란다 판결 이후 마련된 원칙이다. 지금은 일부 사선 변호인을 중심으로 이루어지고 있다. 앞으로는 원하는 모든 피의자에게 보장될 수 있도록 변호인 제도를 대폭 확대해야 한다.

일상 속의 위법수사

자발적 동의의 모순, 임의동행

임의동행은 수사기관이 용의자나 피의자의 동의를 받아 수사관서로 데리고 가는 수사방법을 말한다. 대상은 피의자가 많으나 용의자, 참고인도 포함된다. 임의동행은 용어상 상대방의 자발적 동의를 근거로 하므로 판사가 발부한 영장이 필요 없는 임의수사에 해당한다고 볼 여지가 있다. 영장 없이 체포당하지 않을 권리가 있더라도 자신의 권리를 포기하는 것은 권리를 가진 자의 마음이다.

그러나 현실은 그렇지 않다. 국가공권력을 대표하는 수사기관을 마주하는 사람은 심리적으로 위축될 수밖에 없다. 압도적 권한을 가진 국가공권력과 부딪히는데 부담을 느끼지 않을 사람은 없다. 재벌회장, 국회의원, 장관 등 힘깨나 쓴다는 사람도 임의동행을 요구받으면 당황한다.

우리에게 임의동행은 일상의 경험이었다. 특히 1980년대와 1990년대 민주화 운동이 한창일 때에는 대학 주변이나 거리에서 툭하면 불심검문을 하고 임의동행이라는 형식으로 마구잡이로 연행했다. 범죄혐의가 없음에도 임의동행이 이루어졌다. 임의동행이라는 이름의 강제연행이었다.

임의동행은 우리 역사에서 까다로운 구속영장 심사를 피해 짧은 기간 사람을 잡아 가두는 기능을 했다. 보호실 유치와 결합하여 구속 수사의 전 단계로서 기능해온 것이다. 배심원 중에는 직접 임의동행을 당한 경우도 있고 이를 목격한 경우도 있을 것이다. 그 정도로 임의동행은 많이 이루어졌다.

임의동행은 원래 허용되지 않는다. 동의가 있더라도 그것은 자발적이고 자유로운 동의가 아니고 위축된 동의이기 때문이다. 수사기관이 동행을 요구할 때 순순히 자발적으로 동의하는 사람은 없다. 과거 임의동행이 합법적이라고 주장한 이론은 이러한 현실을 무시하고 일방적으로 국가권력의 불법행위를 정당화시켜 준 비논리적 이론이었다.

다만 예외적으로, ① 수사관이 동행에 앞서 시민에게 동행을 거부할 수 있음을 알려 주었거나 ② 동행한 시민이 언제든지 자유로이 동행과정에서 이탈 또는 동행장소로부터 퇴거할 수 있었음이 인정되는 등 ③ 오로지 시민의 자발적 의사에 의해 수사관서 등에의 동행이 이루어졌음이 ④ 객관적 사정에 의해 명백하게 입증된 경우에 한하여 허용될 수 있다. 그런데 이런 경우는 거의 없다.

임의동행은 거절할 수 있으며 동의했다고 하더라도 언제든지 동의를 철회하고 경찰서에서 걸어 나올 수 있다. 수사가 시작되었든 아니면 대기하고 있든 상관없다. 만일 경찰서를 떠나는데 막으면 그 순간부터 불법구금이 된다.

영장이 특정되어야 하는 압수수색

압수수색은 사전에 판사가 발부한 영장에 의해야 한다. 경찰이나 검사가 마음대로 할 수 없다. 이를 영장주의 원칙이라고 한다. 영장주의 원칙은 체포와 구속에도 적용된다. 여기에서 판사란 행정부의 일원이 아니라 행정부와 독립된 사법부, 수사기관과 독립하여 수사기관을 통제할 수 있는 사법부의 구성원을 말한다.

영장은 구체적이어야 한다. 범죄사실, 피의자, 구금장소, 압수수색의 대상 등이 모두 구체적이어야 한다. 만일 영장이 특정되어 있지 않으면 국가기관에 의한 납치나 절도와 다름없다. 그리고 수사기관은 영장을 먼저 제시해야 한다.

영장의 집행은 기재내용대로 이루어져야 한다. 만일 압수수색이 영장의 기재내용을 초과하여 이루어진다면 이는 위법한 압수수색이므로 이렇게 수집한 증거는 증거로 사용할 수 없다. 예를 들어 사무실에 보관중인 서류를 압수수색할 것을 영장에 기재했다면 직원이 이 사무실에 일시적으로 가져온 서류는 압수할 수 없다. 사무실에 보관중인 물건을 영장집행 당시 사무실에 현존하는 물건으로까지 확대해석할 수는 없다.

사람을 체포, 구속하고 물건을 압수하는 것은 매우 심각한 권리침해이므로 엄격하고 까다롭게 해석한다. 엄격하게 해석하지 않으면 마구잡이 구속과 압수수색으로 시민의 인권을 과도하게 침해하여 수사가 범죄가 될 수 있다.

경찰은 시민이 임의로 자발적으로 제출하는 물건을 영장 없이 압수할 수 있지만 여기에도 제한이 있다. 소유자, 소지자, 보관자가 제출하는 물건을 영장 없이 압수할 수 있을 뿐, 그 외의 사람이 제출한 것은 압수할 수 없다. 재판에서 피고인이 이렇게 압수한 물건을 증거로 사용하는 데 동의하더라도 증거로 사용할 수 없다. 압수한 증거의 위법성은 매우 꼼꼼히 따져 보아야 한다.

도덕적 딜레마, 함정수사

함정수사는 수사기관이 시민에게 범죄를 짓도록 유도 혹은 교사하고 범죄를 저지르면 범인을 체포하는 수사방법이다. 함정수사는 실무에서 마약범죄나 조직범죄의 수사에 사용되는 수사기법이다.

함정수사는 모순적인 수사방법이다. 범죄를 예방하고 진압해야 할 수사기관이 범죄를 짓도록 유도하는 모순이 그것이다. 국가의 도덕성을 훼손하기 때문에 함정수사는 위법수사로서 허용되지 않는 것이 원칙이다. 그러나 이미 범죄를 저지르려는 사람에게 기회를 주거나 방치하는 것은 문제가 되지 않는다고 볼 수도 있다.

함정수사가 위법한지 아닌지는 수사기관의 개입 정도에 따라 결정된다. 수사기관이 자신의 실적을 위해 필로폰 수입 경력자에게 접근하여 필로폰 수입을 유혹, 호소, 종용, 압박하거나 수입방법을 구체적으로 제시하고 범행에 사용할 돈까지 제공한 경우에는 위법한 함정수사에 해당한다. 이 경우에는 필로폰을 수입했더라도 수입업자를 처벌해서는 안 된다. 수사기관이 권한을 남용해 범죄를 만들었기 때문이다. 대법원 판례다.

한편 경찰관이 길가의 취객을 방치한 경우를 생각해 보자. 취객이 길에 쓰러져 있으면 경찰관은 취객을 구호해야 한다. 그러나 절도범을 단속하기 위해 취객을 구호하지 않고 지켜보고 있다가 범인이 나타나 취객의 지갑을 뒤졌을 때 범인을 체포했다면 정당한 수사와 체포라고 대법원은 보고 있다. 단, 경찰관이 취객의 흉내를 냈다면 이는 위법한 함정수사가 될 수 있다.

위법수집증거 배제법칙

위법수집증거 배제법칙의 도입

위법수사는 추방되어야 한다. 이를 「증거법」 분야에서 구현한 것이 위법하게 수집한 증거는 증거로 사용할 수 없다는 위법수집증거 배제법칙이다. 증거수집 방법이 국민의 자유와 인권을 보호하는 적법한 절차에 의하지 않았다면 그 증거가 아무리 믿을 만더라도 증거로 사용하지 않겠다는 선언이다. 위법수집증거 배제법칙은 위법하게 수집한 증거능력을 부정함으로써 위법수사를 통제한다. 그리고 위법하게 수집한 증거가 허위일 가능성이 많다는 점도 근거로 한다. 재판과정에서 허위의 증거를 배제함으로써 오판의 가능성을 줄이는 역할도 하는 것이다.

위법수집증거 배제법칙은 재판에서 증거 사용여부를 결정하는 가장 중요한 원칙이다. 이전에는 단편적으로 고문이나 가혹행위로 얻은 증거, 진술거부권을 침해하고 얻은 증거, 허위의 증거 등을 배제했다. 경험적으로 허위일 가능성이 크고 시민의 중대한 권리를 침해하기 때문이다. 하지만 이 모든 경우를 아우르는 근본 원칙은 없었다.

세월이 흐르면서 재판이 공정하게 이루어지려면 수사 단계부터 적법하고 공정해야 한다는 인식이 확립되었다. 수사의 적법성을 통제해야만 재판이 공정해질 수 있음을 확인한 것이다. 과거의 경험과 새로운 깨달음을 바탕으로 위법수집증거 배제법칙이 도입되었고 이는 증거에 관한 가장 중요한 근본 원칙이 되었다.

위법수집증거 배제법칙의 적용

위법수집증거 배제법칙은 2007년 「형사소송법」 개정으로 입법화되었다. 판례 역시 2007년 증거물에 대해서도 위법수집증거 배제법칙을 확대 적용하여 위법수집증거 배제법칙이 「증거법」의 핵심적, 근본적 원칙임을 확인했다.

위법수집증거 배제법칙은 원칙적으로 국가기관이 수집한 증거를 대상으로 한다. 특히 수사기관이 수집한 증거가 대상이다. 위법수사를 통제하려는 것이 주요 목적이기 때문이다. 영장 없이 체포한 후 얻은 자백, 영장 없이 압수한 증거물, 영장 기재사항을 위반하여 수집한 증거물, 영장 없이 비밀리에 녹음·녹화한 증거, 사생활의 내면을 침해하는 비밀 촬영, 진술거부권을 알리지 않고 얻은 진술, 상대방을 속여 얻은 진술 등이 그 대상이다.

민간인이 수집한 위법수집증거

위법수집증거 배제법칙은 국가기관을 대상으로 한다. 국가기관 중에서도 수사기관이 일차적 대상이지만 이에 반드시 한정되지는 않는다. 수사기관과 비슷한 역할을 하는 국가기관은 모두 해당된다. 예를 들어 선거범죄 조사권한이 있는 선거관리위원회도 대상이 된다.

그런데 최근 상황이 조금 바뀌고 있다. 위법수집증거 배제법칙을 통해 지키고자 하는 시민의 자유와 인권이 국가기관이 아닌 단체나 개인에 의해서도 침해되고 있기 때문이다. 최근 기업과 단체의 규모가 커지고 개인의 불평등이 심화되고 있다. 그 결과, 기업이나 단체, 개인에 의한 인권침해 역시 심각해지고 있다. 이들은 압도적 자본력과 물리력, 정보력을 바탕으로 개인을 상대한다. 그리고 정보기술혁명으로 타인의 정보를 수집하는 것이 쉬워지고 비용도 거의 들지 않게 되었다. 구체적으로는 기업, 단체, 개인이 비밀 촬영·녹화·녹음한 사진, 비디오테이프, 녹음테이프 등이 증거로 사용될 수 있는지 문제가 된다.

이런 증거는 경찰이 수집했다면 증거로 사용할 수 없는데 경찰이 아닌 사람이 수집했다는 이유로 증거로 사용할 가능성이 생긴다. 같은 행위인데도 경찰이 하면 불법, 개인이 하면 합법이라는 이상한 결론에 이른다. 개인에게 위법행위를 허용·조장하는 문제, 극단적으로는 경찰의 업무를 개인에게 하청하는 문제도 생길 수 있다.

국가기관이 아닌 개인이 위법하게 수집한 증거를 증거로 사용할 것인지 여부는 아직 명확히 정리되지 않았다. 일부는 증거가치가 있다면 증거로 사용해야 한다고 하고, 일부는 범죄행위로 수집한 증거만 증거로 사용하지 말아야 한다고 하며, 또 일부는 경찰의 경우와 같이 증거로 사용할 수 없다고 주장한다.

곰곰이 생각해 보면 민간인이 위법하게 수집한 증거도 당연히 위법수집증거 배제법칙의 적용을 받아야 한다. 개인이라고 해도 비밀녹음을 해서는 안 된다는 것은 법률로 확립되어 있다. 「통신비밀보호법」은 비밀녹음과 관련하여 전기통신에 대해 당사자의 동의 없이 이를 채록하는 행위와 공개되지 아니한 타인 간의 대화를 녹음하는 행위를 각각 금지대상으로 규정한다. 이를 위반한 비밀녹음은 재판 및 징계절차에서 증거로 사용할 수 없다. 수사기관과 민간인을 구분하지 않는다. 비밀녹음이 아닌 비밀사진이나 비밀영상물은 법적으로 포괄되지는 못하지만 원리가 같기 때문에 동일한 원칙이 적용되어야 한다.

피해를 당하는 사람의 입장에서 본다면 경찰이 위법하게 수집하는 증거와 민간기업, 단체, 개인이 위법하게 수집하는 증거에 차이가 없다. 위법수집증거 배제법칙이 궁극적으로 보호하려는 것은 시민의 자유와 권리다. 시민의 입장에서 생각해 보면 민간기업, 단체, 개인의 경우에도 위법수집증거 배제법칙은 적용되어야 한다.

인간의 존엄성을 지키는 진술거부권 보장

피고인을 사람으로 대우하겠다는 선언

피고인은 수사와 재판에서 아예 진술 혹은 답변하지 않거나 개개의 질문에 대해 진술을 거부할 수 있는 진술거부권이 있다. 즉, 진술거부권은 스스로 죄를 자백하지 않아도 된다는 것, 자신의 의사에 반해 진술을 강요당하지 않는다는 것, 자신이 원할 때에만 진술할 수 있다는 것을 선언하는 권리다.

진술거부권은 단순히 진술을 거부할 수 있는 권리에 그치지 않는다. 개인에게 아무리 강대한 권한을 가진 수사기관, 재판기관이더라도 침범할 수 없는 무엇인가가 있다는 것을 선포한다. 침범할 수 없는 그것은 개인의 존엄성, 정체성, 주체성이다.

말을 하고 싶지 않은데도 말을 강요받는 것, 하고 싶지 않은 일을 강요당하는 것은 인간에게 굴욕이다. 인간의 존엄성과 정체성을 무너뜨린다. 인간을 주체가 아닌 객체로 만든다. 나를 위한 존재여야 하는 인간을 다른 사람을 위한 존재로 만들어 버린다. 진술거부권은 바로 이러한 사태를 방지하고 피고인이 자신의 존엄성, 정체성, 주체성을 지킬 수 있도록 해 준다.

진술거부권은 또한 시민에게 스스로를 방어할 수 있는 권리를 부여함으로써 공정한 수사와 재판이 이루어질 수 있도록 한다. 불리한 상황에서 침묵하거나 부정하는 것은 인간의 본능적 대응이다. 진술거부권은 스스로 죄를 인정하지 않아도 되게 함으로써, 그리고 침묵과 부정을 부정적으로 해석하지 않게 함으로써 피고인의 방어권을 보장한다.

헌법재판소는 진술거부권 보장의 목적을 첫째, 피고인 또는 피의자의 인권을 실체적 진실 발견이나 사회정의 실현이라는 국가이익보다 우선적으로 보호함으로써 인간의 존엄성과 가치를 보장하고, 나아가 비인간적인 자백 강요와 고문을 근절하려는 데 있고, 둘째, 피고인 또는 피의자와 검사 사이에 무기 평등을 도모하여 공정한 재판의 이념을 실현하려는 데 있다고 본다.

진술거부권 행사에 대한 불이익 처분 금지

진술거부권은 수사와 재판을 받는 시민의 가장 기본적인 권리이다. 「국제인권법」의 기본 원칙이고 우리 「헌법」도 기본적 인권으로 보장한다. 따라서 진술거부권 행사로 불이익을 받아서는 안 된다. 원래 권리는 권리자에게 이익을 보장해 줄 뿐, 불이익을 주는 것이 아니다. 진술거부권 행사를 이유로 공소사실 인정과 양형에서 불이익한 추정을 해서는 안 된다는 것은 어떻게 보아도 당연하다.

하지만 심리적으로 이것이 생각보다 쉽지는 않다. 보통 사람들은 당당한 사람이라면 당연히 자신의 무죄를 적극 주장한다고 생각한다. 뭔가 문제 있는 사람이 침묵하고, 자신의 무고함을 적극 해명하지 않는다고 생각한다. 부인만 하면 소극적이고 뭔가 속이는 인상을 준다.

당연한 상식처럼 보이지만 수사와 재판에서는 이렇게 보아서는 안 된다. 수사와 재판은 평등한 관계도 아니고 쉽게 벗어날 수 있는 관계도 아니다. 일반 사회에서는 설득하다가 잘 안 되면 침묵하면 끝이다. 그리고 기분이 상하면 자리를 떠나고 다시 만나지 않으면 된다. 하지만 수사와 재판은 사회생활과 달리 기분이 상한다고 벗어날 수 없다.

수사와 재판을 받는 사람은 심리적으로 엄청난 압박을 받는다. 그리고 자신이 혐의를 받는 이상 아무리 변명해도 마음대로 벗어날 수 없다. 일단 편견이 생기면 수사 대상에서 벗어날 수 없는 것이다.

일상생활에서도 사람들은 도저히 자신의 해명 또는 변명이 통하지 않을 때 침묵한다. 상대방의 일방적 공격에 대해서 침묵하는 것이 가장 효과적인 방어일 수도 있다. 수사와 재판에서는 범죄사실을 검사가 합리적 의심이 없을 정도로 입증해야 하므로 침묵이 가장 초보적이고 원칙적인 변호방법이다.

인간의 기억이 제한적이라는 점도 고려해야 한다. 엄청난 압박을 느끼는 피의자와 피고인이 몇 년 전, 몇 개월 전의 일을 정확히 기억하고 진술할 가능성은 희박하다. 잘못 말하면 거짓말이 되고 이렇게 되면 더 혐의를 받는다.

진술거부권은 묵비권의 다른 표현이다. 침묵하는 것이므로 소극적이고 수동적인 방어에 지나지 않는다. 다른 사람에 대한 피해가 없다. 인격적으로 비난할 요소도 없다. 단순한 부인과 침묵은 외부의 공격에 대한 본능적인 대처방법 중의 하나일 뿐이다.

진술거부권이 인정되지 않으면 수사관의 질문은 끊임없이 이어지고 벗어날 길은 없다. 심리적 압박은 더해진다. 범죄혐의와 관련 없는 일도 거론되고 인격적 비난을 받을 수도 있다. 예를 들어 인터넷 기록을 보고 사생활을 비난하기도 한다. 가족이나 직장동료의 피해도 거론될 수 있다. 이 모든 것에 일일이 답할 수밖에 없다면 피의자·피고인은 차라리 거짓이라도 자백하고 싶을 수 있다. 일본의 재심사건 토야마히미 시 사건의 거짓자백은 이런 심리를 바탕으로 이루어졌다.

진술거부권이 기본적 인권으로 인정된 것은 경험상 이러한 현상이 수없이 많이 벌어졌기 때문이다. 떳떳한 사람은 무죄를 주장하는 것이 우리 사회의 상식이라고 하더라도 법정에서는 상식이 아니다. 재판하는 자와 재판받는 자는 서로 평등하지 않기 때문이다. 범죄혐의에 대한 침묵과 부정이 자신의 존엄성, 정체성, 주체성을 지키려는 마지막 수단일 수 있음을 항상 염두에 두어야 한다.

위법한 공소제기의 통제

공소권 남용은 재판거절로 통제

형사절차는 위법해서는 안 된다. 즉, 수사, 기소, 재판 모두 위법해서는 안 된다. 만일 조금이라도 위법하면 그것은 교정되어야 하고 중대한 위법이라면 형사절차는 중단되어야 한다. 그리고 위법행위의 주체는 처벌받아야 한다. 이 중 위법수사에 대한 통제가 중요하다. 수사과정에서 위법한 행태가 가장 많이 발생하기 때문이다.

위법수사만큼 자주 발생하는 것은 아니지만 기소권을 남용한 경우도 있다. 위법수사는 경찰과 검사가 범하지만 기소권 남용은 검사만이 범한다. 검사만이 기소권을 가지기 때문이다. 이때에도 당연히 통제가 필요하다. 기소권 통제이론을 학문적으로 '공소권 남용론'이라고 부른다. 공소는 검사가 법원에 재판을 제기한다는 의미로 기소와 동일한 말이다.

검사의 기소는 재판으로 통제한다. 공소제기 자체가 위법한 경우라면 형식재판으로, 그렇지 않으면 유무죄의 실체재판으로 통제한다. 형식재판은 재판을 할 조건을 갖추지 못했을 경우 실체심리에 들어가지 않고 재판을 중지함으로써 피고인을 형사절차에서 빨리 벗어나게 하는 재판을 말한다. 형식재판에는 공소기각의 결정, 공소기각의 판결, 면소판결, 관할위반의 판결 등이 있다. 형식재판의 사유는 대부분 정형적인 것으로서 그 사유가 법률에 규정되어 있다. 예를 들어 고소가 있어야 하는 사건에서 고소가 없으면 재판할 필요가 없다.

하지만 모든 위법을 일일이 법률에 규정할 수는 없다. 법률에 규정되어 있지는 않지만 위법성의 정도가 형식재판의 요건과 비슷하고 형사절차를 조기에 종결함으로써 피고인을 보호해야 할 필요성도 비슷한 경우가 있다. 이때 형식재판에 관한 법률의 규정을 유추해 재판을 중지하고 피고인을 해방시키는 경우를 상정하고 이를 공소권이 남용된 것이라고 이론 구성할 수 있다. 공소권 남용론은 이러한 인식에서 출발한다. 공소권 남용론은 현실에서는 잘 인정되지 않지만 검사의 위법 부당한 공소제기를 통제하기 위해서는 필수적 제도이다. 검사의 기소권이 절대적 권한이 아니고 상대적인 것임을 유의할 필요가 있다.

차별기소는 공소권 남용

공소권 남용의 대표적인 예는 차별기소다. 차별기소는 동일한 범죄를 저질렀음에도 불구하고 범죄 이외의 다른 사유로 일부만 기소하고 일부는 불기소하는 것이다. 예를 들면 국회에서 여야 의원이 몸싸움을 했는데 여당의원은 기소하지 않고 야당의원만 기소한 경우, 노동쟁의가 발생했는데 사용자는 기소유예하고 노동자만 기소한 경우가 이에 해당한다.

대법원은 이러한 경우에도 기소는 정당한 것으로 본다. 기소편의주의로 검사에게 기소여부를 결정할 수 있는 권한이 있고 이에 대해 법원은 통제할 수 없다고 보는 것이다.

하지만 대법원의 입장은 문제가 있다. 이 경우 검사는 평등권을 침해했다. 평등권은 기본권 중의 기본권으로서 현대 민주사회를 구성하는 핵심적 권리다. 차별기소는 동일한 범죄행위에 대해 기소된 자는 처벌받고 기소되지 않은 자는 처벌받지 않는 불평등을 초래한다. 만일 중범죄이고 피해자와 사회에 미친 영향이 막대하다면 모두 기소되어 처벌받아야 한다. 그렇지 않고 일부가 기소유예될 정도로 중범죄가 아니고 사회에 미친 영향도 약하다면 같이 처벌받지 않아야 한다.

모든 시민들은 기소유예를 받은 자들과 동일하게 대우받을 권리가 있다. 이때 처벌하지 못함으로 인해 발생하는 문제는 국가가 부담해야 한다. 차별기소와 차별처벌로 발생하는 부정의가 처벌하지 않는 부정의보다 크기 때문이다. 따라서 이 경우에는 기소가 위법하여 재판을 해서는 안 된다는 의미의 공소기각 판결을 선고해야 한다. 대법원의 입장은 변경되어야 한다.

보복성 기소는 공소권 남용

검사가 보복적으로 기소하는 경우도 있다. 범죄를 처벌함으로써 사회 정의를 실현하는 검사가 이렇게까지 타락할 리 없다고 생각되겠지만 현실에서 벌어지는 일이다. 2014년 서울시 공무원 간첩조작 사건에서 법원은 검사가 제출한 증거가 위조되어 간첩의 증거가 없다는 이유로 간첩혐의에 대해 무죄를 선고했다. 그러자 검사는 유우성 씨를 처벌하기 위해 다른 사건을 기소했다. 새로 기소한 사안은 간첩혐의로 공소제기하기 전에 수사한 후 검사가 기소유예한 사안이었다. 누구의 눈에도 악의적인 보복기소로 보인다. 처벌의 가치가 없다고 검사가 판단한 사건이 다른 사건의 결과에 따라 처벌할 필요가 있는 사건으로 바뀌었기 때문이다.

보복기소는 공소권 남용의 전형적인 예이다. 이는 형식재판으로 재판을 끝내야 한다. 기소하여 얻는 정의보다는 검사에게 공소권 남용으로 책임을 묻는 정의가 훨씬 크기 때문이다. 현실에서도 서울시 공무원 간첩조작 사건 이후 기소된 재판에서 배심원들의 다수는 공소권 남용이라고 보고 공소기각 판결의 의견을 냈다. 그러나 판사는 이를 무시하고 유우성 씨에게 유죄판결을 선고했다. 검사도 처음에는 처벌할 필요가 없다고 생각했고 배심원들도 공소권 남용이라고 보았는데 판사는 처벌을 결정한 것이다.

이 판결은 보복기소의 위법성, 검사의 공소권 남용을 막아야 할 필요성을 무시했다는 점에서 비판받아 마땅하다. 배심원의 의견과 다른 판결을 했다는 점에서도 비판받아야 한다. 이렇게 하려면 왜 국민참여재판을 했는지 이해할 수 없다. 시민의 법감정과 상식을 대변하는 배심원들은 이 사건은 재판해서는 안 된다고 생각했다. 검사의 보복기소가 너무 노골적이었기 때문이다. 그런데도 판사는 유죄판결을 선고했으니 판사의 상식이 의심스럽다. 국민참여재판과 배심원을 그냥 법원의 들러리로만 생각한 것 같다. 이런 면에서도 판사가 배심원의 의견을 따르도록 제도를 개혁할 필요가 있다.

기소권에 대한 통제, 재정신청

마음대로 불기소할 수 없다

수사가 끝나면 기소여부를 결정한다. 기소여부를 결정하는 데 몇 가지 원칙이 있다. 우리의 경우 국가소추주의, 기소독점주의, 기소편의주의를 취한다.

국가소추주의는 범죄사건 기소를 국가기관만이 할 수 있도록 하는 원칙이다. 이에 대응하는 것은 개인이 형사소송을 제기하는 사인소추주의다. 프랑스와 독일에서는 경미한 범죄나 개인 사이의 분쟁에 한하여 이를 부분적으로 인정한다. 이처럼 사인소추주의도 있으나 대세는 국가소추주의다. 형사절차의 객관화를 통해 형사절차를 공정하고 냉정하게 진행하는 데 목적이 있다.

기소독점주의는 공소제기의 권한을 검사에게 독점시키는 원칙이다. 이때 검사는 수사기관이 아닌 기소기관으로서 수사과정을 비판적으로 재검토하여 공소제기 및 공소유지 가능성을 검토한다. 기소여부는 수사전문가가 아닌 법률전문가가 결정하는 것이 바람직하므로 검사가 담당하는 것은 타당하다.

기소편의주의는 형사정책적 고려에 의해 공소를 제기하지 않을 권한을 검사에게 부여하는 원칙이다. 검사가 혐의가 있음에도 기소하지 않겠다고 결정하는 것이 기소유예다. 기소유예는 범죄혐의가 인정되는 경우에만 인정된다. 만일 범죄혐의가 없다면 기소유예를 해서는 안 되고 혐의 없음 처분을 해야 한다. 기소편의주의 역시 그 자체만으로는 큰 문제가 없다. 모든 범죄를 다 처벌할 수는 없고 우발적으로 가벼운 범행에 이른 초범을 굳이 처벌해 전과자로 만들 필요는 없기 때문이다.

문제는 기소독점주의와 기소편의주의가 결합하면서 발생한다. 기소독점주의와 기소편의주의가 결합하면 검사의 자의와 독선을 막을 방법이 없다. 불기소 처분을 다툴 방법이 마땅치 않기 때문이다. 차라리 기소하면 재판과정을 통해 기소의 정당성 여부를 심사할 수 있다. 그러나 기소하지 않으면 아예 재판의 대상이 되지 않고 사건은 검사의 책상 서랍에서 끝나 버린다. 사회를 뒤흔든 권력형 부정부패 사건도 이렇게 끝날 수 있다. 실제로 악명 높은 많은 사건이 이렇게 묻혀 버렸다.

기소독점주의와 기소편의주의는 검사의 정치적 불기소, 자의적 불기소를 제도적으로 보장한다. 검사의 불기소가 남용되면 정의를 해치므로 이에 대한 견제장치를 두어야 한다. 검사의 불기소 권한 통제는 세계적으로 보편적인 제도다.

검사의 불기소 처분이 가진 위험성에 주목해 우리 「형사소송법」은 재정신청 제도를 두고 있다. 검사의 불기소 처분에 불복하는 고소인과 고발인이 법원에서 검사의 불기소 처분의 불법·부당함을 다투는 제도다. 재정신청이라는 말은 검사의 불기소 결정을 법원으로 가져간다는 의미다. 검사의 권한이 강대한 만큼 이에 대한 통제도 상세히 마련되어 있다.

부천서 성고문 사건

재정신청 제도의 역사에서 빠질 수 없는 사건은 부천서 성고문 사건이다. 검사의 불기소가 얼마나 정치적이고 부정의할 수 있는지 보여준 사례이고 재정신청 제도의 필요성을 극적으로 보여준 사건이다.

1986년 발생한 이 사건은 경찰이 권인숙 씨를 성고문하면서 시작된다. 성고문한 사실은 권인숙 씨의 용기로 폭로되었다. 경찰관이 수사하면서 범죄행위를, 그것도 여성의 정체성을 파괴하는 성고문을 했다는 사실에 전 국민은 경악했다.

수사는 시작되었지만 검사는 권인숙 씨를 성고문한 경찰을 기소하지 않았다. 범죄는 인정되지만 여러 상황을 보아 기소할 필요는 없다는 것이었다. 고소인인 권인숙 씨는 검사의 불기소 처분을 다투기 위해 서울고등법원에 재정신청을 했다. 그러나 서울고등법원 역시 검사의 결정이 옳다고 했다. 경찰이 범죄를 저지르고 검사와 판사는 이를 은폐했다. 민주화 이전의 사법부의 현실이었다.

이러면 재판은 형식일 뿐, 모든 것은 경찰과 검사가 결정하게 된다. 있을 수 없는 일이고 있어서는 안 되는 일이었기에 권인숙 씨는 서울고등법원의 결정에 대해 대법원에 재항고를 했다. 그러는 동안 극적으로 1987년 6월 민주항쟁이 일어났고, 민주항쟁 이후 대법원은 서울고등법원의 결정을 뒤집었다. 성고문을 한 경찰을 처벌하기로 한 것이다.

서울고등법원의 불기소가 정당하다는 이유는 다음과 같다.

이 사건 범행(인용자 : 경찰관의 권인숙 씨에 대한 성고문)은 동 피의자가 직무에 집착한 나머지 무리한 수사를 하다가 우발적으로 저지른 범행이고, 동 피의자가 처음에는 자신의 잘못으로 인하여 그가 몸담고 있는 경찰기관 및 상사에게 누가 될 것을 두려워하여 범행을 완강히 부인하였으나 그후 검찰의 조사과정에서 뒤늦게나마 자신의 잘못을 대체로 시인하고 용서를 빌고 있으며, 동 피의자가 10여 년간 여러 차례 표창을 받으며 충실히 봉직하여온 경찰관의 직에서 파면되는 가장 무거운 징계처분을 받은 외에 그동안 이 사건으로 인한 비등한 여론으로 형벌에 못지않은 정신적 고통을 받았을 것임은 넉넉히 짐작이 갈 뿐만 아니라, 이러한 사건으로 인하여 일선 수사기관에서의 고문 등 인권침해 사례가 근절되어야 한다는 인식이 더욱 확고해지고 인신구속에 관한 사무를 집행하는 국가기관에게 커다란 경각심을 불러일으켰다는 점에서, 범죄인에 대한 응보나 특별예방 이외의 또 한 가지 주요한 형벌의 목적인 사회일반인에 대한 일반예방적 효과도 상당히 거두었다고 생각되며 이러한 여러 사정을 두루 살펴보면, 기소편의주의를 채택하고 있는 우리 법제하에서 검사가 동 피의자에 대하여 기소유예처분을 한 것은 그 상당성이 인정된다.

말도 안 되는 이유다. 만일 이것이 사실이라면 성고문을 한 경찰관에게 훈장이라도 주어야 한다.

대법원은 "경찰관이 그 직무를 행함에 당하여 형사피의자에 대하여 폭행 및 가혹행위를 하고, 특히 여성으로서의 성적 수치심을 자극하는 방법으로 신체적, 정신적 고통을 가하는 것과 같은 인권침해 행위는 용납할 수 없는 범죄행위로서, 원심판시와 같은 정상을 참작한다 할지라도 그 기소를 유예할 만한 사안으로는 도저히 볼 수 없는 것"이라고 하여 고문경찰을 기소할 것을 결정했다.

이 판례는 한국을 바꾼 판례 중의 하나다. 이 결정은 재정신청 역사상 가장 중요한 판례로서 검사의 불기소 처분이 얼마나 터무니없을 수 있고, 이에 대한 통제장치로서 재정신청 제도가 얼마나 필요한지 잘 보여준다. 재정신청 제도가 결코 축소되거나 소멸될 수 없는 것임을 웅변하는 것이다. 이 사건은 고 조영래 변호사의 활동과 재정신청에 참여했던 변호사 수가 166명이나 되었던 점에서도 유명하다.

다만, 대법원이 1987년 6월 민주항쟁 이후에 기소결정을 한 점은 지적되어야 한다. 서울고등법원 결정은 6월 민주항쟁 전이었다. 만일 6월 민주항쟁이 없었다면 대법원이 서울고등법원의 결정을 뒤집을 수 있었을지 의문이 든다.

국가의 폭력에 맞서 시민의 인권을 보호해야 했을 때 사법부는 시민의 인권을 지켜내지 못했다. 오히려 사법부의 독립을 주장한 민주인사들이 사법부에 의해 탄압을 받았던 것이 우리 역사다. 민주화 이후에야 사법부는 그 혜택으로 자신의 목소리를 내게 되었다. 사법부의 독립이 겨우 마련된 것이다. 하지만 사법부의 독립은 판사들이 투쟁을 통해 얻은 것이 아니다. 민주화의 바람 속에서 이루어진 것이다. 사법부는 민주화에 감사해야 하고 그동안 사법부의 독립을 외쳤지만 그 이유 때문에 사법부로부터 탄압을 받았던 인사들에게 감사를 표해야 한다.

자백배제 법칙

자백은 중요하면서도 위험한 증거

자백은 수사와 재판에서 중요하고 독특한 지위를 차지한다. 자백은 가장 직접적이고 구체적이고 중요한 증거다. 특히 물적 증거나 목격자가 없거나 부족한 경우 자백은 유죄를 입증하는 결정적 증거다. 그리고 자백은 자신에게 불리한 진술이므로 증거가치가 높다. 보통 사람들은 자신에게 불리한 진술을 하지 않는다. 상식적으로 유리한 진술은 거짓일 가능성이 높지만 불리한 진술은 진실일 가능성이 높다. 또한 수사와 재판을 통해 범죄인을 처벌하는 목적이 범죄인 교화에 있는데 자백은 교화와 갱생의 출발점 역할을 한다.

자백은 다른 한편 위험한 증거이기도 하다. 자백은 진술증거이므로 강압수사를 통해 얼마든지 조작할 수 있다. 부인하는 피의자가 수사기관의 설득에 의해 회개하여 자백하게 되었다고 포장하기도 쉽다. 물적 증거도 조작할 수 있지만 진술증거만큼 쉽지는 않다.

그동안 자백은 주로 강압수사를 통해 얻었다. 강압수사는 신체적 압박과 심리적 압박으로 구성된다. 일반적으로 강압수사는 과학수사가 발달하지 못한 상태에서 벌어지는 일이라고 생각하기 쉽다. 하지만 강압수사와 과학수사가 반드시 반비례관계인 것은 아니다. 국가권력이 폭력적이면 의도적으로 강압수사로 자백을 획득하고자 한다.

강압수사로 얻은 자백에는 국가기관의 폭력이 포함되어 있다. 거짓 역시 포함되어 있다. 다른 말로 조작이라고 한다. 폭력과 거짓, 조작으로 만들어진 자백은 재판을 오판으로 만들어 버린다. 형사절차를 처음부터 끝까지 모두 타락시키는 주범이다. 자백의 특수성은 자백에 대한 여러 규제를 낳았는데 그중 가장 중요한 것이 자백배제 법칙이다.

자백배제 법칙과 자백의 임의성 원칙

자백배제 법칙은 "피고인의 자백이 고문·폭행·협박·구속의 부당한 장기화 또는 기망 기타의 방법에 의하여 자의로 진술된 것이 아니라고 의심할 만한 이유가 있는 때에는 이를 유죄의 증거로 삼을 수 없다"는 원칙이다. 「헌법」이 인정하는 기본 원칙이므로 어떤 경우에도 양보될 수 없는 원칙이다.

자백은 임의로 이루어져야 한다. 이를 자백의 임의성 원칙이라고 한다. 임의로 이루어져야 한다는 것은 자발적으로 이루어져야 한다는 것을 말한다. 임의성이 인정되려면 첫째, 진술인이 자신을 둘러싼 상황을 충분히 이해하여 아무런 강압이 없는 상태에서 진술해야 한다. 둘째, 진술인이 자신이 무엇을 대상으로 진술하고 있는지에 대해 정확히 알고 있어야 한다. 기망이나 약속으로 진술인이 무지의 상태에서 한 진술은 자발적 진술이 아니다. 셋째, 진술인이 진술의 효과에 대해 잘 알고 있어야 한다. 특히 자신에게 불리한 진술인 경우에는 그것이 얼마나 위험한지 충분히 알고 있어야 한다. 임의성이 인정되는 진술, 자발적 진술은 진술상황, 진술대상, 진술효과에 대한 인식을 포함한다.

자백의 임의성을 의심하게 만드는 요소에는 먼저 고문, 가혹행위, 폭행, 협박 등 직접적인 방법이 있다. 고문, 가혹행위, 폭행, 협박이 경찰과 검찰 중 어디에서 발생했는지는 묻지 않는다. 그리고 불법구금과 장기구금이 있다. 신체구속은 사람의 신체와 심리에 직접적인 영향을 미친다. 비록 한국의 현실에서는 대기업 회장에게 자주 나타나는 현상이지만 구속되면 병원에 입원할 정도로 신체상태가 악화되기도 하고 자살의 충동을 느끼기도 한다.

다음으로 자백의 임의성을 의심하게 만드는 것으로는 사람을 속이는 기망, 법률상 허용되지 않는 약속 등이 있다. 증거가 없음에도 증거가 발견되었다고 거짓말을 하거나 자백하면 집행유예로 풀어 주겠다고 약속하는 것 등이 여기에 속한다. 하지만 유형은 여기에 한정되지 않고 다른 사정으로 확대될 수 있다.

　고문, 가혹행위, 폭행, 협박, 불법구금, 장기구금, 기망, 약속 등 자백의 임의성을 의심하게 하는 요소가 있다면 자백은 증거로 사용할 수 없다. 이러한 사정이 있는지는 피고인과 변호인의 주장에서 알 수 있다. 마음을 열고 이들의 주장에 귀 기울여 피고인의 억울한 심정을 헤아릴 필요가 있다.

자백을 강요하는 비인간적 형벌, 고문

고문은 사람의 정신과 신체에 잔혹하고 비인간적인 고통을 주는 반인간적 형벌이다. 반드시 근절되어야 한다. 「국제인권법」의 측면에서도 고문방지협약이 있을 정도로 고문은 경계의 대상이다. 고문을 근절하기 위해서는 고문 사실을 밝혀내고 이에 대한 책임을 물어야 한다. 고문은 국가기관의 조직적 범죄행위이다. 따라서 고문기술자 개인에 대한 처벌도 중요하지만 국가기관의 책임을 밝히는 것이 더 중요하다. 국가 차원의 반성과 제도개혁이 필요하다.

　고문은 사람의 몸에 직접 고통을 가한다. 인간으로서 견딜 수 없는 육체적 고통을 가하는 것이다. 구타, 물고문, 전기고문 등 일반 사회생활에서는 겪을 수 없는 고통이 가해진다. 고문은 육체적 고통을 가하여 저항할 엄두를 내지 못하게 만든다. 고문을 당하는 사람은 이러다가 죽을 것이라는 생각을 한다. 죽음을 피하려고 거짓자백을 하기도 하고, 어차피 고문받아 죽으나 거짓자백해서 죽으나 같으니 거짓자백을 하기도 한다.

　고문은 나아가 사람 자체를 부러뜨린다. 저항하려는 마음 자체를 없애 버린다. 인간으로서의 최소한의 자존심, 주체성, 정체성을 무너뜨린다. 사실 여부에 관계없이 여기에서 나갈 수만 있다면 어떤 짓이라도 하겠다는 마음을 먹게 만든다. 살기 위해서, 아니 고문의 고통을 벗어나기 위해 무슨 일이든 하게 된다. 이쯤 되면 수사과정에서 작성되는 조서 내용도, 공소장 내용도 보지 않게 된다. 실제로 울릉도 간첩단 사건의 고문 피해자 손두익 씨는 공소장 내용을 보지도 않았다. 지금도 공소장 내용을 정확히 모른다.

고문은 공포를 확산시킨다. 그 공포는 사람이라면 견딜 수 없는 이런 고통을 가족들이 겪게 될지도 모른다는 공포로 발전한다. 울릉도 간첩단 사건 피해자들은 고문을 당하면서도 옆방에서 들리는 비명소리가 혹시 같이 잡혀온 가족들의 비명이 아닌지 공포에 시달렸다. 공포는 공포를 낳는 법이다.

사람을 부러뜨리는 고문에서도 피해자들은 살아남는다. 울릉도 간첩단 사건의 피해자들은 살아남았다. 지옥에서 사람이기를 포기하도록 강요받다가 다시 사람으로 돌아왔다. 그 힘은 어디에서 나왔을까?

울릉도 간첩단 사건의 이성희 씨는 수사 도중에 자살을 생각했다. 고문도 고문이었지만 수사를 받는 동안 자신이 살길이 없고 결국 사형을 당하겠다고 생각했던 것이다. 자포자기하는 마음에 검사가 작성한 공소장도 읽어 보지 않았다. 이처럼 절망에 빠졌던 그가 다시 삶의 희망을 찾을 수 있었던 것은 부인의 지극한 사랑을 통해서였다. 부인의 편지와 면회에서 사랑을 확인한 것이다. 이성희 씨는 마음을 고쳐먹고 자신을 변호했다. 그 결과 1심의 사형이 2심에서 무기징역형으로 낮아졌다. 가족의 사랑이 하나의 생명을 살린 것이다. 이성희 씨는 나중에 재심으로 간첩혐의에 대하여 무죄를 선고받았다. [1]

최규식 씨는 수사와 재판을 받으면서 고향으로 돌아갈 수 있을지 걱정했다. 피해를 주고 싶지도 않았고 멸시받고 푸대접 받으며 지내고 싶지도 않았다. 그래서 면회 온 문중 사람에게 고향 친지의 뜻을 물어보고 만일 자신을 다시 받아주겠다는 사람이 있으면 그 증표로 백 원이든 5백 원이든 동전을 받아 가져다 달라고 했다. 다음 면회 때 문중 사람은 최규식 씨 앞에 수십만 원이 든 동전 주머니를 내려놓았다. 그날 그는 목 놓아 울었다고 한다. 최규식 씨는 무기징역형을 선고받고 1991년 가석방된 후 2012년 지병으로 별세했다. 고향 친지의 사랑이 그를 살린 것이다.[2]

고문의 대척점에 사랑이 있다. 고문은 사람을 동물로 만드는 비인간적 형벌이다. 사랑은 동물이 되어 버린 사람을 다시 정상적인 사람으로 만드는 인간의 힘이다. 고문당한 피해자들이 자신이 귀한 인간이라는 점을 다시 깨닫게 만드는 힘이다. 절망한 고문 피해자들이 재판에서 인간으로 대접받을 수 있도록 그들의 목소리에 귀 기울이는 마음이 필요하다.

자백보강 법칙

자백보강 법칙은 자백이 피고인에게 불이익한 유일한 증거일 때에는 자백을 이유로 유죄판결을 할 수 없고, 자백을 이유로 유죄판단을 하기 위해서는 자백을 보강하는 증거가 필요하다는 원칙을 말한다. 자

---

1 최창남, 2012, 《울릉도 1974》, 뿌리와 이파리, 81면.
2 위의 책, 102면.

백보강 법칙은「헌법」상의 기본 원칙, 기본권이다

　자백보강 법칙이 적용되는 자백은 먼저 합법적으로 얻은 자백이다. 고문·폭행·협박·구속의 부당한 장기화 또는 기망 기타의 방법에 의해 자의로 진술된 것이 아니라고 의심할 만한 이유가 없는 증거인 것이다. 임의성에 의심이 있으면 증거로 아예 사용하지 못한다.

　다음 자백보강 법칙은 믿을 만한 자백을 대상으로 한다. 만일 믿지 못할 정도의 자백이라면 증거로 사용하지 않으면 된다. 자백보강 법칙은 이와 같이 유죄인정의 증거로 사용할 수 있고 증거로 사용하고 싶은 자백을 대상으로 이것만으로는 부족하다고 규정한다.

　자백보강 법칙이 필요한 이유는 자백이 그만큼 위험하고 중요한 증거이기 때문이다. 자백을 받아내기 위해서 수사기관은 고문 등 가혹 행위를 벌이고 거짓약속과 회유를 한다. 이런 과정을 통해 얻은 자백은 허위일 가능성이 지극히 높다. 피고인이 인정했다고 믿을 만한 증거가 아니라, 합법적이고 공정한 수사를 통해 얻은 증거가 믿을 만한 증거다. 자백보강 법칙은 바로 이런 측면에 주목하여 자백을 사용할 때 다른 객관적 증거가 있는지 살펴볼 것을 요구한다.

　자백은 자백을 보강하는 증거가 될 수 없다. 피고인의 법정에서 한 자백을 보강하기 위해 피고인이 수사과정에서 한 자백을 사용할 수는 없다. 이렇게 되면 위법수사를 통제하려는 목적을 달성할 수 없기 때문이다. 다만 공범자의 자백은 보강증거로 사용할 수 있다고 보는 것이 일반적이다. 피고인의 자백이 아니기 때문이다. 그 외에 피해자나 참고인의 진술, 증인의 증언, 물증 등은 광범위하게 보강증거로 사용할 수 있다.

07
범죄의 구성
유무죄의 기준

이 장에서는 어떤 행위가 범죄가 되는지 살펴본다. 개인이나 사회에 피해를 초래하는 모든 행위가 범죄일 수는 없다. 그렇게 되면 너무 많은 행위가 범죄가 되고 너무 많은 시민들이 범죄인이 되어 버린다. 개인이나 사회에 중대한 피해를 끼치는 행위만이 범죄가 된다.

   법률상으로는 법률에 미리 규정되어 있는 구성요건에 해당하고 정당한 행위가 아닌 위법행위, 여기에 더해 행위자에게 책임을 물을 수 있는 경우에만 범죄가 된다. 범죄에서 중요한 것은 고의범이고 과실범은 중대한 피해가 발생한 경우에 예외적으로 처벌된다.

범죄성립의 3대 요소

범죄는 사회적으로 보호해야 하는 이익을 침해하는 행위다. 개인 및 사회의 안전과 평화를 깨뜨리는 행위라고 할 수 있다. 그러나 이러한 정의만으로는 무엇이 범죄인지 명확히 알 수 없다. 또한 권력을 쥔 자들이 마음대로 처벌할 위험성이 있다. 범죄가 모호하면 시민의 안전과 평화를 지키기 위한 「형사법」이 오히려 시민의 안전과 평화를 위협하는 무기가 될 수 있다.

죄형법정주의는 권력남용을 막기 위해 범죄가 무엇인지 법률로 명확히 규정해야 한다는 원칙이다. 이런 의미에서 범죄란 형벌법규에 의해 범죄로 규정된 것으로서 형벌의 대상이 되는 행위라고 다시 정의할 수 있다.

이렇게 법률로 범죄를 규정했을 때에만 범죄가 되기 때문에 범죄의 구성요소가 무엇인지, 즉 범죄가 성립하려면 무엇이 있어야 하는지 규명해야 한다. 형법학은 범죄를 구성요건에 해당하고 위법하고 책임 있는 행위라고 본다.

구성요건이란 범죄가 되는 전형적인 행위 유형을 말한다. 살인죄의 경우에는 "사람을 살해하는 행위"(「형법」제250조), 컴퓨터 등 사용 사기죄의 경우에는 "컴퓨터 등 정보처리장치에 허위의 정보 또는 부정한 명령을 입력하거나 권한 없이 정보를 입력·변경하여 정보처리를 하게 함으로써 재산상의 이익을 취득하거나 제3자로 하여금 취득하게 하는 행위"(「형법」제347조의2), 무고죄의 경우에는 "타인으로 하여금 형사처분 또는 징계처분을 받게 할 목적으로 공무소 또는 공무원에 대하여 허위의 사실을 신고하는 행위"(「형법」제156조) 등이 이에 해당한다.

구성요건은 가능한 한 구체적이어야 한다. 그래야만 일반시민이 금지 행위와 허용 행위가 무엇인지 알 수 있다. 그러나 언어 표현의 한계와 많은 행위 중에서 공통되는 행위를 표현해야 하는 한계로 법률에서는 추상적 표현을 사용할 수밖에 없다.

사람을 죽인 경우에도 고의로 돈을 노리고 살해한 행위, 말다툼 도중에 갑자기 흥분하여 살해한 행위, 자동차를 운전하다가 교통사고를 내어 사람을 죽이는 행위는 다른 행위이다. 환자를 퇴원시키면 죽을 가능성이 있음을 알면서 퇴원을 요청하는 행위와 퇴원을 허가하는 행위, 퇴원환자를 집으로 이송하는 행위가 살인에 해당하는지는 의문이다.

어떤 행위가 구성요건에 해당하는지는 사건을 하나하나 구체적으로 분석하면서 판단한다. 법률규정만으로는 범죄에 해당하는 행위인지 알 수 없고 구체적인 행위 분석이 필요하다. 수사는 이 점에 집중하고 검사도 구체적 행위를 배심원들과 판사에게 심혈을 기울여 설명한다.

범죄는 사회에서 허용되지 않는 위법한 행위여야 한다. 따라서 구성요건에 해당하는 행위더라도 위법한 행위가 아니면 범죄가 되지 않는다. 원래 구성요건은 범죄행위를 전형적으로 표현한 것이므로 구성요건에 해당하면 원칙적으로 위법한 행위이다. 하지만 「형법」이나 다른 법률에서 특별히 위법한 행위가 아니라고 규정한 경우가 있다.

구성요건에 해당하지만 위법하지 않은 행위 중 널리 알려진 것은 정당방위다. 강도나 강간범에 의해 폭행을 당하는 순간 자신을 지키기 위해 상대방에게 폭력을 행사하는 것은 윤리나 법률상 정당하다. 집회와 시위를 하면서 교통을 방해하는 것도 집회와 시위가 법률상 허용되는 행위인 이상 교통방해죄가 성립하지 않는다.

범죄는 책임이 있는 경우에만 성립한다. 범죄를 처벌하는 것은 범죄인을 교화하고 범죄를 예방하려는 데 목적이 있다. 책임감이나 윤리의식이 없는 동물의 행위는 아무리 잔인하더라도 범죄가 될 수 없다. 범죄로 규정하고 처벌해 봤자 아무런 효과가 없기 때문이다. 범죄는 사람의 행위를, 그것도 윤리의식과 책임의식을 가진 사람의 행위를 대상으로 한다.

사회생활을 하는 대부분의 성인은 윤리의식과 책임의식이 있다. 무엇이 잘못된 행위인지 어떤 행위를 하면 비난을 받는지 알고 있다. 책임의 대상은 구체적 행위에 대한 행위책임이다. 자신이 직접 한 행위에 대해 윤리적, 법적으로 책임을 진다. 형벌을 받는 것은 행위자이지만 행위자는 자신의 행위에 대해서만 처벌을 받는다. 생각이나 생활태도를 근거로 처벌할 수는 없다. 평소 생활태도가 아무리 불량하다고 해도 절도범을 살인범과 같이 처벌해서는 안 된다.

책임이 없는 경우는 예외적이다. 예외적으로 책임이 없는 경우는 법에 규정되어 있다. 14세 미만의 소년, 일시적 혹은 영구적 심신장애, 지적장애, 의지적 무능력에 빠진 사람 등의 행위는 책임을 물을 수 없기 때문에 범죄가 되지 않는다. 항구적 심신상실은 병인 경우가 많고 일시적 심신장애는 술을 많이 먹은 경우에 주로 발생한다. 심신에 이상이 있는 경우는 처벌할 것이 아니라 치료해야 한다. 하지만 범죄를 저지르기 위해 스스로 심신상실 상태에 빠진 다음 범죄를 실행했다면 처벌대상이 된다.

범죄에는 고의가 필요하다

고의가 없으면 범죄는 불성립

범죄는 원칙적으로 고의로 범한 행위만을 의미한다. 다른 사람의 이익을 침해하는 고의 행위는 사전에 법률로 규정하여 예방할 수 있다. 고의 없는 행위는 마치 목적 없는 동물이나 기계의 움직임과 비슷하므로 범죄로 지정해 통제할 필요가 없다.

「형법」의 고의는 일상생활에서 사용하는 고의와 용법이 다르다. 일상생활에서는 보통 목적을 가지고 계획적으로 행동하는 경우를 고의가 있다고 한다. 말다툼 도중에 흥분하여 사람을 때렸다면 이를 두고 고의로 사람을 때렸다고 말하지 않는다. 하지만 「형법」에서는 이런 경우에 고의가 있다고 본다. 흥분하기는 했지만 자신이 지금 사람을 때리고 있다는 것은 알았고 때리려는 의지가 있었기 때문이다.

일상생활에서 사용하는 고의는 목적에 가깝다. 이에 비해 법률상 고의는 객관적 상황을 정확히 인식하고 있다는 것, 즉 지적 요소와 범죄행위를 실현하려고 한다는 것, 즉 의지적 요소로 구성되어 있다. 이 중에서 하나라도 부족하다면 고의가 없는 것이 되고 고의범은 성립하지 않는다.

재판에서 피고인의 고의를 입증하는 것은 중요한 과제다. 고의가 없다면 아예 범죄가 성립되지 않기 때문이다. 고의는 지적 요소와 의지적 요소로 구성되는데 이것은 고의가 개인의 심리적 현상이라는 것을 말한다. 따라서 이를 직접 입증하는 것은 쉽지 않다. 피고인이 자백하면 다행이지만 이것을 언제나 기대하기는 어렵다. 이럴 경우 다른 증거에 의해 고의를 입증해야 한다.

현실에서는 대부분의 경우 고의를 입증하는 것이 그리 어렵지 않다. 칼을 들고 사람을 찌르면 사람이 죽을 것이라는 것, 내가 지금 사람을 죽이고 있다는 것은 대부분이 알기 때문에 살인의 고의를 인정할 수 있다. 하지만 애매한 경우는 항상 있기 마련이다.

첫째, 피해자가 가해자의 주먹에 맞고 넘어져 죽은 사건을 재판한다고 가정해 보자. 이때 사람이 죽은 것은 틀림없으나 피고인을 어떤 죄목으로 처벌할 것인가는 피고인의 고의가 무엇이었는지 밝혀야만 가능해진다. 만일 죽일 의도로 주먹을 휘둘렀다면 살인죄가 되고, 상해를 가할 의도였다면 상해치사죄가 된다. 상처를 남기는 상해도 아니고 겁만 주려고 주먹을 휘둘렀는데 피해자가 피하다가 넘어져 죽은 경우라면 폭행치사죄가 될 수 있다. 이처럼 고의의 내용에 따라 처벌의 범위는 엄청난 차이가 있다.

둘째, 고의가 언제 생겼는지도 중요하다. 고의는 범행 당시에 존재해야 한다. 옆집 사람을 싫어해서 다음날 총으로 쏘아 죽일 계획을 세우고 총을 손질하고 있었는데 갑자기 옆집 사람이 놀러와 옆자리에 앉아 있다가 총이 잘못 발사되어 옆집 사람이 죽었다면 살인죄로 처벌될까? 이때에는 살인죄가 성립하지 않는다. 왜냐하면 옆집 사람을 죽일 때에는 살인의 고의가 없었기 때문이다. 과실치사로 처벌받을 뿐이다.

다른 예를 들어 보자. 강간은 폭행이나 협박으로 사람을 강간한 경우에 성립한다. 따라서 폭행이나 협박을 하는 순간에 강간의 고의가 필요하다. 폭행이나 협박을 할 때에 강간의 고의가 없었다가 나중에 고의가 생겼다면 강간죄는 성립하지 않는다. 성교에 이르지 못했다면 강간미수죄는 성립하지 않는다.

내연관계였으나 서로 다투고 있었던 남녀가 만나 여자의 권유로 수면제를 같이 먹고 자다가 먼저 깬 여자가 남자를 강간하려 했으나 남자의 거부로 성교를 하지 못한 강간미수 사건이 국민참여재판에 회부된 적이 있었다. 일반적으로 수면제를 먹이는 것은 강간을 위한 폭행에 해당한다. 상대를 저항할 수 없는 상태로 만들기 때문이다. 그러나 이 사건에서는 수면제를 여자도 같이 먹었기 때문에 여자에게 강간의 고의가 인정되기 어렵다. 남자를 저항할 수 없게 만들어 강간하려고 했다면 자신은 수면제를 먹지 않았어야 하기 때문이다. 이 사건은 무죄로 결론이 났다.

이처럼 실행의 착수인 폭행 당시에 강간의 고의가 있어야만 강간미수가 성립할 수 있다. 범행 이전에 가졌던 사전고의나 범행 후에 생기는 사후고의는 「형법」상 고의에 해당하지 않는다. 고의는 주변정황으로 입증할 수밖에 없지만 종종 범죄 성립 자체를 좌우할 수도 있다.

미필적 고의로도 충분

고의는 원래 확정적인 고의를 말한다. 자신이 무엇을 하고 있는지 알고 있으면서 그 행위를 하려고 할 때 고의는 인정된다. 그런데 자신이 무엇을 하는지는 알지만 결과발생이 불확실하거나 결과발생을 적극적으로 원하지 않는 경우가 있다. 의지적 요소가 약한 경우다.

범인이 살해할 의도는 없었으나 피해자가 반항하는 바람에 피해자의 목을 강하게 오래 조르는 경우를 생각해 보자. 범인은 죽일 생각은 없지만 그렇다고 피해자가 죽을지도 모른다는 생각이 아예 없는 것은 아니다. 죽을 수 있겠다는 생각을 하면서도 계속 목을 조른 것은 숙어도 어쩔 수 없다는 심리상태의 반영이다. 범인은 자신이 무엇을 하는지 잘 알고 있다. 고의의 지적 요소는 충족되었다. 하지만 범인의 심리상태는 결과발생을 희망하는 것이 아니라 결과가 발생해도 어쩔 수 없다는 소극적인 상태다. 최소한 명시적으로 살인의 결과를 의욕한 것은 아니다. 고의의 의지적 요소는 없거나 지극히 약하다. 이때 범인의 살인죄 처벌 여부는 범인의 고의를 어떻게 평가하는지에 달려 있다.

비슷한 예로는 범인이 피해자를 납치하여 오랫동안 감금해서 죽게 한 경우를 생각해 보자. 오랜 감금과 방치로 피해자가 지쳐 생명이 위험해졌음에도 범인은 아무런 조치도 취하지 않고 외출을 했고 그동안 피해자가 사망한 것이다. 역시 사람을 죽이려는 생각은 없었지만 죽어도 어쩔 수 없다고 생각한 정황이 보인다.

사례에서 보는 결과를 살인죄로 처벌하는 것은 직관적으로 옳게 보인다. 최소한 사람이 죽을 수 있다고 생각하면서 목을 조르거나 방치했기 때문이다. 따라서 살인의 고의가 인정되어야 하는데 이때의 고의는 매우 약한 고의, 특히 의지적 요소가 약한 고의임을 알 수 있다. 이러한 고의를 「형사법」에서는 미필적 고의라고 한다. 누구나 한번쯤은 들어보았을 말이다. 재미있는 표현이지만 무엇인지 정확히 이해하기는 어렵다.

미필적 고의는 사례에서 보는 바와 같이 결과발생 가능성은 알고 있지만 이를 적극적으로 희망하지는 않고 방치하거나 무시 또는 묵인하는 경우에 인정되는 고의다. 결과발생을 적극적으로 바라지는 않지만 그래도 결과발생의 가능성을 인식하면서도 이를 적극적으로 피하지 않는 고의다.

여기에서 또 하나 관심을 가져야 할 부분은 범인이 직접 이러한 상황을 초래했다는 점이다. 피해자의 저항을 억압해야 하는 상황, 감금으로 피해자가 죽을 수도 있는 상황을 범인이 직접 초래한 점이 미필적 고의 인정에 중요한 역할을 한다. 전체적으로 보면 범인이 살인이라는 결과를 초래했다는 점을 부인하기 어려운 상황이다.

사실과 인식의 불일치 시 해결방법

고의는 범죄성립에 결정적 요소다. 그런데 고의는 항상 구체적이다. 옆집 사람을 죽이고 싶다고 생각하고 있었지만 우연히 같은 자리에 있던 중 총을 손질하다가 이 총이 발사되어 옆집 사람이 죽었다면 살인죄가 되지 않는다. 살인의 고의는 살인행위를 할 때 바로 그 사람을 대상으로 이루어져야 한다. 옆집 사람이 죽은 것을 두고 결과적으로 잘되었다고 생각하고 시체를 숨겼더라도 살인죄는 성립되지 않고 과실치사와 사체유기죄만 성립한다. 사전고의나 사후고의는 고의가 아니다.

고의는 항상 구체적 사실을 대상으로 한다. 따라서 구체적 사실과 자신이 인식한 내용이 다르다면 고의가 없는 것이 되어 처벌할 수 없다. 자신은 옆집 사람을 죽인다고 죽였는데 알고 보니 옆집 개였다면 살인죄는 성립할 수 없다. 그리고 개를 죽인 것은 고의가 없는 행위이므로 과실재물손괴가 문제되는데 이것은 형벌로 처벌하지 않으므로 무죄가 된다. 개에 대해 민사상 손해배상을 해야 하는 문제만 남는다.

조금 더 깊게 들어가 보자. 범인이 옆집 사람(A)을 죽이려고 총을 준비해 길에 매복하고 있었다. 범인은 늦은 시각 앞에서 걸어오는 사람을 옆집 사람이라고 보고 총을 쏘았는데 나중에 알고 보니 옆집 사람이 아니고 다른 사람(B)이었다. 이때 고의가 항상 구체적 고의라고 본다면 A에 대한 살인미수와 B에 대한 과실치사가 성립한다. 이 결론은 사람을 사람이라고 인식하고 총을 쏘아 죽였는데 살인죄가 성립하지 않는 불합리함이 있다. 이 경우에는 사람을 죽인다고 생각하고 사람에게 총을 쏘았으므로 살인죄가 성립해야 한다. 고의의 구체성을 규범적으로 약간 완화한 것이다. 판례도 같은 입장이다.

좀더 복잡한 문제는 애(C)를 업고 있는 어머니(D)를 죽이기 위해 몽둥이를 휘둘렀는데 어머니는 다치기만 하고 애가 맞아 죽은 경우다. 이때 구체적 고의만을 따지면 C에 대한 과실치사, D에 대한 살인미수가 성립한다. 하지만 이렇게 되면 역시 사람을 죽였는데 살인죄가 성립하지 않는 문제가 남는다. 그렇다고 처벌에 부족함이 있는 것은 아니다. 살인미수로 처벌하는 데 미수는 형을 감경할 수 있을 뿐 반드시 감경해야 하는 것이 아니기 때문에 처벌이 부족하지는 않다. 다만 일반시민의 상식과 일치하지 않는 문제가 있다.

이때 판례는 C에 대해서도 살인죄의 기수를 인정한다. 사람을 죽이려고 했고 실제로 사람을 죽였기 때문이다. 하지만 판례에 따르면 C에 대한 살인기수, D에 대한 살인미수가 되는데 하나의 고의가 왜 두 개의 고의로 분해되는지를 설명하지 못하는 문제가 남는다. 이처럼 고의는 항상 구체적 사실에 기반하기 때문에 이론적으로 까다로운 문제를 남긴다. 판례의 태도가 반드시 옳은 것은 아니므로 이 부분은 논쟁의 여지가 있다.

착오의 문제로 인과관계를 착오한 경우가 있다. 범인이 피해자를 때려 죽였다고 생각하고 사체를 은폐하기 위해 저수지에 빠뜨렸는데 나중에 부검해 본 결과 피해자는 맞아 죽은 것이 아니라 익사한 경우다. 이때 범인의 고의를 따지면 살인을 할 때에는 고의가 있었으나 살인에는 이르지 못했으므로 살인미수가 되고, 사체 은폐는 살해의 결과가 되었지만 고의가 없으므로 살인죄로 처벌할 수는 없고 과실사체유기죄가 된다. 그런데 과실사체유기죄는 처벌하지 않으므로 범인은 살인미수만 성립한다. 이 결론은 사람을 죽였는데 살인죄가 성립하지 않는다는 점에서 이상하게 보인다.

이 문제를 해결하기 위해 이론은 인과관계에 착오가 있었으나 인과관계의 착오가 본질적이거나 중요하지 않다고 보아 살인죄의 기수를 인정한다. 다른 이론으로는 제1의 행위와 제2의 행위를 개괄적으로 보아 고의의 기수 책임을 물을 수 있다고 보아 살인죄의 기수 책임을 묻는다. 어떤 이론에 의하더라도 이런 경우에는 살인죄의 기수가 성립한다.

과실은 예외적으로만 처벌한다

매우 중요한 법익만 보호하는 과실범

범죄는 고의가 있어야 성립한다. 고의가 있어야 범인에게 책임을 물을 수 있다. 또한 고의가 있는 범인이어야 교정, 교화할 수 있고 일반 시민들에게도 이러한 행위를 하지 말 것을 경고할 수 있다. 실수로 상대방의 이익을 침해하는 경우는 범죄로 보아 「형사법」에서 다룰 것이 아니라 손해의 배상, 이익의 조정이란 관점에서 「민사법」에서 다루면 충분하다.

하지만 몇몇 법익, 법률이 보호하는 이익은 너무 중요하기 때문에 특별히 보호할 필요가 있다. 비록 고의로 이익을 침해하지는 않고 실수로 이익을 침해했다고 하더라도 민사상 손해배상을 넘어 형사상 범죄로 보아 보호한다. 이를 고의범과 비교하여 과실범이라고 한다.

이 정도의 결단을 하려면 보호하려는 이익이 매우 중대해야 한다. 사람의 생명이나 신체를 침해하는 행위, 여러 사람에게 위험을 초래하는 행위가 주된 대상이다. 우리「형법」은 과실치사상죄, 업무상 과실·중과실치사상죄, 실화죄, 과실폭발물파열죄, 과실일수죄, 과실교통방해죄, 업무상 과실·중과실 장물취득죄 등을 과실범으로 규정한다.

과실은 법률상 정상의 주의를 태만히 하여 죄의 성립요소인 사실을 인식하지 못하는 것이라고 정의된다. 다시 말하면 일정한 행위에 수반되는 주의를 해야 하는데 이를 다하지 못해 자신도 모르게 결과가 발생하는 경우를 과실범이라고 한다.

과실범에서는 주의의무가 쟁점이다. 특정한 행위를 하는데 피고인에게 특정한 주의의무가 있다는 점, 피고인이 이 주의의무를 다하지 못했다는 점이 쟁점이 되는 것이다. 우리 역사상 가장 유명한 과실범 재판은 1994년의 성수대교 붕괴사건이다. 우리 사회에 큰 충격을 주고 그때까지 우리나라가 고수했던 발전모델에 대해 반성하게 한 이 사건은 법률적으로는 과실범의 공범 문제를 제기했다.

당시 피고인들은 성수대교의 제작, 시공, 감독업무에 종사했던 자들이었다. 쟁점은 이들의 주의의무가 무엇이고 이를 어떻게 위반했는가 하는 점이었다.

첫째, 시공사인 동아건설의 담당자들은 성수대교의 트러스를 설계도대로 정밀하게 제작하도록 지휘·감독할 직접적이고 구체적인 업무상의 주의의무가 있음에도 불구하고, 수직재의 용접 부위를 엑스자형 용접으로 개선하여 용접하게 하는 등 트러스의 제작에 참여하는 자들을 제대로 지휘·감독하지 못함으로써, 용접불량이 되게 했고, 부평공장에서는 용접공이 부족하여 일부를 외부 용접공에 하도급주어 트러스 제작 공기 단축을 독려하고 감독을 소홀히 하여 위와 같은 부실용접을 방치했으며, 핀플레이트(*pin plate*) 강판(상현재와 핀으로 연결하는 부분)을 절삭함에 있어서도 설계도대로 1 대 10으로 완만하게 절삭하지 아니하고 1 대 2. 5 내지 1 대 3 정도의 급경사로 제작하여 추가적인 응력집중 현상을 초래하게 했으며, 트러스의 유재나 가로보, 브레이싱(*bracing*) 등 각 부재도 설계도대로 정밀하게 제작되지 아니한 채 부재의 볼트구멍의 위치나 크기, 간격을 규격에 맞지 않게 제작했으며, 제작 후에는 시공상태와 같은 모양으로 가조립을 하지 아니하고 트러스를 출고한 과실이 있었다.

둘째, 동아건설의 현장소장은 성수대교 시공현장에 행정적 업무뿐만 아니라 공사에 관한 기술적 지휘 및 감독을 해야 하므로, 시공하는 교량의 공법과 구조 등을 숙지하여 공사를 지휘하고 시공에 사용되는 자재의 재질이나 규격이 설계도대로 제작되어 정확한지 여부 등을 최종적으로 확인 및 점검할 의무가 있고 또한 현장소장에게 요구되는 통상의 주의를 기울였다면 이 사건 트러스의 제작상의 잘못을 발견할 수 있었음에도 불구하고, 핀플레이트 강판을 설계도대로 절삭하지 아니하고 급경사를 이루도록 제작된 것을 발견하지 못하고 이를 교량 가설에 사용토록 했고, 브레이싱과 가로보 등 트러스 일부 부재의 볼트의 구멍의 위치가 일치하지 않아 허용오차를 초과하여 볼트구멍을 다시 천공하거나 확장하거나 일부 연결부에는 설계도보다 적은 2개

내지 4개의 볼트만을 체결하여 시공되게 했으며 가로보 끝부분에 철근을 덧대어 용접하는 등의 시공상의 잘못을 방치한 과실이 있었다.

셋째, 서울시 현장감독 공무원들은 성수대교가 국내 최초로 건설하는 게르버트러스 공법에 의해 건설되는 것이고 위 공법의 핵심은 트러스의 제작 및 가설이고 트러스의 제작에 있어서는 설계도에 따른 강재의 정밀한 절단 및 용접, 가설 시에는 각 부재의 정확한 조립 및 연결이 요구되므로, 트러스를 제작함에 있어 특별시방서상 요구되는 자격을 갖춘 용접공이 용접을 실시하는지 여부, 각 트러스가 설계도면 및 특별시방서대로 용접, 제작, 조립되는지 여부 등을 확인하되 특히 에스트러스의 수직재를 제작함에 있어 핀플레이트 강판 접합 부분이 1대 10의 완만한 경사로 깎아졌는지, 용접 부분을 엑스형으로 개선하고 용접했는지 여부 등을 육안 및 방사선 검사 등을 통해 확인하고, 트러스의 제작완료 후에는 가조립을 실시했는지 여부를 확인하는 등 현장감독을 철저히 할 구체적 주의의무가 있음에도 불구하고 용접공의 자격확인, 방사선 검사 등을 통한 용접공사, 가조립공사, 시공과정에서의 철저한 현장확인 등을 하지 아니한 과실이 인정되었다.

넷째, 여기에 더해 공무원들의 중차량 통행방치, 철강재 부식, 부적절한 수직재 고정 및 안전진단조치 불이행 등 유지, 관리상의 과실, 설계상의 잘못 등이 겹쳐졌다.

다만 이들의 과실이 단독으로는 붕괴원인이 되지 못하는 것 또한 명백했다. 재판에서는 단독으로 붕괴원인을 제공하지 않은 이들 모두에게 책임을 물을 것인가 하는 점이 문제가 되었다. 판례는 이들의 과실이 단독으로는 붕괴원인이 되지는 못하더라도 그것이 합쳐지면 교량이 붕괴될 수 있으므로 시공, 감독, 유지, 감독의 각 단계에 관여한 자는 전혀 과실이 없다거나 과실이 있다고 하더라도 교량붕괴의 원인이 되지 않았다는 특별한 사정이 있는 경우를 제외하면 붕괴에 대해 공동책임을 져야 한다고 보았다. 이른바 과실범의 공범을 인정한 것이다. 이 점에서 이 판례는 비판을 받는다. 왜냐하면 과실이란 실수를 말하는데 실수를 의도적으로 공동으로 하는 경우는 없기 때문이다. 이 문제를 제외하고는 판례의 결론은 타당하다. 과실범을 심리할 때에는 어떤 상황에서 어떤 주의의무가 있는데 그 주의의무를 어떻게 위반했는지 구체적으로 검토해야 한다.

위험사회와 과실범

과실범은 증가추세다. 현대 사회가 위험사회이기 때문이다. 현대 사회에서 우리가 누리는 대부분의 편리함은 위험을 동시에 만들어낸다. 교통의 편리함은 교통사고의 위험을, 전기의 편리함은 원자력 발전소의 위험을, 정보통신혁명의 편리함은 정보의 대량유출 위험을, 세계화의 편리함은 세계적 테러와 세계적 질병의 위험을 함께 낳았다. 위험의 규모는 편리함에 비례한다. 위험은 이전 시대와 비교할 수 없을 정도로 대규모다.

세계적으로 보면 2001년 미국의 9·11 테러가 있었고 2011년 일본의 후쿠시마 원전 사고가 있었다. 한국에서도 최근 세월호 참사와 메르스 사태가 있었다. 이들 위험의 규모는 과거 어느 때보다 컸다. 근본 원인으로 교통의 편리함, 전기의 편리함, 이동의 편리함 등이 배후에 있었다. 이처럼 현대 사회는 위험을 구조적으로 안고 있다. 현대 사회는 항상적 불안사회, 공포사회인 것이다.

또한 현대 사회의 편리함은 항상 환경파괴의 문제를 안고 있다. 환경문제는 이미 충분히 심각하지만 앞으로도 더 심각해질 것이다. 현대 사회의 편리함은 자본운동의 결과이기도 한데 자본은 어떤 경우에도 환경을 배려하지 않는다.

그렇다고 위험을 이유로 편리함을 포기할 수는 없다. 다시 과거로 돌아갈 수는 없다. 모든 생산수단, 생활수단이 이미 혁명의 단계로 들어갔기 때문이다. 따라서 문제는 위험을 어떻게 관리할 것인가 하는 것으로 귀결된다.

위험을 관리하기 위한 방법은 여러 가지가 있지만 「형법」은 일정한 주의의무를 설정하고 이를 지킬 것을 요구한다. 만일 이 주의의무만 준수한다면 상대방의 이익을 침해하는 결과가 생기더라도 문제 삼지 않는다. 하지만 주의의무를 위반하면 결과가 발생하지 않더라도 처벌한다.

예를 들어 보자. 공장에서 물건을 만들면 필연적으로 땅, 물, 공기를 오염시킨다. 환경오염은 금지되어야 하지만 만일 환경오염을 전면 금지시키면 공장을 가동할 수 없다. 철강산업, 자동차산업, 석유산업을 생각해 보면 쉽게 이해될 것이다. 공장의 규모가 클수록 환경오염 규모도 크다. 이럴 경우 「형법」은 환경에 결정적 영향을 주지 않는 정도의 오염물질 배출은 허용하고 그 이상의 배출은 금지시키는 방식을 취한다. 공장 운영자는 오염기준만 지키면 충분하다. 물론 오염기준을 지켰다고 해도 주민들에게 직접 피해를 끼쳤다면 민사상 손해배상을 해야 한다. 하지만 형사상 문제가 되는 경우는 없다.

다른 예는 자동차 운전이다. 자동차는 편리한 이동수단이지만 위험한 이동수단이다. 자동차 사고로 죽거나 다치는 사람의 수는 전쟁의

사상자 수보다 많다. 따라서 자동차 운전자는 사고방지를 위해 모든 주의를 다할 의무가 있다. 여기에는 다른 운전자가 정상운전을 하는지 살펴 만일 정상운전을 하지 않으면 피해야 하는 주의의무도 포함된다.

그러나 운전자의 주의의무를 극단적으로 강조하면 운전자가 제대로 운전을 할 수 없다. 당장 물류가 마비되고 사람들의 출퇴근에도 문제가 발생한다. 이에 「형법」은 교통규칙을 준수한 운전자는 운전자나 보행자 등 다른 교통 관여자가 교통규칙을 준수할 것이라고 신뢰하면 충분하고 교통규칙에 위반하여 비이성적으로 행동할 것까지 예견하여 이에 대한 방어조치를 취할 의무는 없다는 원칙을 채택한다. 이때 운전자가 부담하지 않는 위험은 사회가 부담한다. 그 부담 방식 중의 하나가 보험이다.

이처럼 운전자의 주의의무를 자신에게 한정하는 원칙을 「형법」에서는 신뢰의 원칙이라고 부른다. 다른 사람의 정상운전을 믿어도 좋다는 뜻에서 신뢰라는 표현을 사용한다. 이 원칙을 적용하면 상대방 운전자가 차선을 침범하여 운행할 것까지 예상하면서 운전해야 할 의무는 없다. 그리고 자동차 전용도로에 사람이 자전거를 타고 나타날 것까지 예견하면서 운전해야 할 주의의무 역시 없다. 다만 상대방이 이미 교통규칙을 위반한 사실을 알고 있거나 상대방이 어린이나 노인, 장애인 등 규칙을 지키기 어려운 사람인 경우, 운전자가 먼저 교통규칙을 위반한 경우에는 적용되지 않는다. 신뢰의 원칙은 과실범에서 적법하게 행동하는 행위자는 다른 관여자의 행위를 신뢰하면 충분하고 다른 관여자의 위반행위를 예상하면서 행동해야 할 주의의무는 없다는 원칙으로 발전한다.

정당방위, 긴급피난은 무죄

구성요건에 해당하는 행위는 다른 이유가 없다면 곧 범죄가 된다. 구성요건이 전형적인 범죄행위, 위법행위를 적어 놓은 것이기 때문이다. 하지만 범죄행위라고 하더라도 「형법」이나 다른 법률에서 정당한 것으로 규정한다면 범죄가 될 수 없다. 법률의 통일성 때문이다.

행위는 구성요건에 해당하여 얼핏 위법한 것으로 보이지만 자세히 보면 「형법」이나 다른 법률에서 허용하고 있어 위법하지 않은 행위가 있다. 그 행위는 위법성이 없으므로 범죄가 될 수 없다. 이러한 경우에 위법성이 조각된다고 한다. 조각이란 물건에서 떨어져 나온 작은 부분이 아니라 방해한다는 의미이다. 「형법」에서는 구성요건에 해당하는 행위가 위법하지 않다고 평가하는 사유를 위법성 조각사유라고 한다.

위법성 조각사유는 범죄성립을 방해하는 것이므로 상식적으로 보면 피고인이나 변호인이 주장하고 입증해야 할 것처럼 보인다. 구성요건에 해당하는 행위를 하면 위법한 행위로 추정되기 때문이다. 하지만 피고인이나 변호인은 위법성 조각사유가 있다는 주장만 하면 되고 위법성 조각사유가 없다는 점은 검사가 입증해야 한다.

이 결론은 범죄성립 요소를 모두 검사가 합리적 의심이 없을 정도로 입증해야 한다는 원칙에 따른 것이다. 따라서 만일 검사와 변호인이 공방을 벌였는데 위법성 조각사유가 없다는 확신이 없다면 무죄를 선고해야 한다. 검사가 위법성 조각사유의 부존재에 대한 입증책임을 지는데 이 책임을 다하지 못했기 때문이다.

불법적 침해에 대한 대항, 정당방위

위법성 조각사유 중 널리 알려진 것은 정당방위다. 정당방위는 자기나 타인에게 가해지는 불법적 침해에 대항하는 행위다. 정의와 법은 불의와 불법에 양보할 필요가 없다는 원칙에 근거한다. 자신에 대한 위법한 침해에 대한 대응은 인간을 포함한 모든 생물의 본능적 대응이므로 이를 법률로 금지할 수도 없다.

정당방위라고 하여 무조건 인정되는 것은 아니다. 정당방위가 인정되려면 공격을 당하기 직전, 공격을 당하는 중이어야 한다. 공격이 계속되던 중 일시 중단되었다면 이때 이루어진 정당방위는 좀처럼 인정되지 않는다.

부부 혹은 남녀, 가족 사이에 지속적 폭행이 있어 이에 저항하는 과정에서 상대방을 상해 혹은 살해한 경우에는 정당방위가 인정된다. 하지만 상대방이 폭행을 가하고 잠에 빠졌을 때, 혹은 며칠 동안 잠잠한 동안에 상대방을 상해 혹은 살해하는 것은 정당방위에 해당하기 어렵다. 가정폭력의 문제가 심각하고 연약한 배우자가 폭력적인 상대방을 상대하기 어려운 사정이 있더라도 상대방이 잠을 자거나 잠잠한 동안에는 직접 폭력을 행사하는 방법 이외에 신고하거나 도망하는 다른 방법이 있기 때문이다.

물론 이러한 생각조차 하지 못하는 처지에 있을 수도 있지만 이러한 사정은 양형에서 반영될 뿐 무죄사유가 되기는 어렵다. 최근 폭력 남편에 맞서 여성이 자신을 지키는 과정에서 상해 혹은 살인의 결과가 종종 발생하는데 만일 폭력을 당하는 순간이 아니라면 경찰이나 공무원, 사회단체의 도움을 받는 것이 바람직하다.

정당방위의 수단에는 특별한 제한이 없다. 상해 또는 강도의 위험에 빠졌을 때 저항하다가 상대방을 살해해도 정당방위는 인정된다. 그러나 경미한 침해행위에 대한 과도한 공격은 정당방위가 안 된다. 과수원에서 과일 하나를 서리해서 도망가는 어린이를 향해 총을 쏘는 것은 정당방위가 아니다. 그리고 공격을 유발한 경우에도 정당방위는 성립하지 않는다.

합법적 행위 간의 충돌, 긴급피난

긴급피난은 정당방위와 달리 자기 또는 타인에 대한 불법적 침해가 아닌 정당한 침해행위를 피하기 위한 행위를 말한다. 피하는 행위도 불법이 아니지만 침해하는 행위도 불법이 아니다. 갑자기 개가 자신을 공격하여 남의 건물로 뛰어 피하다가 건물의 유리창을 부순 경우가 이에 해당한다. 물론 침해하는 행위가 불법인 경우에도 인정된다.

긴급피난은 원칙적으로 자신이 받는 공격보다 적게 침해해야 한다. 공격받았을 때의 손해와 피난으로 인한 이익을 비교하는 점에서 이를 이익형량, 이익비교 원칙이라고 한다. 이 점에서 이익비교를 요구하지 않는 정당방위와 차이가 있다. 긴급피난은 합법적 행위와 합법적 행위의 충돌이므로 이익비교라는 관점에서 엄격히 통제한다. 이에 비해 정당방위는 불법적 행위와 합법적 행위의 충돌이므로 이익비교는 필요 없다.

긴급피난의 이익비교 원칙은 수단이 사회적으로 적합해야 한다는 요건을 포함한다. 이 원칙을 잘 이해할 수 있는 사례는 강제채혈 사례다. 수혈받지 않으면 생명이 위태로운 희귀한 혈액형의 환자가 있다고 가정해 보자. 그런데 해당 혈액형을 가진 사람이 채혈을 종교상, 건강상의 이유로 거부하고 있다. 이럴 경우 수혈하기 위해 의사가 강제채혈을 하는 것이 긴급피난으로 인정될 수 있을까?

개인의 존엄성을 우선하는 관점은 강제채혈은 허용될 수 없다고 본다. 사람 신체의 중요성과 개인의사 존중의 원칙에 따른 것이다. 하지만 다른 사람의 생명에 무관심해서는 안 된다는 상호부조 정신이나 연대 정신을 강조하면 강제채혈은 허용될 수 있다. 아직까지는 강제채혈이 허용되어서는 안 된다는 입장이 우위를 차지하지만 장기기증이 일반화되고 연대 정신이 좀더 퍼지면 결론은 바뀔 수 있다. 어느 쪽이든 이익을 비교한다는 점에서는 같고 다만 기준이 다르다.

생명이나 신체의 위험을 받아 피했는데 다른 사람의 생명이나 신체의 손해가 발생했다면 이익비교 원칙에 비추어 긴급피난이 되지 않는다. 이 경우에는 우월한 이익이 있다고 보아 위법성을 조각하지 않고 다른 행위를 할 가능성이 없다는 이유로 행위자를 비난할 수 없다고 본다. 결국 위법성이 조각되지 않고 책임이 조각된다고 본다. 난해한 이론적 설명이지만 범죄가 되지 않는다는 점에서는 결론이 같다.

법령을 준수하는 정당행위

위법성 조각사유로 다음으로 중요한 것은 정당행위다. 정당행위는 법령에 의한 행위, 업무로 인한 행위, 기타 사회상규에 위배되지 않는 행위가 있다.

법령에 의한 행위는 공무원의 직무집행 행위와 징계행위가 있다. 공무원의 직무집행 행위는 강제집행이나 체포나 구속 등의 강제처분을 말한다. 법령상의 요건을 충족해야 하고 직무범위에도 속해야 하고 절차도 정당해야 한다. 징계행위는 징계사유가 있을 때 교육목적을 달성하기 위한 경우에만 인정된다. 전통적으로 징계행위에 체벌이 포함된다고 생각하지만 체벌은 허용되지 않음을 명심해야 한다. 인간의 신체는 어떤 경우에도 침해되어서는 안 되기 때문이다. 인간의 신체를 침해하는 것은 인간을 다른 목적의 수단으로 사용하는 것이고 잔인하고 비인간적인 처벌일 뿐이다.

법령에 의한 행위 중 중요한 것은 노동쟁의다. 합법적 노동쟁의는 정당행위이므로 처벌할 수 없다. 노동쟁의는「헌법」상의 권리이고 세계적으로 인정되는 보편적 권리이지만 우리나라에서는 극도로 제한적으로 인정된다. 목적은 근로자의 근로조건을 개선하는 것에만 한정된다. 쟁의행위 방식도 법률이 규정한 절차를 반드시 지켜야 한다. 조금이라도 이 절차를 위반하면 정당한 행위가 되지 못하고 불법 노동쟁의가 되어 노동자들이 탄압을 받는다. 노동쟁의를 부정적으로 보는 법원의 시각은 교정되어야 한다.

업무로 인한 행위에는 의사의 치료행위, 변호사의 변론행위, 성직자의 비밀유지 행위 등이 있다. 모두 사회에 반드시 필요한 행위들이지만 다른 사람의 이익을 침해할 가능성이 있다. 의사의 치료행위는 신체에 위해를 가하고, 변호사의 변론행위는 비밀을 폭로하거나 명예를 훼손할 수 있다. 성직자의 비밀유지 행위는 공권력의 집행을 방해할 수 있다. 명동성당이나 조계사에 범인이 숨은 경우 이를 밝히지 않는 성직자의 행위는 업무로 인한 행위이기 때문에 범죄가 될 수 없다.

기타 위법성 조각사유로는 권리자가 권리를 침해당했을 때에 공권력의 발동에 의하지 않고 스스로 그 권리를 구제·실현하는 자구행위, 피해자가 가해자에 대해 자기의 법익을 침해하는 것을 허락하는 피해자의 승낙 등이 있다.

책임 없으면 범죄 없다

책임은 범죄와 형벌의 전제

범죄는 책임을 질 수 있는 사람에 의해 저질러졌을 때 성립한다. 사람의 행위라고 하더라도 책임을 질 수 없는 사람의 행위는 동물의 행위와 같아 형사상 범죄가 되지 않는다. 다만 민사상 손해배상의 대상이 될 뿐이다.

「형사법」의 책임은 일상용어와는 좀 다르다. 일상생활에서 책임은 자신이 한 행위를 반성하거나 혹은 손해배상을 하는 것을 말한다. 이에 비해 「형사법」의 책임이란 자신이 하는 행위가 잘못된 행위임을 알고 있고 잘못된 행위를 하지 않을 수 있었음에도 잘못된 행위를 한 것에 대해 가해지는 부정적 가치판단을 말한다. 달리 말하면 범인을 비난할 수 있다는 점에 책임의 본질이 있다.

범죄성립에 책임이 필요한 이유는 형벌의 목적에서 찾을 수 있다. 형벌은 단순히 복수나 보복이 아니다. 만일 여기에 그친다면 우리는 고대와 중세의 잔인성에서 벗어날 수 없다. 형벌은 범죄에 걸맞은 처벌이기는 하지만 더 나아가 범죄자를 교정, 교화하고 일반인에게 범죄를 저지르지 않도록 경고하는 역할을 한다.

사형제가 폐지되고 있는 지금 모든 수형자는 다시 사회로 복귀한다. 그리고 복귀하도록 도와야 한다. 모든 범죄인이 사회로 복귀하므로 이들을 교정, 교화하여 다시는 범죄를 저지르지 않도록 하는 것이 중요하다. 나아가 일반인들에게 범죄를 저지르지 않도록 알려야 한다. 이러한 역할을 형벌이 해야 하므로 책임이 없는 경우, 즉 자신이 무엇을 잘못했는지 모르는 경우, 혹은 비난할 수 없는 경우에는 형벌을 통해 교화할 가능성이 없다. 결국 자신이 무엇을 잘못했는지 자각하지 못하면 범죄도 성립하지 않는다.

책임은 개인의 자유의사를 전제로 한다. 자유로운 개인이 자신의 의사에 의해 적법한 행위를 할 수 있었음에도 불구하고 위법한 행위를 했기 때문에 윤리적 비난을 가하는 것이다.

개인의 자유의사를 전제로 하는 책임주의 원칙은 큰 틀에서는 옳다. 아무리 나쁜 환경에 있다고 해도 모든 사람들이 범죄를 저지르는 것은 아니기 때문이다.

하지만 나쁜 환경에 있으면 아무래도 범죄를 저지르거나 범죄의 대상이 될 가능성이 높다. 실업률이 높고 노동자들이 밤늦게까지 일해야 하고 사회복지시설이 부족한 지역, 교육혜택이 부족한 지역, 사회안전시설이 부족한 지역은 그렇지 않은 지역보다 불안하다. 그리고 해당 주민이 범죄를 저지를 가능성이 더 높다. 경제위기에서 재산범죄가 급증하는 것도 이러한 영향의 하나다. 이런 면에서 개인의 자유의사는 허구이고 범죄인은 소질과 환경에 의해 결정된다는 주장도 있다.

이러한 이론이 사회환경을 개선하는 데 이용되면 바람직한 결과를 낳는다. 형사정책은 다른 사회정책과 함께 이루어지면 효과가 더 높다. 다만 환경개선은 엄청난 예산과 시간이 소요되지만 당장의 성과는 보장하지 않는다.

하지만 범죄인의 소질과 환경을 중시하는 이론은 환경개선보다는 범죄인의 특성을 중시하고 이에 따라 특정 인종이나 집단을 범죄인으로 보게 될 가능성이 높다. 그 폐해는 나치의 유대인 학살이나 전쟁 도중에 발생하는 집단학살의 역사에서 이미 확인했다.

책임은 자유의사를 전제하므로 개인을 중시한다. 범죄에 관한 한 자신이 속한 집단의 책임이란 존재하지 않는다. 따라서 형벌도 개인이 책임질 수 있는 만큼만 이루어져야 한다. 형벌이 책임에 따라 이루어져야 한다는 것을 책임주의 원칙이라고 한다.

14세 미만, 대취자는 처벌받지 않지만

책임이 없으면 범죄가 되지 않는다. 그러나 보통 사람은 자신의 행위에 대해 책임을 느낀다. 보통 사람은 자신이 합법적 행위를 할 수 있었음에도 불구하고 불법적 행위를 하고 있다는 사실을 알고 불법적 행위에 대해 사회가 비난한다는 것도 안다. 적법하게 행위할 수 있었다면, 자유롭게 의사를 결정할 수 있었다면 책임이 있다고 본다. 이러한 능력을 책임능력이라고 한다. 보통 사회생활에서 책임능력이 없는 경우는 매우 예외적이다. 「형법」도 이에 맞추어 책임능력이 있는 경우는 규정하지 않고 책임능력이 없는 경우만을 규정한다.

14세 미만인 자는 잘잘못을 가릴 능력이 없기 때문에 벌하지 아니한다. 책임능력이 없어 무죄인 것이다. 14세 미만이면 일률적으로 책임능력이 없다고 본다. 개별적으로 따지면 책임능력이 있는 경우도 있겠지만 법률은 애매하기보다는 일률적인 경향이 있으므로 예외를 두지 않는다. 다만 10세 이상 14세 미만은 「소년법」에 따라 보호처분에 처할 수 있다. 14세 이상 19세 미만의 소년은 「소년법」에 의해 특별히 취급한다.

또한 심신장애로 사물을 구별할 능력이 없거나 의사를 결정할 능력이 없는 자는 책임능력이 없다. 정신장애, 정신기능장애, 정신병, 정신박약, 중대한 의식장애, 정신질병, 진행성 뇌연화, 노인성 치매, 뇌손상에 의한 창상성 정신병, 조울증, 간질, 백치, 치매, 생리기간 중 심각한 충동조절장애, 지적 무능력, 의지적 무능력 등이 이에 해당한다. 여기에 해당하는지 판단할 때에는 의학의 도움을 받아야 한다.

심신장애 중에서 문제가 되는 것은 술이다. 술에 취했다면 순간적으로 심신상실 혹은 심신미약의 상태가 된다. 이른바 블랙아웃을 경험한다. 자신이 무슨 행위를 하는지 전혀 알 수 없고 다른 행위를 할 가능성도 없다. 따라서 무죄가 되거나 형을 감경해야 한다.

그러나 이 결론은 일반인의 생각과는 다르다. 오히려 술을 먹었기 때문에 범죄로 나아갔다고 본다. 잔인한 범죄를 술을 먹었다고 감경하는 것을 이해하지 못하고 더 무겁게 처벌해야 한다고 주장한다. 하지만 이런 경우에는 형벌의 목적을 달성할 수 없다. 술을 먹지 말라고 형벌을 가할 수는 없기 때문이다. 만일 심각한 알코올중독 상태에서 범행을 저질렀다면 형벌보다는 오히려 치료를 해야 한다.

한편 행위자가 고의 또는 과실로 자기를 심신장애 상태에 빠지게 한 후 범죄를 실행하는 경우가 있다. 겁이 나서 범죄를 못하던 중 술을 먹다가 대취하여 정신없는 상태에서 범죄를 저지르는 경우가 이에 해당한다. 이 경우는 전체적으로 보아 책임능력이 있다고 보아야 하므로 범죄가 성립한다.

범죄는 발생했는데 위법하지 않다고 생각한다면

객관적으로 범죄는 저질렀는데 행위자, 범인은 범죄가 아니라고 생각하는 경우가 있다. 행위자에게 범죄를 저지른다는 인식 자체가 없는 경우다. 책임이 인정되려면 행위자가 잘못된 행위를 하고 있다는 사실을 인식해야 한다. 그래야 적법한 행위를 할 가능성이 있었다고 보고 적법한 행위를 하지 않았다는 점을 비난할 수 있다. 하지만 어떤 경우에는 잘못된 행위를 하고 있다는 인식 자체가 없을 수 있다. 책임을 인정할 기초가 없는 것이다. 이 이론을 관철하면 무죄를 선고하게 된다.

그렇다고 이러한 경우를 모두 무죄 선고하면 법이 제대로 집행되지 않을 수 있다. 이때는 왜 이렇게 생각하게 되었는지 살펴보아야 한다.

첫째, 자신이 올바른 행위를 하고 있다고 확신하는 확신범의 경우가 있다. 확신범은 자신이 하고 있는 행위가 현행 법률에 위반된다는 것은 안다. 하지만 자신이 가진 가치나 이상, 자연법에 의해 자신의 행위가 정당화된다고 본다. 확신범은 자신의 행위의 위법성은 알고 있고 다른 행위를 할 가능성이 남아 있다. 따라서 책임을 인정하는 데 문제가 없다. 다만 처벌은 확신범의 범죄행위만을 대상으로 해야 한다. 확신범의 사상과 양심의 자유는 보장되어야 한다. 동일한 행위임에도 불구하고 확신범의 사상을 이유로 가혹하게 처벌해서는 안 된다. 확신범 행위의 정당성 여부는 정치적이고 역사적인 것이다. 악법에 의한 것이라면 악법을 무효로 하거나 사후에 정치적으로 청산하는 방식을 취할 수 있다.

둘째, 법률규정을 모르는 경우가 있다. 미성년자에게는 술과 담배를 팔지 말라는 규정을 몰라 미성년자에게 술과 담배를 팔았다면 이에 해당한다. 행정법규는 자주 바뀌기 때문에 법률의 내용을 일일이 확인하지 않으면 이런 경우가 발생할 수 있다. 판례에 의하면 법률 규정을 몰랐다는 변명은 통하지 않는다. 이를 "법률의 무지는 용서받지 못한다"고 표현한다. 살인이나 절도는 윤리나 도덕에서도 금지하므로 이를 모른다고 할 수는 없다. 하지만 행정법규는 일일이 찾아보아야 하는 것이므로 모르는 경우가 있을 수 있다. 이러한 경우를 모두 처벌하지 않는 것은 아니고 본인이 직접 법률규정을 조사해 보았거나 전문가에 문의하여 내용을 확인한 경우에만 처벌하지 않는다. 사업가는 사업에 관한 법규의 내용을 아는 것으로 전제된다. 따라서 의심이 있으면 전문가와 상의하는 것이 좋다.

셋째, 자신은 정당방위를 한다고 생각했는데 정당방위 상황이 아닌 사례다. 늦은 밤 순찰을 도는 경비원을 강도로 오인하고 몽둥이로 때린 경우, 혹은 늦게 귀가하는 남편을 강도로 오인하고 몽둥이로 때린 경우다. 상해의 결과를 가져왔는데 본인은 정당방위로 생각하고 있다. 이것을 위법성 조각사유 전제사유에 대한 착오라고 설명한다. 정당방위 상황에 대한 착오인 것이다. 이 경우는 위법한 행위를 한다는 의식이 없으므로 비난을 가할 수 없어 책임이 없다고 보아 무죄가 된다. 다친 경비원은 민사재판을 통해 손해를 배상받아야 한다.

강요된 행위는 책임지지 않는다

행위자에 대하여 책임을 지울 수 있는 근거는 행위자가 적법행위를 할 수 있었음에도 불법행위를 했다는 점에 있다. 따라서 적법행위를 할 가능성이 전혀 없는 경우에는 책임을 인정할 수 없다. 죽이겠다는 협박 때문에 한 범죄행위, 적국 치하의 부득이한 부역행위, 납북된 어부가 북한지역에서 한 북한찬양 행위 등이 이에 해당한다.

「형법」제12조는 저항할 수 없는 폭력이나 자기 또는 친족의 생명·신체에 대한 위해를 방어할 방법이 없는 협박에 의해 강요된 행위는 벌하지 아니한다고 규정한다. 따로 설명이 필요 없을 정도로 명확하나 협박은 자기 또는 친족의 생명·신체에 대한 것이어야 한다. 재산이나 명예, 비밀에 관한 협박은 제외된다. 아무리 강요된 행위라고 하더라도 범위는 제한된다.

강요된 행위에 속하는지 논란이 있는 것으로 위법한 명령에 따른 행위가 있다. 상사의 위법한 명령은 위법하다는 측면에서는 따라서는 안 되지만 다른 한편 명령이므로 따라야 할 것으로 보인다. 이럴 경우 어쩔 수 없는 행위, 강요된 행위로 보아 범죄가 되지 않는다고 볼 수도 있다. 하지만 이런 입장은 개인의 자주적이고 주체적인 판단을 무시하는 이론이다. 명령이 위법한 것이라면 불법단체가 아닌 이상 따라서는 안 된다. 이 정도의 자유의사는 모두 가지고 있다. 특히 군대가 조직적으로 전쟁범죄, 집단학살, 인도에 반하는 범죄를 저지르는 경우 하급 군인은 상사의 위법한 명령에 따를 의무가 없다. 군인의 의무는 국민과 민간인을 보호하는 것이지 이들을 학살하는 것이 아니다. 따라서 공무원이나 군인이 상사의 명령에 따랐다고 하더라도 그 명령이 위법하다면 해당 행위에 대해 책임져야 한다. 이렇게 될 때에만 시민을 위한 공무원이나 군인이 될 수 있다.

미수도 처벌한다

범죄는 생각에서 출발한다

범죄는 언제부터 시작할까. 겉으로 드러난 것을 중시하는 객관설은 법익의 침해부터 범죄가 시작된다고 본다. 범인의 생각을 중시하는 주관설은 범인이 범죄의사를 품었을 때부터 범죄가 시작된다고 본다. 그런데 양 이론 모두 극단적인 경우는 설명하지 못하는 문제가 있다. 객관설에 의하면 살인하려는 의도로 칼로 사람을 찔렀는데 죽지 않았다면 살인미수로 처벌하지 않고 상해죄로만 처벌할 가능성이 있다. 범인의 의도는 중요하지 않고 결과만을 보기 때문이다. 주관설에 의하면 사람을 죽이기 위해 칼을 구입하는 준비행위나 칼을 찔렀지만 사람이 죽지 않은 미수도 살인기수와 똑같이 처벌할 가능성이 있다. 결과는 중요하지 않고 의도가 중요한데 의도는 준비나 미수도 기수와 같기 때문이다. 양 이론은 절충해야 한다.

범죄는 '범죄의사 - 예비 - 미수 - 기수 - 종료'의 순서로 실현된다. 물론 고의범의 경우다. 순수한 주관설에 의하면 범죄의사를 가진 자도 처벌해야 하지만 내심의 생각을 처벌할 수는 없다. 처벌할 방법도 처벌의 근거도 없다. 다만 범죄의사 중 고의는 해당 범죄가 어떤 범죄인지 결정하는 중요한 요소이다. 사람이 다쳤는데 이것이 살인미수의 결과인지 아니면 상해의 결과인지, 아니면 폭행치상인지는 고의를 확인해야 알 수 있다. 이런 면에서 범죄의 주관적 요소는 배제할 수 없다. 재판에서도 주관적 요소는 증명되어야 한다.

기수는 살인, 강도, 방화와 같은 구성요건이 실현되는 것이다. 당연히 처벌의 대상이 된다. 모든 범죄는 기수범을 기본형태로 한다. 기수에서 출발하여 법익침해의 정도, 범죄의사의 표현 정도에 따라 이전 단계의 처벌 여부를 결정한다.

미수는 실행을 했지만 결과가 발생하지 않은 경우다. 이때는 결과는 발생하지 않았지만 실행에 착수했기 때문에 처벌할 수 있다. 살인이라면 칼로 사람을 찌르는 행위, 야간 주거침입 절도라면 야간에 주거에 침입하는 행위는 결과발생에 관계없이 위험을 만들어내고 범죄의사가 외부로 표현되었으므로 처벌할 수 있다. 다만 모든 범죄의 미수를 처벌하는 것은 아니고 중대한 범죄에 한하여 미수를 처벌한다. 미수의 형은 기수와 비교하여 정한다. 미수는 결과가 기수보다 경미하다. 따라서 형을 감경할 수 있도록 되어 있다. 미수 중에는 감경해야만 하는 경우도 있지만 원칙적으로 감경할 수 있도록 하여 배심원이나 판사가 구체적 사정을 살펴서 형을 정하도록 한다.

예비는 범죄 실현을 위한 준비행위이지만 실행에 착수하지 않은 상태다. 실행 착수가 인정되는 미수 이전 단계. 살인이나 강도를 하기 위해 칼을 구입하는 행위가 이에 해당한다. 예비행위는 객관적으로 보면 범죄행위와 관련이 없다. 칼을 구입하는 행위를 살인과 연결시킬 수는 없다. 따라서 예외적으로 중대한 범죄에 한해 처벌한다.

예비와 비슷한 것으로 음모가 있다. 음모는 예비의 일종이지만 여러 사람이 모여 범죄계획을 수립하는 등 심리적으로 범죄를 준비하는 행위를 말한다. 음모도 예비와 같이 예외적으로 중대한 범죄에 한해 처벌한다. 예비와 음모를 처벌하는 범죄로는 내란, 외국과 통모하여 대한민국에 전단을 열게 하는 외환유치, 적을 이롭게 하는 이적, 외국에 대한 사적인 전쟁, 폭발물 사용, 도주원조, 방화, 물을 넘치게 하는 일수, 기차, 선박 등의 교통방해, 음용수의 사용방해, 통화 위조, 유가증권의 위조, 살인, 미성년자 약취, 인신매매, 강도 등이 있다.

실행 착수는 예비와 미수를 구분

미수는 처벌하지 않을 수도 있고 형을 감경할 수도 있다. 예비는 더욱 처벌이 제한된다. 따라서 예비와 미수를 구별하는 것은 매우 중요하다. 예비와 미수는 실행의 착수로 구별한다. 객관적으로 보아 범죄의 결과가 발생할 수 있는 행위를 했을 때 실행의 착수가 있다고 본다. 사람의 신체나 재물과 같은 보호되는 행위 객체에 대한 직접적인 위험을 발생시키는 행위를 하면 실행의 착수가 인정된다.

구성요건 행위를 한 때에는 당연히 실행의 착수가 인정된다. 살인죄에서 총을 발사하거나 칼로 찌를 때, 강도죄에서는 폭행이나 협박을 할 때, 절도죄에서는 물건을 훔치기 위해 물건에 손을 댈 때가 실행의 착수시기이다. 이때를 지나면 최소한 미수로 처벌된다. 야간에 주거를 침입하여 물건을 절도하는 결합범인 경우에는 일부 행위인 야간에 주거를 침입할 때 실행의 착수가 인정된다.

그러나 구성요건 행위를 할 때에만 실행의 착수를 인정하면 정당방위를 제대로 할 수 없는 문제가 생긴다. 총을 쏘거나 칼로 찌르는 행위를 해야만 정당방위를 할 수 있다고 한다면 실제로는 정당방위를 할 수 없는 모순에 빠진다. 따라서 실행의 착수 시기는 구성요건 행위에 근접한 행위, 구성요건 실현을 위한 직접적 행위를 할 때로 앞당겨진다. 살인죄에서는 총이나 칼을 꺼낼 때, 강도죄에서는 폭행을 하기 위해 칼을 꺼낼 때, 절도죄에서는 물건을 훔치기 위해 물건을 물색하기나 접근할 때 실행의 착수가 인정된다.

　여기에 범인의 구체적인 범죄계획을 더해야 한다. 범죄계획을 많이 세운 범인의 입장에서는 일부의 행위를 했다고 하더라도 실행행위를 다하지 않은 것이 되므로 기수임에도 미수로 처벌해야 하는 경우가 발생할 수 있다.

　여러 명이 공동으로 범행을 저지르는 경우에는 공범자의 전체 행위를 기준으로 한다. 따라서 한 명이라도 실행에 착수하면 관여하지 않은 자도 실행에 착수한 것이 된다. 여러 명이 사람을 때려 물건을 훔치기로 강도행위를 모의했다면 한 명만 때려도 가만히 있었던 공범도 실행의 착수가 인정되어 최소한 미수의 책임을 진다.

자의로 범죄 중지 시 형을 감경 또는 면제

미수를 처벌하는 이유 중의 하나는 범인의 범죄의사가 외부로 표출되었기 때문이다. 따라서 범인이 스스로 범죄를 중지하거나 결과발생을 방지한다면 굳이 미수를 처벌할 필요가 없다. 결과발생도 없고 범죄의사도 철회되었기 때문이다. 이런 경우를 중지미수라고 부른다. 우리 「형법」은 이런 경우에 반드시 형을 감경하거나 면제하도록 규정한다.

　중지미수를 가볍게 처벌하는 근거는 다양하다. 범인의 범죄실행으로 표출된 위법성이 감소, 또는 소멸되었다고 보는 입장도 있고 책임, 즉 비난 가능성이 줄어들었다고 보는 입장도 있다. 하지만 한번 발생한 사실은 저절로 없어지지 않는다. 위법성과 책임은 다른 요건에 의해 없어질 수는 있지만 그것은 예외적으로 위법성 조각사유, 책임조각사유에 의해서만 가능하다. 가장 널리 받아들이는 설명은 형사정책적으로 범죄의 완성을 저지하려는 유인책을 제공하는 것이라는 설명이다.

중지미수에서 중요한 점은 범인 스스로 범죄를 중지하거나 결과발생을 방지했는가 하는 점이다. 이를 자의성이라고 한다. 자의성은 외부의 강요 없이 스스로 결정하는 것이므로 행위자의 심리상태를 반영한다. 이런 이유로 범인이 후회나 동정, 기타 윤리적 이유로 범죄를 그만두는 것으로 해석할 가능성이 높다. 하지만 이렇게 해석하면 자의성을 지나치게 좁게 해석하여 중지미수를 활용하지 못한다. 중지미수 규정을 두어 형을 감경하거나 면제하는 이유는 범죄발생을 억지하려는 데 있다. 이런 이유라면 중지미수 규정을 널리 활용하면 할수록 범인에게도 사회적으로도 유익하다.

자신이 저지른 행위가 예상보다 더 중대하고 심각해 깜짝 놀라 범죄를 그만둔 경우를 생각해 보자. 예컨대, 단순히 상대방에게 겁을 주려고 불을 질렀는데 막상 불이 붙는 광경을 보니 생각했던 것보다 두려워 깜짝 놀라 꺼 버린 경우를 살펴보자. 이때 후회나 동정, 기타 윤리적 이유가 필요하다고 보면 중지미수가 될 수 없다. 하지만 이런 경우에도 범죄를 계속 진행하지 않도록 할 필요가 있다. 따라서 비록 후회나 동정이 아니라 깜짝 놀라서 범죄를 그만둔 경우에도 중지미수를 적용하여 형을 감경하거나 면제해야 한다. 일반적인 사회 통념상 범죄수행에 장애가 될 만한 사유가 없음에도 자기 의사로 중지한 경우 중지미수로 보아야 한다.

공범이 있는 경우에는 본인의 중지만으로 부족하고 다른 공범의 중지도 필요하다. 만약 그렇지 않고 본인은 중지했는데 공범이 계속 범

행을 진행하여 범죄가 완성된 경우에는 본인도 기수의 책임을 면할
수 없다.

불가능한 범죄도 위험 있으면 처벌

행위의 성질상 결과가 발생할 수 없는 행위는 처벌할 수 없다. 예컨
대, 사람을 죽이기 위해 그 사람을 상징하는 인형을 만들어 그 인형에
침을 찌르거나 부적을 붙이는 행위는 현대에는 아무런 의미가 없다.
과거 봉건왕조 시대에는 이런 일이 처벌의 대상이었고 그래서 사극에
종종 등장하지만 지금은 행위와 결과 사이에 인과관계가 없기 때문에
처벌하지 않는다.

　다른 예로는 설탕에 독성이 있다고 믿고 설탕으로 독살하려는 경우
다. 설탕을 많이 먹으면 당뇨나 성인병에 걸려서 죽을 수는 있겠지만
설탕을 독약인 청산가리, 시안화칼륨과 동일시할 수는 없다. 설탕으
로 독살하려는 범죄는 결과가 발생하지 않는 범죄이다. 이를 불능범
이라고 부른다. 불가능한 범죄를 줄인 말이다. 다른 말로는 미신범이
라고도 한다.

　결과발생이 불가능한 불능범은 처벌하지 않는다. 피해자에게 어떤
위험도 발생하지 않기 때문이다. 처벌의 대상이 아니라 오히려 조롱
과 풍자의 대상이다.

　하지만 현실에서는 문제가 조금 복잡하다. 독약의 성격을 몰라 치
사량에 달하지 않는 독약을 먹여 살해를 시도한 경우, 필로폰 제조를
위해 재료를 모았으나 범인이 기술이 부족하여 필로폰을 제조하지 못
한 경우, 탄환이 있다고 생각했으나 실제로는 빈 총으로 살해하려고

한 경우 등이 문제된다. 이런 경우는 결과가 발생할 수는 없었지만 위험은 발생했다고 볼 수 있기 때문이다.

「형법」은 불능범 중 예외적으로 위험이 있는 경우에는 처벌한다고 규정한다. 이를 불능범 중에서도 미수로 처벌한다고 하여 불능미수라고 부른다. 따라서 논리적으로 불능범 중 위험성이 있는 불능범은 불능미수로 처벌하고 위험성이 없는 불능범은 처벌하지 않는다는 결론에 이른다. 그런데 원래 불능범은 결과발생이 불가능하기 때문에 불능범이다. 결과발생이 불가능하면 위험도 생기지 않는다. 불능미수는 논리 모순이다.

이를 해결하기 위해 여러 이론이 등장했다. 객관설의 입장에서는 절대적으로 불가능한 경우는 불능범으로 처벌하지 말고, 원래는 가능하지만 해당 사례에서만 불가능한 경우는 불능미수로 처벌하자는 입장, 이와 비슷하게 구체적 위험이 있으면 불능미수로 처벌하자는 입장 등이 있다. 이런 입장에서는 현실에서 발생할 수 있는 위의 사례는 모두 불능미수로 처벌된다. 대체로 판례는 이러한 경향에 따른다.

주관설에 기초한 이론에서는 범인의 범죄의사가 표현되었다는 것을 중시하므로 당연히 불능미수로 처벌해야 한다는 결론에 이른다. 주관설에 의하면 설탕으로 사람을 죽이려는 경우도 처벌 대상이 된다.

불능미수는 불능범의 일종이다. 결과발생의 가능성이 없으므로 처벌의 대상이 될 수 없다. 범인의 의사만으로 처벌해서는 안 된다. 판례는 위험성이 있으면 불능미수로 처벌하고 있으나 법익 침해만이 아니라 위험까지 없으므로 사례의 경우에는 처벌하지 않는 것이 타당하다.

범죄 가담자와 처벌

하나의 범죄를 저지르는 여러 사람, 공동정범

범죄는 한 명이 하나의 범죄를 저지르는 것이 기본형태다. 하지만 현실에서는 여러 사람이 하나의 범죄를 저지르기도 하고 한 명이 여러 범죄를 저지르기도 한다. 이 중 여러 사람이 하나의 범죄를 저지르는 것을 공범론, 범죄의 가담형태라고 한다. 여기에는 공동정범, 교사범, 종범이 있다.

공동정범이란 여러 사람이 기능적으로 역할을 분담하여 하나의 범죄를 실행하는 것을 말한다. 여러 사람이 함께 범죄를 저질렀으므로 모두 종범이 아니라 정범이다. 개인은 행위의 일부만을 실행하고 지배하지만 공범과 함께 전체 행위를 지배한다. 3명이 절도를 하기로 결의하고 두 명이 직접 담을 넘어 절도를 하고 한 명이 망을 본 경우가 여기에 해당한다. 망을 본 사람은 직접 절도를 하지 않았으나 절도에 필요불가결한 행위를 분담했기 때문에 전체 행위를 지배했다고 평가된다. 따라서 망을 본 사람도 전체 절도행위에 대해 책임을 진다. 공동정범은 각자를 그 죄의 정범으로 처벌한다.

공동정범이 되려면 공동가공의 의사가 있어야 한다. 공동가공의 의사에 대해 대법원은 "공동의 의사로 특정한 범죄행위를 하기 위하여 일체가 되어 다른 사람의 행위를 이용하여 자기의 의사를 실행에 옮기는 것을 내용으로 하는 것"이라고 설명한다. 공동의 의사가 없이 우연히 사람을 같이 때리는 동시범은 공동정범이 될 수 없다. 짝사랑처럼 한쪽만 같이 범행을 한다고 생각하고 다른 사람은 같이 범행을 한다고 생각하지 않으면 공동의사를 인정할 수 없다.

　범죄 실행 후 종료 전에 범행에 가담한 경우는 사정이 복잡하다. 강도를 하려는 A가 밤에 공원을 산책하던 피해자를 때려 실신시킨 후 막 주머니를 뒤지던 중 우연히 친구 B를 만났다. 이때 A와 B가 서로 합의하여 실신한 피해자의 주머니에서 지갑을 꺼내갔다면 B의 죄책은 무엇일까? B는 행위의 측면에서 보면 폭행은 하지 않았고 절도만 했다. 그러나 의사의 측면에서 보면 B는 A의 뜻이 무엇인지 알고 A가 만든 상황을 이용하여 지갑을 가져갔다. 이때에는 행위의 측면에 중점을 두어야 한다. 만일 의사를 중시하면 생각을 이유로 처벌하는 결과가 되기 때문이다. B는 A가 사람을 때려 실신시키는 데 아무런 기여를 한 바 없다. 책임질 이유가 없다. 이때에는 전체 행위의 방조 혹은 가담 이후 행위의 공동정범이 성립한다.

　여러 범행이 하나의 범죄가 되는 경우에도 범행 도중에 가담한 자는 가담 이후의 범죄에 대해서만 책임을 진다. 필로폰을 제조하는 행위는 포괄하여 하나의 범죄를 이룬다. 동일한 의도하에 동일한 방법으로 계속 제조하기 때문이다. 이때 연속된 제조행위 도중에 가담한 자는 비록 범행에 가담할 때 이미 이루어진 이전의 제조행위를 알았더라도 가담 이후의 범행에 대해서만 공동정범으로 책임을 진다.

　공동가공의 의사형성 방법은 다양하다. 마주 앉아 공모하는 것, 인터넷으로 공모하는 것, 한 사람씩 연락하는 릴레이식, 간접적 방법으로 의사를 연락하는 것도 가능하다. 공범끼리 서로 알 필요도 없다. 명시적이지 않은 묵시적 방법, 암묵적 방법으로도 가능하다. 예를 들면 피해자를 때려 주자는 눈빛 교환 같은 것도 가능하다. 공동정범이라고 하여 꼭 지능범의 범죄만을 생각할 필요는 없다.

행위 없는 수괴 처벌을 위한 공모공동정범 이론

공동정범이 성립하려면 공동가공의 의사만으로는 부족하다. 구성요건을 실현하거나 구성요건과 관련된 행위를 해야 한다. 남의 물건을 훔치기 위해 담을 넘지는 않지만 최소한 망을 보는 행위, 혹은 가지고 나온 물건을 옮기는 행위는 해야 한다. 의사와 행위가 있어야 범죄가 성립한다는 것은 「형사법」의 기본이다.

그런데 이렇게 되면 여러 명이 공모하여 부하들은 계획에 따라 실행했지만 두목은 실행하지 않았을 때 문제가 발생한다. 부하는 공동정범으로 처벌되지만 범죄를 계획하고 실행을 지시한 두목은 정범으로 처벌받지 않는 문제가 그것이다.

이 문제를 판례는 공모공동정범 이론으로 해결한다. 즉, 범죄행위를 공모한 후 그 실행행위에 직접 가담하지 아니하더라도 다른 공모자가 분담 실행한 행위에 대해 공동정범의 죄책을 면할 수 없다고 하여 범죄단체의 두목, 수괴를 공동정범으로 처벌한다. 다만 단순한 공모에 그치는 것이 아니라 범죄에 대한 본질적 기여를 통한 기능적 행위지배가 있어야 한다고 하면서 적어도 두목, 수괴급의 행위 지배가 필요하다고 한다.

하지만 행위가 없는데 공동정범으로 인정하는 것은 이론상 문제가 있다. 법률상 두목, 수괴를 공동정범으로 처벌하지 않아도 문제는 없다. 우선 수괴는 특별히 범죄단체조직죄로 처벌할 수 있다. 그리고 계획을 세우고 지시를 내린 경우는 교사범인데 교사범은 정범과 동일한 형으로 처벌한다. 배후의 수괴를 처벌하기 위한 특별한 이론은 필요 없다.

이러한 주장에도 불구하고 공모공동정범을 인성하는 판례가 바뀔 가능성은 없다. 이럴 경우에는 판례 입장을 수용하면서 확대적용을 제한하는 것이 현실적이다. 공모공동정범이 성립하려면 첫째, 두목, 수괴는 범죄계획에서 실질적인 두목, 수괴역할을 해야 한다. 둘째, 공범은 일시적 모임이 아니라 어느 정도 지휘체계를 갖춘 지속적 집단이어야 한다. 셋째, 수괴의 범죄계획은 범죄의 성립을 좌우할 정도로 필수불가결한 것이어야 하며 상당히 지능적, 조직적, 체계적이어야 한다. 이러한 요건이 갖추어졌을 때 집단범죄로서의 위험성을 인정할 수 있고 수괴를 처벌할 필요성이 인정된다.

타인의 범죄를 조종하는 교사범

교사범은 타인으로 하여금 범죄를 결의하여 실행케 한 자를 말한다. 범죄를 할 생각이 없는 자에게 범죄를 결의하게 하거나 이미 범죄를 결의했으나 더 중한 범죄를 결의하게 하는 경우가 이에 해당한다. 교사범은 없었던 범죄결의를 새로 만들었다는 점에서 자신이 직접 범죄를 실행한 것은 아니지만 범죄의 창안자이자 원인제공자다. 범죄를 직접 실행한 자와 같이 처벌하는 것은 이러한 이유 때문이다. 교사범은 정범과 같은 형에 처한다.

교사행위는 제한이 없다. 묵시적 방법도 포함된다. 피해자를 정신 차릴 정도로 때려 주라는 것은 상해의 교사, 절도범으로부터 장물을 취득한 자가 절도범에게 드라이버를 주면서 열심히 일하라고 한 것은 절도의 교사, 대리시험자에게 시험장에 입장하라고 한 것은 주거침입의 교사에 해당한다.

교사범이 가지는 고의는 이중이다. 하나는 피교사자에게 범행결의를 갖도록 하는 고의이고 다른 하나는 특정한 범죄를 실현하려는 고의다. 특정한 범인이 아닌 불특정 다수에 대한 교사는 있을 수 없다. 범죄를 실현하지 않고 실행 도중에 중단시키려는 의사 역시 교사가 아니다.

교사범이 성립하려면 피교사자가 범죄의 결의를 가져야 하고 나아가 범죄도 실행해야 한다. 만일 교사를 했는데도 범죄 실행을 승낙하지 않거나 범죄를 실행하지 않으면 모두 실패한 교사가 된다. 이때에는 특별한 범죄에 한정해 예비, 음모에 준하여 처벌한다. 실행에 착수해 미수가 된 때에는 교사범은 미수로 처벌된다.

교사범에서 흥미로운 점은 교사자의 의도와 피교사자의 실행에 차이가 있는 경우다. 범죄 창안자와 실행자가 다르기 때문에 발생하는 문제이다. 피교사자가 교사받은 내용보다 적게 실행한 때에는 교사자는 피교사자의 실행범위 내에서 책임을 진다. 의사보다는 행위가 중요하고 공범은 정범이 성립해야만 성립할 수 있기 때문이다.

교사 내용 이상으로 실행했을 때는 경우를 나누어 본다. 양적 초과, 즉 절도를 교사했는데 강도까지 저지른 경우와 같은 경우는 초과부분에 대해서는 교사범이 책임이 없는 것이 원칙이다. 다만 초과부분을 충분히 예견할 수 있었을 경우에는 책임을 질 수 있다. 질적 초과, 즉 절도를 교사했는데 강간까지 저지른 경우에는 책임을 지지 않는다. 완전히 다른 범죄이기 때문이다.

정범을 도와주는 종범

종범은 정범을 방조, 도와주는 자이다. 종범은 정범을 도와 구성요건 실행을 가능하게 하거나 쉽게 한다. 종범, 방조범은 범죄의 실행자도 아니고 범죄의 창안자도 아니므로 정범의 형보다 감경한다. 다만 자기의 지휘·감독을 받는 자를 방조하여 결과가 발생했다면 정범의 형으로 처벌한다.

방조의 방법은 거의 무한정이다. 유형적·물질적 방조, 무형적·정신적 방조가 모두 포함된다. 칼을 주었으나 칼로 살인하지 않은 경우 물질적 방조는 아니지만 정신적 방조는 될 수 있다. 정범이 방조행위를 알지 못하는 편면적 종범도 있다.

아무 행위를 하지 않은 경우도 방조가 될 수 있다. 감시·감독의무가 있는 자가 범죄를 알면서 묵인하는 행위가 이에 해당한다. 예를 들어 교도관이 수형자의 절도행위를 눈감아 준 경우, 백화점 직원이 입점 상점이 가짜상표 상품판매를 봐준 경우, 증권회사 과장이 부하직원의 배임행위를 봐준 경우를 들 수 있다. 모두 감시·감독의무 있는 자가 범죄행위를 방치하여 범죄 실행을 용이하게 했기 때문에 방조범이 성립한다.

방조의 방법에 제한이 없으므로 방조범이 무한 확대될 위험이 있다. 극단적으로 생각하면 범인에게 숙식을 제공한 행위도 방조가 될 수 있다. 이렇게 되면 시민들의 일상생활, 대인 접촉이 모두 방조가 될 수 있어 사회생활이 위협받는다. 따라서 방조행위는 최소한 정범의 범죄실행 방법이나 수단에 영향을 미치는 것으로 한정되어야 한다. 정범의 범죄행위와 관련 없는 행위는 방조가 될 수 없다. 간첩에게 숙식을 제공하거나 안부편지, 사진을 전달한 행위는 간첩행위와는 무관한 행위이므로 방조가 되지 않는다.

정범이 방조범의 의도와 다르게 범죄를 실행한 경우, 적게 실행했으면 당연히 방조범은 정범의 실행범위 안에서 처벌되고, 양적 초과·질적 초과부분은 책임을 지지 않는다. 다만 양적 초과에서 결과를 예견할 수 있었을 때에는 책임을 질 수 있다. 교사범과 동일하다.

타인을 이용한 범죄, 간접정범

자신이 직접 범행을 하지 않고 타인을 조종하여 범죄를 저지르면 범행을 직접 실행한 자는 정범으로, 그리고 범죄를 하도록 조종한 자는 교사범으로 처벌된다. 그런데 직접 범행을 저지른 자의 행위가 범죄가 되지 않는 경우가 있다. 아무것도 모르는 간호사를 이용하여 독약을 주사해 살인하는 경우, 내용물을 모르는 자를 이용한 밀수 행위 등이 이에 해당한다. 추리소설에 자주 등장하는 경우이지만 A가 B를 살해하기 위해 B를 사주하여 C를 공격하게 하고 C가 B를 살해한 경우도 여기에 해당한다. 정당방위 상황을 이용하여 B를 살인하려는 의도인 것이다.

이때 타인을 조종한 자를 정범으로 볼 것인가, 아니면 공범으로 볼 것인가? 정범론은 타인을 조종한 자가 타인을 도구로 지배, 이용했으므로 정범이라고 본다. 이렇게 되면 타인이 처벌받는 것에 관계없이 조종자를 처벌할 수 있다. 다만 조종자가 직접 행위를 하지 않았는데 정범이라고 본다는 점은 무리가 있다. 공범론은 직접 행위를 하지 않았으므로 공범이라고 본다. 직접 행위를 하거나 행위를 지배한 자만

이 정범이 된다는 점이 근거이다. 하지만 타인을 도구로 이용한 조종자는 실제로 행위를 지배했으므로 교사범이나 종범과 같이 취급해서는 안 된다는 비판이 있다.

「형법」은 이런 경우를 간접정범이라고 부른다. 직접 범행을 저지른 것은 아니지만 정범과 같다는 의미에서 간접정범이라고 부르는 것이다. 간접정범은 정범의 범행에 가담하는 공범이 아니라 범행을 계획하고 실행한 정범이다. 간접정범은 구체적 행위를 지배하는 것은 아니지만 피이용자의 행위를 포함한 전반적 상황을 모두 지배한다. 피이용자는 도구일 뿐이고 피이용자의 행위는 이용자의 조정의사의 결과이자 실현일 뿐이다. 이를 의사지배라고 한다.

간접정범은 그 행위를 보아 교사한 정도이면 교사의 예에 따라 정범과 동일하게 처벌하고 만일 범행을 도운 정도에 그친다면 방조의 예에 따라 감경하여 처벌한다. 하지만 자기의 지휘·감독을 받는 자를 도구로 이용하여 범죄를 저질렀다면 교사한 정도이면 정범의 형에 가중하고 방조의 정도에 그쳤다면 정범의 형으로 처벌한다.

부모를 죽인 자와 그를 도운 자는 다르게 처벌

「형법」에는 같은 범죄라도 범인의 특성에 따라 다르게 처벌되는 경우가 있다. 뇌물죄는 공무원만이, 위증죄는 선서한 증인만이, 허위진단서 작성죄는 의사만이 범할 수 있는 범죄다. 다른 사람은 범할 수 없다. 살인은 사형, 무기징역, 징역 5년 이상의 형에 해당하지만 존속살인은 사형, 무기징역, 징역 7년 이상의 형으로 가중처벌된다. 영아살해는 10년 이하의 징역이다. 이처럼 범죄의 성립이나 형의 가중·감경에 영향을 미치는 범인의 인적 요소를 「형법」에서는 신분이라고 부른다.

문제는 이러한 범죄를 신분이 없는 공범이 저질렀을 때 어떻게 처벌할 것인가 하는 점이다. 예컨대, 공무원이 아닌 자가 공무원과 함께 뇌물을 받은 경우나 친구의 아버지를 친구와 같이 살해한 자의 처벌에 대해 알아보자.

먼저 공무원이 아닌 자가 공무원과 함께 뇌물을 받은 경우처럼 신분 관계로 범죄의 성립이 좌우될 경우를 살펴보자. 공무원이 아닌 자가 교사범이나 종범이 되는 데에는 아무런 문제가 없다. 나아가 공무원이 아닌 자가 공무원과 같이 뇌물을 받았다면 공동정범으로 처벌할 수 있다. 「형법」은 이런 경우 공무원이 아니더라도 뇌물죄의 공동정범으로 처벌할 수 있도록 규정한다. 간접정범도 될 수 있다. 다만 공무원과 함께 뇌물을 받아야 한다. 비공무원 단독으로는 뇌물죄의 주체가 될 수 없다.

친구와 같이 친구의 아버지를 살해한 경우나 처가 아들과 같이 남편을 살해한 경우에는 아들은 존속살해의 죄로 처벌받지만 친구나 처는 보통살인의 죄로 처벌받는다. 이들에게는 피해자가 존속이 아니기 때문이다.

이때 적용되는 원칙은 책임의 개별화 원칙이다. 친구나 처는 존속을 살해하지 않았다. 존속을 살해한다는 생각이 아예 없었다. 존속을 살해하지 않았으므로 존속살해에 대해 비난할 수도 없다. 이들에 대한 비난은 보통살인에 대해서만 할 수 있다. 판례는 이런 경우 존속살인이 성립한다고 하면서 다만 보통살인의 형으로 처벌한다고 설명한다. 학설은 일치하여 보통살인이 성립할 뿐이라고 한다. 학설의 입장이 단순하고 일관적이다.

가중처벌의 원칙

수죄 처벌의 기준

한 명이 여러 범죄를 저질렀다면 가중처벌한다. 죄마다 형이 정해져 있고 여러 죄를 범했다면 법익의 침해도 심각하고 범죄인의 악성향이 그만큼 많이 드러났다고 볼 수 있기 때문이다. 여러 범죄를 저질렀다면 각 범죄에 정해진 형을 더하는 것이 기본인데 더하는 방식에 차이가 있다.

병과주의는 각 죄에 정한 형을 단순 합산하는 방식이다. 주로 영국과 미국에서 사용한다. 범인에게 2백 년이나 심지어 1천 년의 형을 선고했다는 뉴스는 한번쯤 들어 봤을 것이다. 기본적 방식이지만 형벌의 성격이 바뀌는 문제가 있다. 즉, 유기형이 무기형으로 변하는 문제이다. 개별 형은 크지 않지만 단순히 합산해 버리면 엄청나게 고통스러워진다. 잔혹하거나 비인간적인 형벌로 될 가능성이 있어 비판을 받는다. 다만 형벌의 종류가 다를 때에는 병과주의가 적용될 수 있다. 집행방법이 달라 고통을 가중시키지 않기 때문이다. 징역형과 벌금형, 자격정지형은 병과해도 문제가 없다. 우리 「형법」도 형벌의 종류가 다를 때에는 병과주의를 적용한다.

흡수주의는 가장 중한 죄에 정한 형으로 처단하는 방식이다. 이 방식은 사형이나 무기형을 선고하는 경우에 적용한다. 아무리 많은 징역형을 더해도 사형이나 무기에는 미치지 못한다. 우리 「형법」도 가장 중한 죄에 정한 형이 사형이나 무기징역, 무기금고인 때에는 가장 중한 죄에 정한 형으로 처벌하도록 규정한다.

가중주의는 여러 죄에 대해 하나의 형을 선고하는 방식이다. 우리 「형법」이 사형과 무기형이 아닌 경우에 채택한 기본 원칙이다. 우리 「형법」은 동종의 형에 대해 가장 중한 죄에 정한 장기(징역 또는 금고) 또는 다액(벌금 또는 과료)에 그 2분의 1까지 가중하되 각 죄에 정한 형의 장기 또는 다액을 합산한 형기 또는 액수는 초과할 수 없도록 규정한다.

강도는 폭행과 절도 경합범 아닌 단일 범죄

범죄가 여러 개의 행위로 구성되어 있을 경우 하나의 범죄가 성립하는지 아니면 행위마다 범죄가 성립하는지 문제가 된다. 강도는 폭행 또는 협박과 절도가 결합된 범죄다. 이때 강도만 성립한다고 할 것인지 아니면 폭행·협박과 절도죄가 함께 성립한다고 할 것인지가 문제된다. 이 문제는 강도를 입증하기 어려울 경우 폭행이나 협박 또는 절도만 기소할 수 있는지의 문제와 관계있다.

강도처럼 폭행·협박과 절도를 포함하거나 존속살인처럼 보통살인을 포함하는 경우에는 폭행·협박이나 절도, 보통살인은 따로 처벌하지 않는다. 이미 강도나 존속살인에 모두 포함되어 있기 때문이다. 그리고 강도나 존속살인이 아니라 폭행·협박이나 절도, 보통살인으로 분해하거나 축소해서 처벌하는 것도 금지된다.

하나의 범죄에 다른 범죄 행위가 완전히 포함되는 것은 강도와 같은 결합범(폭행·협박과 절도의 결합범) 이외에 경과범죄나 보충적 관계에서 인정된다. 예비·음모죄는 범죄가 미수와 기수에 도달하면 미수와 기수에 포함되므로 처벌하지 않는다. 미수 역시 범죄가 기수에 도달하면 따로 처벌하지 않는다. 사람을 죽이기 위해 치밀하게 준비하고 사람을 죽였다면 살인예비, 살인미수는 모두 살인기수에 포함되어 버린다. 종범은 교사범과 정범에, 교사범은 정범에, 부작위범은 작위범에, 과실범은 고의범에 대해 보충 관계에 있다.

범죄행위에 전형적으로 수반되는 행위도 범죄행위에 포함되므로 처벌되지 않는다. 물론 수반되는 행위는 경미해야 한다. 살인에 수반되는 재물손괴, 낙태에 수반되는 부녀상해, 자동차 절도에 수반되는 휘발유 절도, 상해하면서 가한 협박, 감금의 수단으로 행한 폭행·협박, 마약 수수 후 소지행위 등은 범죄행위에 전형적으로 수반되고 가벼운 침해이므로 따로 처벌하지 않는다. 다만 수반되는 행위가 중할 경우에는 따로 처벌해야 한다. 죄수가 탈옥하면서 감옥의 키를 훔친 행위는 수반행위로서 처벌대상이 아니지만 탈출 후 민가에서 물건을 훔치면 절도로 따로 처벌된다.

절도한 후 그 물건을 부수면 처벌될까? 처벌한다면 손괴죄가 된다. 그런데 처벌하면 다른 경우와 모순이 발생한다. 음식물을 훔친 자가 음식을 먹어도 처벌해야 하기 때문이다. 훔친 음식물을 먹었다고 하여 처벌하지는 않는다. 먹으려고 훔쳤기 때문이다. 법률적으로는 이미 소유권을 침해했기 때문에 손괴죄로 처벌되지 않는다고 설명한다.

이처럼 범죄로 획득한 위법한 이익을 확보하거나 사용·처분한 행위가 비록 범죄에 해당하는 것처럼 보이더라도 이미 주된 범죄에 의해 완전히 평가된 경우에는 별죄를 구성하지 않는다. 이를 불가벌적 사후행위라고 한다. 절도·횡령·사기 등 재산범죄로 얻은 재물을 손괴하는 경우, 살해한 자가 사체를 유기하는 경우, 간첩이 탐지한 국가기밀을 적국에 누설하는 경우 등이 이에 해당한다. 이러한 행위는 이미 발생한 범죄의 피해자에 대한 관계에서만 범죄가 되지 않는다. 다른 사람의 법익을 새로 침해하면 새로운 범죄가 된다.

대표이사의 장기간 배임행위도 하나의 범죄

강도와 같이 법률상 여러 개의 행위가 하나의 범죄로 되는 것과 달리 사안의 성격상 여러 개의 행위를 하나의 범죄로 보는 경우가 있다. 감금죄는 감금이라는 행위를 지속해야 하므로 그 자체로 여러 행위를 예정하고 있다. 이런 경우를 계속범이라고 한다. 절도범이 피해자 집 벽에 자동차를 세워 두고 담을 여러 번 넘어 물건을 훔치는 것처럼 동일한 기회, 동일한 장소에서 계속 범행을 하는 경우에도 하나의 절도죄가 성립한다. 범행 사이의 간격이 없이 붙어 있기 때문이다. 접속범이라고 부른다.

조금 더 까다로운 문제는 동일한 범죄의사를 가지고 행위를 했는데 행위가 오랜 기간 이루어진 경우다. 재벌 회장이 계열회사의 돈을 빼돌려 비자금을 조성하여 정치자금이나 개인 용도로 사용한 경우 재벌회장은 업무상 횡령과 업무상 배임죄에 해당한다. 문제는 돈을 빼돌리고 개인 용도로 사용하는 행위 하나마다 범죄가 성립하는가 아니면 이런 행위가 모두 모여 하나의 범죄가 되는가 하는 점이다. 공무원이 특정 청탁으로 특정인에게 여러 번 뇌물을 받은 경우도 사정은 같다.

업무상 횡령과 업무상 배임, 뇌물의 경우에는 하나의 범죄인지 아니면 여러 범죄인지가 매우 중요하다. 「특정경제범죄 가중처벌 등에 관한 법률」에 의하면 사기, 공갈, 횡령, 배임으로 얻은 이득액이 50억 원 이상일 때에는 무기 또는 5년 이상의 징역형에 처해지고 5억 원 이상일 때에는 3년 이상의 유기징역에 처해진다. 「특정범죄 가중처벌 등에 관한 법률」에 의하면 뇌물액수가 1억 원 이상인 경우에는 무기 또는 10년 이상의 유기징역, 5천만 원 이상이면 7년 이상 유기징역, 3천만 원 이상이면 5년 이상 유기징역에 처해진다. 「형법」의 법정형보다 엄청나게 높다.

업무상 횡령과 업무상 배임, 뇌물과 같은 경우에는 각 행위 사이에 동일성이 있으면 하나의 범죄로 본다. 이를 포괄일죄라고 한다. 행위의 동일성이 인정되려면 먼저 범죄의사가 같아야 한다. 하나의 목적을 위한 행위여야 하는 것이다. 그다음 침해되는 법익이 같아야 하고, 범죄 실행 형태가 유사해야 하며 피해자도 같아야 한다. 나아가 각 행위가 시간적·장소적으로 연결되어 계속된 행위로 볼 수 있어야 한다. 이런 제한적인 경우에 단일범죄가 되어 횡령이나 배임으로 인한 이득액, 수뢰금액은 모든 행위를 통틀어 합산된다. 재벌 회장이나 공무원에 대한 재판에서 이득액수와 수뢰금액이 문제가 되는 것은 이 때문이다.

이러한 특별법이 없는 경우에는 포괄일죄는 재판을 받는 피고인에게 유리하다. 여러 개의 행위가 하나의 범죄로 처벌받기 때문이다.

윤봉길 의사의 훙커우 공원 의거는 상상적 경합

"중국의 백만 대군도 못한 일을 조선의 한 청년이 하다니…"
이 말은 중국의 장제스가 1932년 4월 29일 상하이 훙커우 공원에서 열린 일왕의 생일기념식과 상하이 점령 전승기념행사를 폭탄으로 공격한 윤봉길 의사에 대해 한 말이다.

일본이 중국의 상하이를 점령하고 한창 기세를 올리고 있을 때 조선 청년 윤봉길은 이날 행사에 참석해 도시락 폭탄을 던졌다. 이 사건으로 죽은 사람은 중국 주둔 일본군 총사령관 시라카와 요시노리, 상하이 일본 거류민단장 가와바타 사다쓰구였고, 재중국공사 시게미쓰 마모루, 우에다 중장, 노무라 중장 등 여러 사람이 다쳤다. 이 놀라운 사건은 곧바로 전 세계로 타전되었다. 이 사건은 조선인들의 독립의지를 세계에 널리 알리는 한편 중국과의 관계가 개선되는 계기가 되었다. 윤봉길 의사는 1932년 12월 19일 사형이 집행되었다.

이 감동적인 사건을 무미건조하게 법률적으로 분석해 보자. 윤봉길 의사는 폭탄을 던지는 하나의 행위로 여러 사람을 죽이려고 했고 이 중 일부는 실제로 죽었다. 이는 살인에 해당한다. 물론 윤봉길 의사는 본인을 조선의 독립군으로 생각했을 것이므로 적군을 사살하는 행위로서 범죄가 되지 않는다고 생각했을 것이다.

윤봉길 의사는 하나의 행위로 두 개의 살인과 여러 개의 살인미수의 결과를 낳았다. 이렇게 하나의 행위가 수 개의 죄에 해당하는 경우를 상상적 경합이라고 부른다. 이러한 경우 실체법적으로는 가장 중한 죄에 정한 형으로 처벌한다. 살인죄 하나만 적용하여 처벌한다. 실체법적으로는 수죄이므로 만일 기소된 행위 중의 일부가 무죄라면 그 부분에 대하여 따로 무죄의 이유를 설명해야 한다. 그러나 일부 무죄를 주문에서 선고할 필요는 없다.

소송법적으로는 하나의 죄로 취급한다. 소송법적으로 하나의 죄로 취급한다는 것은 여러 행위이지만 한 번의 재판에서 다룬다는 것을 말한다. 만일 하나의 살인죄에 대해서 재판하고 처벌했다면 동시에 벌어졌던 다른 살인과 살인미수는 다시 재판할 수 없다. 기존에 벌어진

살인죄 재판에서 충분히 심리되었어야 한다고 보기 때문이다.

윤봉길 의사는 우리의 독립영웅이다. 그러나 아직 일본의 판결문에는 범죄인으로 기록되어 있다. 우리와 일본의 역사인식이 같아지지 않는 이유 중의 하나다. 안중근 의사도 같다. 안중근 의사에 대해 일본의 공식적 입장은 범죄자라는 것이다. 역시 법원의 판결에 근거하여 그렇게 부른다.

한일 간의 과거사 정리는 식민지배 청산을 포함한다. 하지만 식민지배 청산은 아직까지 전 세계적으로 제대로 이루어지지 않고 있는 것이 현실이다. 영국, 프랑스, 독일 등 유럽의 제국주의자들이 과거 아시아와 아프리카, 아메리카에 대한 식민지배를 반성하지 않고 있다. 식민지배로 고통받은 세월은 아직 보상받지 못했다. 식민지배 청산을 포함한 포괄적인 과거사 정리가 필요하다. 한일 간의 과거사를 정리할 때 동아시아에 인권과 평화의 공동체가 열릴 것이다. 이때 윤봉길 의사와 안중근 의사에 대한 한일 간의 평가가 비로소 맞닿을 수 있을 것이다.

경합범 처벌의 원칙

여러 행위로 여러 개의 범죄를 저지른 경우를 경합범이라고 한다. 절도범이 여러 피해자의 집에 들어가 물건을 훔치는 것과 같이 동종의 범죄를 여러 번 저지르는 경우, 한 번은 소매치기를 하고 한 번은 보험금을 타기 위해 보험사기를 하는 것과 같이 다른 종류의 범죄를 저지르는 경우가 있다.

경합범은 가중주의를 기본으로 처벌한다. 각 죄에 정한 형이 사형 또는 무기징역, 무기금고 이외의 동종의 형인 때에는 가장 중한 죄에 정한 장기 또는 다액의 2분의 1까지 가중하되, 각 죄에 정한 형의 장기 또는 다액을 합산한 형기 또는 액수를 초과할 수 없다. 형을 가중하더라도 50년을 넘지 못한다. 가장 중한 죄에 정한 형이 사형 또는 무기징역, 무기금고인 경우에는 흡수주의에 따라 사형, 무기징역, 무기금고를 선고한다. 그리고 각 죄에 정한 형이 무기징역이나 무기금고 이외의 이종의 형인 때에는 병과한다. 이것은 병과주의에 따른 것이다.

경합범 중에는 사후적 경합범이 있다. 범인이 A, B, C, D, E, F의 6개의 범죄를 저질렀는데 이 중 D의 죄가 발각되어 이미 재판을 받아 금고이상의 처벌을 받았다고 가정해 보자. 이 재판에서 A, B, C의 세 죄는 발각되지 않아 처벌받지도 않았다. 이후 범인이 다시 E, F 범죄를 저지르다가 체포되었고 이번에는 A, B, C, E, F의 범죄가 모두 드러났다. 이때는 처벌되지 않은 A, B, C, E, F가 모두 경합범으로 하나의 형으로 처벌되지 않고 A, B, C 죄와 E, F 죄가 따로 분리되어 형이 선고된다. 왜냐하면 이미 형을 선고한 D의 죄가 있기 때문이다. 이처럼 금고 이상의 형에 처한 판결이 확정된 죄와 그 판결 확정 전에 범한 죄는 따로 경합범이 된다. 이를 사후에 발견된 경합범이라고 하여 사후적 경합범이라고 부른다. 이 사건에서는 A, B, C, D가 사후적 경합범이 되고 E, F는 동시적 경합범이 된다.

여기에서 주의해야 할 점이 하나 더 있다. A, B, C, D는 사후적 경합범으로서 같이 처벌받을 가능성이 있었다. 그럼에도 수사미진으로 A, B, C 범죄는 처벌받지 못했다. 이때 A, B, C를 따로 처벌할 때 D에 대한 처벌을 고려해야 한다. 이렇게 해야만 같이 처벌받아 경합범 혜택을 받을 피고인의 권리가 보장되기 때문이다. 이에 따라 경합범 중 판결을 받지 아니한 죄가 있을 때에는 그 죄와 판결이 확정된 죄를 동시에 판결할 경우와 형평을 고려해 그 죄에 대해 형을 선고하되 이 경우 그 형을 감경 또는 면제할 수 있도록 「형법」은 규정하고 있다.

아무것도 안 했는데 성립하는 범죄

범죄는 행위가 있어야 성립한다. 목적도 결과도 없는 인간의 움직임은 「형법」상의 행위가 아니다. 행위는 범죄의 상위개념, 선행개념이다. 그래서 「형법」 교과서는 행위가 무엇인지 열심히 설명한다. 이론적으로 가장 까다로운 부분 중의 하나이고 사람들이 「형법」을 싫어하게 만드는 요소 중의 하나이다.

대체로 합의된 내용은 「형법」상의 행위는 인간의 움직임 중 목적이 있고 사회적 의미 있는 행위라는 것이다. 어쨌든 「형법」상의 행위는 인간의 움직임, 즉 무엇인가를 한다는 작위를 말한다. 절대 다수의 범죄는 신체의 움직임, 작위에 의해 발생한다. 이를 작위범이라고 한다.

하지만 대부분의 범죄는 아무것도 하지 않는 부작위에 의해서도 저질러진다. 원래 부작위를 범죄로 규정한 경우만이 아니라 일반범죄도 부작위로 범할 수 있다. 앞에서 설명한 내용 중에서 사례를 찾는다면 미필적 고의와 방조범 사례에서 찾을 수 있다.

범인이 피해자를 납치하여 감금해 놓았는데 오랜 감금기간 동안 피해자가 지쳐 생명이 위험해졌음에도 범인이 아무런 조치도 취하지 않고 외출해서 돌아와 보니 피해자가 사망한 경우가 미필적 고의 사례에서 있었다. 범인은 살인행위는 하지 않았지만 살인에 대해서는 책임을 진다. 그리고 교도관이 수형자의 절도행위를 눈감아 준 경우, 백화점 직원이 입점 상점의 가짜상표 상품판매를 봐준 경우, 증권회사 과장이 부하직원의 배임행위를 봐준 경우가 방조범 사례에서 있었다. 감시·감독의무 있는 자는 아무 행위도 하지 않으나 감시·감독을 하지 않고 범죄사실을 방치했으므로 방조범이 성립한다. 이처럼 부작위에 의해 발생하는 범죄를 부작위범이라고 한다.

부작위범은 아무 상황에서나 발생하는 것이 아니다. 부작위범은 범인에게 일정한 행위를 해야 할 의무가 있는데 그 의무를 다하지 못하는 경우에 한해 발생한다. 피감금자를 방치한 사례에서 범인은 피감금자를 위험에 빠뜨렸으므로 생명의 위험이 발행하지 않도록 할 의무를 진다. 이 의무를 다하지 않고 의도적으로 묵살 또는 회피했기 때문에 범인은 살인의 책임을 진다. 교도관이 수형자의 절도행위를 눈감은 행위는 감시·감독의무 있는 자가 그 의무를 다하지 않은 경우다. 이것은 법령에 의해 요구되는 의무이다. 이처럼 부작위범은 작위의무가 있는데 이를 다하지 않았기 때문에 범죄에 대해 책임을 진다.

부작위범은 작위범과 동일하게 처벌한다. 다만 부작위가 작위보다는 개인과 사회에 던지는 위험과 충격이 적다는 점은 고려해야 한다. 개인에 대한 비난 가능성도 다르다. 사람을 칼로 찔러 죽인 경우와 죽어가는 사람을 구호하지 않은 경우는 차이가 있다. 이런 면에서 형을 감경할 필요가 크다. 하지만 우리 「형법」은 부작위범은 따로 감경하지는 않는다.

새로운 범죄의 등장

범죄는 사회현상이다. 즉, 범죄는 사람들이 모여 살기 때문에 발생한다. 사회현상인 범죄는 사회의 변화에 따라 진화, 발전한다. 현대의 범죄는 과거의 범죄와 비교해 보면 형태와 양상이 완전히 다르다.

현대 사회는 기존 범죄의 양상을 변화시켰다. 전통적 범죄인 살인만 하더라도 과거에는 복수나 치정이 주된 이유였다면 현대의 살인은 돈과 관련되어 있다. 현대 사회는 과거에는 없었던 새로운 범죄를 탄생시켰다. 테러, 무기거래, 인신매매, 돈세탁, 환경범죄, 사이버 범죄, 해킹 등이 그 예이다. 기술혁명, 교통과 정보혁명이 없었다면 이런 범죄는 상상할 수 없었을 것이다. 현대 사회의 특징은 기존의 범죄의 형태와 규모를 극단적으로 확대시킨다.

현대 사회의 범죄 중 기존 범죄와는 전혀 다른 범죄가 있다. 현대 사회는 매우 편리하지만 그만큼 위험하다. 교통혁명으로 빠른 시간 안에 이동할 수 있지만 항상 교통사고나 비행기사고의 위험을 안고 있다. 전기의 편리함을 누리지만 전기 생산에 따른 원자력의 문제, 환경오염의 문제 역시 안고 있다. 각종 네트워크가 중첩적으로 연결되어 있어 한 지역의 문제, 한 분야의 문제는 곧 전국의 문제, 전 부분의 문제가 된다. 2015년 발생한 메르스 사태는 이러한 현상을 잘 보여준다. 중동에서 발생한 질병이 곧 한국의 질병이었고 평택의 질병이 전국의 질병이었다. 모두 교통과 병원으로 연결되어 있었던 것이다.

현대 사회의 위험 규모는 재앙의 수준이다. 현대 사회는 위험을 통제하려고 여러 정책을 동원하는데 그중의 하나가 형사정책이다. 위험에 대한 형사정책은 위험을 창출하는 행위를 범죄로 규정하는 것이

300

다. 일정 규모 이상의 오염물질을 배출하면 실제 환경이 오염되었는지에 관계없이 처벌하는 것, 안전의무를 지우고 이를 위반하면 실제 사고가 발생했는지에 관계없이 처벌하는 것이 그 예이다. 이를 위험범이라고 한다. 이에 비해 실제 사람의 사망이나 상해, 재산의 손해와 같은 결과가 발생해야 처벌하는 범죄를 결과범이라고 한다. 위험범은 결과발생에 과실이 결합되는 경우가 많지만 의도적으로 환경유해물질을 배출하는 경우도 얼마든지 있다.

이제부터는 여러 범죄 중 현대 사회의 특징에 부합되는 범죄를 살펴본다. 범죄를 통해 본 현대 사회의 특징이라고도 할 수 있을 것이다.

감추어진 범죄, 가정폭력

가정폭력은 가족 구성원 사이의 신체적, 정신적, 재산상의 피해를 수반하는 행위로서 폭행, 상해, 유기, 명예훼손, 협박, 감금, 체포, 학대, 모욕, 방임 등이 있다.

가정폭력의 가해자에는 정신이상, 약물중독, 알코올중독에 걸린 사람, 어린 시절 가정폭력을 경험하거나 목격한 사람도 있으나 이에 한정되지 않는다. 외부에서 볼 때 성실하고 정상적인 인물인 경우도 있다. 가해자는 폭력에 대한 잘못된 인식과 성역할, 부모와 자녀의 역할에 대한 잘못된 인식을 갖고 있다. 폭력을 잘못된 행동이라고 보지 않고 배우자와 자녀에 대한 관점도 봉건적이고 가부장적이다. 특히 배우자와 자녀를 인격을 가진 사람으로 보지 않고 자신이 소유한 물건으로 본다. 물건이기 때문에 때려도 문제가 되지 않는다고 보고 만일 다른 사람이 때리면 이것은 자신의 재산에 대한 침해로 본다. 모두 가

부장제에서 비롯된 사고방식이다.

한국의 가정폭력 실태는 생각보다 심각하다. 2013년, 19세 이상 국민 5천 명을 대상으로 조사한 바에 의하면 전체 응답자 중 46.1%가 지난 1년간 자녀에게 폭력을 행사했고 부부폭력 발생률은 45.5%였다. 그리고 부부폭력 발생 당시 주위에 도움을 청하지 않았다는 응답이 98.2%였고, 도움을 요청했다는 응답은 겨우 1.8%에 지나지 않는다.[1] 가정폭력은 많이 발생하는 데 비해 외부의 도움을 스스로 청하는 경우는 거의 없어 가정폭력의 문제가 심각함을 쉽게 알 수 있다. 가정폭력 문제를 해결하기 위한 법률로는 「가정폭력 범죄의 처벌 등에 관한 특례법」이 제정되어 있다.

인간의 정체성을 파괴하는 성범죄

성범죄에는 성폭력, 아동성범죄, 성매매가 있다. 성폭력은 원래 성적 만족을 얻기 위해 폭력, 협박 등을 행사하여 이루어지는 일체의 성적 행위를 지칭하는 것이었다. 강간과 강제추행이 이에 해당한다. 과거 강간과 강제추행 사건에서는 폭력, 협박을 행사하여 상대방을 제압한다는 점이 중요했다. 따라서 저항할 수 없는 폭력 또는 협박 행사 여부가 수사와 재판의 중심이었다. 폭력 또는 협박을 행사하지 않았거나 심각한 폭행이나 협박을 행사하지 않고 여성의 자유의사를 억압한 경우에는 성폭력이 되지 않는 문제가 있었다.

여성의 성적 자기결정권이 재조명되면서 성폭력의 개념은 변화하게 된다. 즉, 저항할 수 없는 폭력 또는 협박의 행사 여부에서 여성의

---

[1] 허경미, 2015, 《현대사회와 범죄학》, 박영사, 171~172면.

성적 자기결정권 침해 여부로 중점이 이동한 것이다. 이렇게 되면 폭력 또는 협박이 없거나 경미한 경우에도 상대방의 거절의사가 표시된다면 성폭력으로 처벌할 수 있게 된다.

성적 정체성은 인간 정체성의 일부다. 성적 정체성을 침해하는 성폭력 범죄는 따라서 인간의 정체성, 존엄성을 침해하는 심각한 범죄다. 이런 면에서 폭력, 협박을 중심으로 보는 관점에서 성적 자기결정권을 중시하는 관점으로 이동한 것은 바람직한 인식의 변화다.

성폭력 범죄는 계속해서 증가하고 있다. 2005년 11,757건, 2010년 19,939건, 2013년 26,919건으로 10여 년 사이에 두 배 이상 급증했다.[2] 성범죄에 대한 인식이 높아지고 여성의 권리가 강화될수록 당분간 성범죄는 계속 증가할 것으로 보인다.

아동 성범죄에는 성인이 아닌 사춘기 이전의 아동을 대상으로 성폭력을 행사하는 성폭력 범죄와 아동에 대해 성적 환상, 성적 충동을 갖거나 성적 행위를 하는 아동 성도착이 있다. 아동 성폭력 범죄를 처벌하기 위해 「아동·청소년의 성보호에 관한 법률」과 「성폭력 범죄의 처벌 등에 관한 특례법」이 있다. 「아동·청소년의 성보호에 관한 법률」에 의하면 아동·청소년은 19세 미만의 자를 말하고 아동·청소년 대상 성범죄에는 아동·청소년에 대한 강간·강제추행, 장애인인 아동·청소년에 대한 간음, 강간 등 상해·치상, 강간 등 살인·치사, 아동·청소년 이용 음란물의 제작·배포, 아동·청소년 매매행위, 아동·청소년의 성을 사는 행위, 아동·청소년에 대한 강요행위, 알선 영업 행위, 피해자 등에 대한 강요행위, 온라인 서비스 제공자의 음란

---

2 앞의 책, 283면.

물 미삭제 행위 등이 있다.

아동·청소년 대상 성범죄에 대해서는 공소시효의 특칙이 있다. 아동·청소년 대상 성범죄의 공소시효는 성범죄 발생일이 아니라 해당 성범죄로 피해를 당한 아동·청소년이 성년에 달한 날부터 진행한다. 그리고 아동·청소년 강간 및 강제추행의 경우에는 DNA 증거 등 그 죄를 증명할 수 있는 과학적 증거가 있을 때에는 공소시효가 10년 연장된다. 나아가 13세 미만의 사람 및 신체적 또는 정신적 장애가 있는 사람에 대해 강간, 강제추행, 강간 등 상해·치상, 강간 등 살인·치사의 죄를 범하면 아예 공소시효를 적용하지 않는다. 범인을 반드시 처벌하려는 입법자의 강한 의도가 보인다.

하지만 공소시효의 배제와 연장으로 아동·청소년 성범죄를 막을 수는 없다. 아동과 청소년이 안전하게 생활할 수 있는 여건 조성이 우선이다. 아동과 청소년이 마음 놓고 놀 수 있는 공간이 없고 아동을 돌봐야 하는 부모가 장시간 노동과 저임금에 시달린다면 엄벌 위주의 형사정책은 실패할 가능성이 크다. 안전하고 쾌적한 가족 만들기, 안전한 사회생활이 될 수 있는 사회정책이 우선이다.

성매매는 세계적으로 논란의 대상이다. 성매매란 경제적 대가를 제공하고 성행위를 하는 경우를 말한다. 성매매에 대한 각국의 입장은 차이가 있다. 금지주의, 비범죄주의, 합법주의로 나눌 수 있다.

금지주의는 성매매 행위를 불법으로 규정하고 이를 처벌하는 입장인데 국제적으로 보면 보편적 입장이다. 국제연합의 「인신매매 금지 및 타인의 성매매 행위에 의한 착취금지에 관한 협약」(1950년), 「여성에 대한 모든 형태의 차별철폐에 관한 협약」(1979년) 등은 모두 성매매를 엄격히 금지하고 있다.

비범죄주의는 법적으로 성매매 행위 자체를 규제하거나 금지하지 않는 입장으로 성매매 행위 자체는 자유로운 거래로 인정하지만 성매매를 합법적 직업으로 인정하지는 않는다. 프랑스, 영국, 노르웨이, 덴마크, 브라질, 스페인, 폴란드, 핀란드 등이 이 제도를 채택하고 있다. [3]

합법주의는 일정한 형태의 성매매를 법적으로 인정하고 이에 대해 세금을 징수하며, 등록증, 의료감시체계를 의무화하거나 성매매거래 지역을 통제하는 정책을 말한다. 독일, 스위스, 네덜란드, 헝가리, 멕시코, 캐나다 등에서 채택하고 있다. [4]

우리나라는 성매매를 금지하고 성판매자와 성구매자를 동시에 처벌한다. 「성매매 알선 등 행위의 처벌에 관한 법률」이 성매매, 성매매 알선행위, 성매매 목적의 인신매매 등을 금지하고 규제하고 있다. 이 법에 의하면 성매매는 "불특정인을 상대로 금품이나 그 밖의 재산상의 이익을 받거나 받기로 약속하고 성교행위나 유사 성교행위를 하거나 그 상대방이 되는 것"을 말한다. 이 법은 성매매 피해자의 성매매는 처벌하지 않지만 그렇지 않은 경우에는 성판매자, 성구매자, 성매매 알선자 등 모두를 처벌한다. 성매매를 한 사람은 1년 이하의 징역이나 3백만 원 이하의 벌금, 구류 또는 과료에 처한다.

소리 없는 공포, 스토킹

스토킹은 피해자가 원하지 않음에도 문자·편지·물건을 전달하거나, 방문하거나, 협박하거나 하는 등의 행동을 2회 이상 반복적으로

---

3 앞의 책, 311면.
4 앞의 책, 316면.

행하여 피해자에게 공포감을 주는 일체의 행위를 말한다. 우리나라는 특별법으로 처벌하지 않고 「경범죄 처벌법」상 지속적 괴롭힘의 경우, 즉 상대방의 명시적 의사에 반해 지속적으로 접근을 시도하여 면회 또는 교제를 요구하거나 지켜보기, 따라다니기, 잠복하여 기다리기 등의 행위를 반복하여 하는 경우에 10만 원 이하의 벌금, 구류 또는 과료의 형으로 처벌한다. 미국은 연방법으로 스토킹 행위를 처벌하고 있다. 「스토킹 처벌 및 예방에 관한 법률」이 그것이다.

스토킹은 과거에는 범죄가 되지 않았던 행위였으나 프라이버시와 안전에 대한 요구가 높아지면서 범죄로 규정되기에 이르렀다. 새로운 범죄이고 본격적인 범죄행위 이전의 행위까지 처벌하는 만큼 유형도 다양하다.

거부형은 이별, 이혼 등으로 자신을 거부하는 애인이나 친구 등에게 지속적으로 구애하고 집착하며 관계를 유지할 것을 요구하는 유형이다. 분개형은 상대방이 자신을 망쳤다는 원한을 품고 상대방에게 복수하기 위하여 교묘하게 괴롭히는 유형이다. 분개형은 정신분열증적 망상장애를 보이며 오랜 기간 지속되고 결국에는 폭력적 수단을 사용한다. 강간형은 전적으로 성적 욕구를 충족할 목적으로 상대방을 스토킹하고 폭력을 행사하는 유형이다. 연인갈구형은 스토커가 피해자와 연인관계를 계속 유지하고 싶어하지만 상대방이 이를 받아들이지 않는 것을 인정하지 못하고 지속적으로 집착하는 경우다. 자신의 행동이 애정의 표현이라고 생각할 뿐 상대방에 대한 공격이라고 생각하지 않는다.[5]

---

5 앞의 책, 224면.

사이버 스토킹은 사이버상에서 피해자 정보를 공개하거나 피해자의 SNS에 접속하여 악의적 자료를 게시하는 등의 방법으로 피해자를 협박하고, 공포감을 주는 범죄다. 사이버 스토킹은 오프라인의 스토킹과 병행되기도 한다.

편견이 가져온 집단적 피해, 증오범죄

증오범죄는 세계화에 따른 새로운 범죄유형이다. FBI는 증오범죄와 편견범죄를 같이 묶어 "범죄자가 인종, 종교, 장애, 성적 성향, 민족, 출신국가에 대한 범죄자의 전체적이거나 부분적 편견 또는 제노포비아에 의해 동기화되어 사람 또는 재산에 대해 불법행위를 하는 것"이라고 정의한다. 제노포비아는 이방인에 대한 두려움을 말한다. 증오범죄의 핵심은 특정 요소에 의한 개인이나 집단 전체에 대한 편견이다.

일반적으로 증오범죄에 대한 처벌은 일반범죄에 대한 처벌보다 엄하다. 증오범죄가 단순히 개인을 대상으로 하는 것이 아니라 특정 집단을 목표로 무차별적으로 이루어지기 때문이다. 개인에 대한 충격도 일반범죄에 비해 크고 특정 집단이나 사회 공동체에도 매우 부정적인 영향을 준다. 증오범죄의 형태 역시 잔혹한 경우가 많다.

하지만 증오범죄라고 해도 겉으로 드러난 행동은 일반범죄와 같다. 범죄의 형태가 같은데 증오범죄라고 하여 엄하게 처벌하면 평등권을 침해하는 문제가 발생한다.

먼저 증오범죄자를 차별한다. 같은 범죄임에도 증오범죄라고 하여 무겁게 처벌하는 것은 법 앞의 평등을 파괴하는 것이다. 또한 범죄가 아닌 범죄인의 생각을 이유로 가중처벌하는 문제가 발생한다. 행위자

중심이 아닌 행위 중심의 「형법」 원칙이 무너지게 되는 것이다. 증오 범죄에 대한 가중처벌이 「형법」의 기본 원칙을 무너뜨릴 정도는 아니 지만 그럴 가능성은 있다.

그리고 일반범죄도 차별한다. 형벌의 차이는 형사 정책의 차이이며 결국 국가의 인력과 예산의 차이다. 증오범죄를 더 엄격하고 빠짐없 이 처벌하려면 더 많은 인력과 예산을 증오범죄 수사와 재판에 사용해 야 한다. 그러면 상대적으로 일반범죄는 소홀히 된다. 이를 범죄의 피 해자라는 측면에서 보면 일반 사회인이 아닌 특정 소수집단이 정부로 부터 더 많은 보호를 받는 결과가 된다. 물론 정책에는 선택과 집중의 원리가 작용하므로 어쩔 수 없는 한계이기도 하다. 차이는 불가피하 지만 차이가 차별이 되지 않도록 유의해야 한다.

현재 한국은 아직 소수자에 대한 보호가 충분하지 않기 때문에 이러 한 논쟁은 크게 중요하지 않다. 만일 증오범죄에 대한 논의가 확대되 면 수적으로는 다수이지만 사회적 약자인 여성과 노동자, 자영업자에 대한 공격도 해당 집단에 증오와 공포를 퍼뜨린다는 이유로 다른 범죄 에 비해 엄하게 처벌해야 한다는 주장이 성립할 수 있다. 하지만 이렇 게 주장하기에는 여성과 노동자의 수가 너무 많다.

우리의 경우에 증오범죄는 외국인 관련 범죄로 추측할 수 있다. 2014년 말 기준 체류외국인은 1,797,618명이고 2013년보다 14.1% 증가했다. 이 중 90일 이상 장기체류하는 외국인은 1,377,945명이다. 이미 외국인은 한국인의 일부가 되었고 외국 문화는 한국 문화의 일부 가 되었다. 외국인 범죄자는 2009년 21,235명에서 2013년 24,984명 으로 증가했다. [6] 외국인 범죄의 증가보다 영향이 큰 것은 잔혹한 범죄 다. 2012년 4월 발생한 오원춘 사건은 일반시민들의 조선족에 대한 인식을 떨어뜨리는 계기가 되었다. 하지만 이를 이유로 오원춘을 가중처벌하는 것이 허용되어서는 안 된다. 행위중심의 「형법」 원칙을 지키기 위해서다. 그리고 외국인 혐오감을 표현한다고 해서 범죄가 아님에도 처벌하는 것 역시 「형법」의 역할이 아니다.

전 세계 불특정 다수를 향한 시한폭탄, 테러

테러의 공포는 이제 전 지구적이다. 2001년의 9·11 테러 이후 테러의 규모는 지역 차원을 넘어 국가 차원, 지구 차원으로 발전했다. 지구의 누구도 테러로부터 안전할 수 없게 되었다. 테러에 대한 대응 역시 국가적 차원과 함께 국제적 차원에서 진행되고 있다. 테러야말로 가장 국제적인 범죄이다.

　테러는 개인 또는 집단이 정치적 또는 종교적 이념 등으로 개인, 공중, 국가, 단체, 시설물 등을 위협, 협박, 살해, 폭파하는 등의 폭력을 행사하여 자신의 목적을 달성하려는 일체의 행위라고 일반적으로 설명한다. 하지만 이 설명은 테러의 특징을 완전히 설명하지 못한다. 테러는 정치적이고 조직적인 측면과 개별 범죄인의 측면이 함께 있는 복합적 범죄이다.

　9·11 테러는 알카에다라는 조직과 오사마 빈 라덴이라는 지도자가 없었다면 상상할 수도 없었던 테러였다. 그만큼 개인의 영향력, 조직의 영향력이 크다. 하지만 그 이면에는 이슬람교와 기독교의 대결, 중동을 둘러싼 정치 및 경제 다툼, 각국의 세계 전략과 이에 저항하는 현

---

6 경찰청, 2014, 《경찰통계연보》.

지 세력, 오랫동안 계속된 전쟁과 내전의 역사 등 복잡한 문제가 있다. 테러는 단순히 정신병적 징후가 있는 개인의 일탈행위로는 설명할 수 없는 복합적 현상이다. 그렇다고 순전히 정치적으로 해석하는 것도 한계가 있다.

테러 발생원인 및 테러단체 가입원인에 대해서는 크게 다음과 같이 설명한다. [7]

첫째, 불평등은 테러의 가장 중요한 원인이다. 정치, 경제, 사회, 문화, 종교, 인종, 민족적 불평등은 식민시대 이후 일부 약화되었으나 여전히 공고히 남아 있다. 이러한 불평등이 집중되는 곳이 바로 테러의 발생지역이다. 테러는 불평등을 근절하지 않으면 사라지지 않는다. 그렇다고 모든 것을 평등하게 대우할 수는 없고 또 그렇게 되지도 않는다. 사람과 사회는 원래 완전히 평등할 수는 없기 때문에 사람들은 어느 정도의 불평등은 참는다. 문제는 참을 수 없을 정도의 불평등이다. 합리적 이유가 없는 불평등은 개인과 집단의 분노를 일으킨다. 참을 수 없을 정도의 불평등을 해결함으로써 테러의 가능성은 낮출 수 있다.

둘째, 정체성은 개인이 테러조직에 가입하는 중요한 요소다. 일부 젊은 테러범은 뭔가 의미 있는 일로 성공하고 싶지만 현실적 가능성이 거의 없다고 생각해 이러한 현실을 탈출할 수 있는 수단으로 테러단체에 가입한다. 다만 테러단체가 갖는 정체성이 반드시 나쁜 것은 아니라는 점은 유의할 필요가 있다. 일제 강점기 독립운동가들도 폭탄을 이용한 테러를 시도했고, 남아프리카공화국의 만델라 대통령도 무장투쟁을 기획하기도 했다. 이때의 정체성은 민족과 인종의 해방이라는

---

7 허경미, 2015, 《현대사회와 범죄학》, 박영사, 253면.

고귀한 것이므로 이를 탓할 수는 없다.

셋째, 소속감 역시 개인이 테러단체에 가입하고 활동하는 중요한 이유다. 소외계층 출신은 테러단체에 가입함으로써 처음으로 강한 소속감을 느끼고 가족적 유대감을 느낀다. 그동안의 방황을 끝내고 새로운 생활을 할 수 있는 기반을 제공받는 것이다. 그러나 이 설명 역시 완전한 설명은 아니다. 테러범들이 모두 소외계층 출신은 아니기 때문이다. 오사마 빈 라덴만 하더라도 사우디의 유력한 집안 출신이다. 다만 테러단체는 기존의 질서를 파괴하고 새로운 질서를 만들려는 목표를 가지고 있으므로 새로운 소속감을 주는 것은 틀림없다. 단순히 범죄단체와 같다고 보기는 어렵다.

화이트칼라 범죄

윤리의식 상실한 현대 중산층의 범죄

기업활동의 증가, 사회의 고도화, 새로운 서비스의 증가는 새로운 유형의 범죄를 낳는다. 정부의 의료보험제도를 악용해 이익을 챙기는 의사나 불법자금의 세탁을 돕는 변호사, 뇌물을 주고받는 기업대표와 고위공무원 등이 그 예이다. 이들 새로운 범죄는 기존의 전통범죄와 다르다. 사회적으로 고위직에 있는 자들이 의도적으로 자신의 지위를 이용해 범죄를 저지르는 것이다. 개인만이 아니라 단체 또는 기업이 개입되는 경우가 많고, 조직적이고 체계적이며 규모도 크다.

이처럼 합법적 직업활동 과정에서 직업적 신뢰, 사회적 신뢰를 위반하여 개인의 이익을 챙기는 범죄유형을 화이트칼라 범죄라고 한다. 좀더 정확히 설명하면 조직 또는 개인의 이익을 위해 합법적, 제도적 질서 내에서 자신의 권한과 영향력을 악용하고 제도적 질서를 이용하여 저지르는 범죄라고 정의할 수 있다. 여기에는 정부와 민간, 전문직 종사자까지 포함되며 상류층과 중류층이 모두 포함된다.

개인에서 조직까지 신뢰사회의 근간을 흔들다

화이트칼라 범죄는 현대형 범죄다. 화이트칼라 범죄는 크게 조직체 범죄와 직업범죄로 나눌 수 있다. [8]

조직체 범죄는 조직의 목적을 달성하기 위해 조직의 공식적 지원하에 이루어지는 범죄다. 기업에 의한 범죄가 대표적이지만 정부 부문도 포함된다. 조직체 범죄는 사기기만형, 시장통제형, 뇌물매수형, 기본권침해형, 환경침해형으로 나눌 수 있다.

사기기만형은 백화점이나 대형할인점에서 가격을 조작하거나 허위광고를 하여 소비자를 현혹시키는 등 부당한 광고, 사기, 탈세를 하는 범죄 유형이다. 대부분 「형법」 등 기존의 법률로 처벌할 수 있지만 기존의 범죄보다 규모가 크고 조직적이다.

시장통제형은 시장지배적 지위의 남용행위, 불공정 거래행위, 가격담합 행위, 내부거래 행위, 은행의 대출금 조작행위, 불안전한 생산환경 생산물 제조로 시민들에게 피해를 주는 행위 등을 말한다. 자본주의의 기본구조, 건전한 시장을 위태롭게 하는 범죄로서 주로 공정거래위원회가 감시하고 처벌한다.

뇌물매수형은 기업이나 개인이 특정한 행정적 조치나 묵인 등 특혜에 대한 대가로 현금, 물건, 향응 등 뇌물을 제공하는 범죄를 말한다.

---

8 앞의 책, 385~391면.

경제적 동기에 의한 뇌물이 대부분이고 여기에는 불법적 정치자금 제공도 포함된다. 뇌물의 대가는 뇌물보다 수백 배 많은 경제적 이익이다. 정경유착, 권력형 부정부패로서 국가와 사회의 기본을 흔든다. 고위층의 사회적 의무에 대한 인식과 전통이 취약하고 염치마저 없는 우리의 경우에 정경유착 등 권력형 비리는 심각하다. 이 문제를 해결하기 위해 특별검사제 도입 등 여러 시도를 하고 있으나 성과는 아직 미약하다. 고위공직자들의 부정부패, 권력형 비리, 권한남용을 수사하는 고위공직자 비리 수사처와 같은 독립적 조직이 필요하다.

기본권침해형 범죄는 조직체의 권력을 이용하여 인간의 기본권을 침해하는 행위로 인권유린, 인종차별, 계급적 착취와 억압, 관권 부정선거 등이 있다.

환경범죄는 전형적인 화이트칼라 범죄가 아니고 일반인도 저지르는 범죄이지만 기업에 의해 조직적이고 체계적으로, 대규모로 벌어진다는 점에서 화이트칼라 범죄의 일환이라고 할 수 있다. 기업은 이윤을 만들어내지 못하면 존립할 수 없으므로 장기적으로 환경을 침해하지 않는 기술 개발과 투자에 힘쓰기보다는 환경을 침해하더라도 단기적 성과를 내는 데 집중한다. 자연환경을 무시한 골프장 건설, 대단위 관광지역 건설, 오염물질의 지속적 방출, 유해물질이 포함된 제품생산 등이 여기에 해당한다.

화이트칼라 범죄의 다른 유형인 직업적 범죄는 신분에 따라 기업 부문, 정부 부문, 전문가 부문으로 나뉜다.

기업 부문의 화이트칼라 범죄는 불량물품 제조, 가격담합 행위 등 기업의 소비자를 대상으로 한 범죄, 근로자의 산업재해 방치, 임금포탈 등 기업의 근로자를 상대로 한 범죄, 오염물질 방출 등 기업의 지역사회에 대한 범죄, 근로자의 회사자금 횡령행위 등 근로자의 고용주에 대한 범죄 등이 있다.

정부 부문의 화이트칼라 범죄는 공무원의 뇌물수수, 사기, 횡령 등이다. 방위산업체로부터 뇌물을 받고 불량 군수품의 납품을 허가한 군납비리가 이에 해당한다.

전문가 부문의 화이트칼라 범죄는 변호사, 공인회계사, 의사 등에 의하여 일어난다. 변호사의 수임료 편취 및 공인회계사의 허위 기업 감사, 의사의 허위 의료보험료 청구 등이 이에 해당한다.

가해자도 피해자도 모호한 전문가의 범죄

화이트칼라 범죄는 첫째, 전문 직업범죄라는 특징이 있다. 화이트칼라 범죄는 주로 전문적·직업적·사회적 지식을 가진 사람들이 직업 활동 과정에서 합법성을 가장하고 자신의 전문적 지식을 이용해 저지르는 범죄다. 따라서 잘 드러나지 않는 특징이 있다. 나아가 범행이 발각되어도 동료집단이나 다른 전문집단에 의해 구제되는 경우가 많다.

둘째, 엄격한 형사처벌이 없다. 화이트칼라 범죄는 범행 발각도 어렵지만 발각된다고 하더라도 행위의 적법, 위법의 한계가 모호하여 처벌하는 데 어려움이 있다. 환경오염 물질을 배출했다고 하더라도 실제 피해가 발생하지 않았다면 형사처벌이 아니라 행정처분으로 종결될 수 있다. 정경유착, 권력형 비리는 처벌할 수 있는 법률은 갖추고 있으나 기득권 세력이 서로 봐주기 때문에 제대로 처벌되지 않는다.

셋째, 피해자의 피해의식이 부족하다. 화이트칼라 범죄의 피해자는 대부분 불특정 다수다. 환경오염의 피해자는 특정되지 않는 지역주민 전체이고, 권력형 비리의 피해자는 일반시민이기는 하지만 특정되지 않는다. 화이트칼라 범죄의 피해는 전체로 보아서는 엄청나지만 개인의 피해는 적다. 피해도 당장 드러나지 않고 장기간에 걸쳐 나타난다. 따라서 피해자의 피해의식이나 불만이 약하다. 피해자는 화이트칼라 범죄를 이해하려는 경향까지 보인다. 우리와 같이 친기업적 문화가 강한 곳에서는 기업의 범죄를 용인하려는 경향도 있다.

넷째, 범죄인에게 죄의식이 없거나 약하다. 화이트칼라 범죄의 대부분은 기업이나 공무원 조직이 계획적·체계적으로 범하거나 최소한 조직의 암묵적 협조와 관용 속에서 벌어진다. 따라서 직접 범죄를 실현하는 범죄인들은 죄의식이 없거나 매우 약하다. 모두가 범죄에 연루되어 있기 때문이다. 또한 범죄에 대한 처벌이 형사처벌이 아니라 과태료와 같은 행정벌이라는 점도 범죄인의 죄의식을 약화시키는 요인이다.

다섯째, 사회적 자본을 해체한다. 화이트칼라 범죄는 전통적 범죄보다 사회에 더 큰 충격을 던진다. 범죄인이 사회적으로 존경받는 부와 권력을 가진 사람이라는 점, 범죄방식이 사회생활에 반드시 필요한 시스템을 이용한다는 점, 범죄행태가 다른 사람들의 신뢰를 이용한다는 점, 범죄의 피해가 광범위하고 막대하다는 점에서 사회에 더 큰 해악을 미친다. 사회생활에 반드시 필요한 무형의 관계, 사회적 자본을 개인이 악용하고 파괴했다는 점에서 사회적으로 큰 충격을 준다.

정보사회를 좀먹는 바이러스, 사이버 범죄

사이버 범죄는 컴퓨터 범죄, 사이버 테러, 네트워크 범죄라고도 하며 컴퓨터, 네트워크와 그 구성요소를 도구로 활용해 자신 또는 제3자의 이익을 꾀하고 다른 사람에게 피해를 끼치는 범죄를 말한다. 사이버 범죄는 이전에는 컴퓨터를 기반으로 했으나 정보과학 기술의 발달로 컴퓨터보다는 네트워크 중심으로 변화했다.

사이버 범죄는 경찰청 분류에 의하면 정보통신망 침해범죄, 정보통신망 이용범죄, 불법 콘텐츠 범죄 등이 있다. 정보통신망 침해범죄는 접근권한 없이 컴퓨터 또는 정보통신망에 침입하여 시스템이나 데이터를 훼손, 멸실, 변경, 장애 등을 야기하는 범죄이다. 여기에는 해킹, 계정도용, 단순침입, 자료유출, 자료훼손, 서비스 거부공격(DDoS 등), 악성 프로그램 전달 또는 유포행위가 있다.

정보통신망 이용범죄는 인터넷 사기 등 컴퓨터 시스템을 전통적 범죄에 이용하는 범죄를 말한다. 여기에는 인터넷을 이용한 직거래 사기, 쇼핑몰 사기, 게임 사기가 있고 피싱, 파밍, 스미싱, 메모리 해킹 등 전기통신 금융사기, 사이버 저작권 침해, 스팸메일 등의 범죄가 있다.

불법 콘텐츠 범죄는 음란물 배포 등 인터넷을 통해 금지된 재화나 서비스, 정보를 배포, 판매, 임대, 전시하는 범죄를 말한다. 여기에는 사이버 음란물 제공 범죄, 스포츠 토토, 경마, 경륜, 경정 등 사이버 도박 범죄, 사이버 명예훼손, 사이버 모욕, 사이버 스토킹 등이 포함된다.

사이버 범죄의 특징으로는 다음과 같은 것이 있다. [9]

첫째, 사이버 범죄는 발각과 원인규명이 어렵다. 범죄의 대상이 사람이나 재물이 아니고 디지털 정보이기 때문에 눈으로 볼 수도 없고 느낄 수도 없다. 즉, 발각이 어려우므로 실제 어느 정도로 범죄가 저질러지는지 정확히 알 수 없고 따라서 정확한 대책을 수립하기도 어렵다.

---

[9] 앞의 책, 395면.

둘째, 사이버 범죄는 국제성과 광역성을 가진다. 사이버상에서 벌어지는 범죄이므로 지리적 한계는 문제 되지 않는다. 행위지와 결과 발생지가 달라 수사관할권 문제, 국제공조의 문제가 있다.

셋째, 사이버 범죄는 증거인멸의 가능성이 높다. 범행 후 그 수단으로 사용된 데이터나 프로그램 등을 간단히 삭제할 수 있다. 따라서 증거를 확보하고 확보된 증거를 법정에 정확히 제출하는 것이 중요하다.

넷째, 사이버 범죄는 범죄인의 죄의식이 약하다. 상대방의 피해를 직접 체험하지 않기 때문에 범죄의 심각성에 대한 인식이 없는 경우가 대부분이다. 다른 사람의 고통에 대한 공감과 소통이 없는 것이다. 그리고 일부 범죄인들은 사이버 범죄를 범죄가 아니라 단순히 자신의 컴퓨터 실력을 보여주는 것으로 생각하기도 한다.

다섯째, 사이버 범죄의 증거는 디지털 증거인데 디지털 증거는 무한복제의 가능성이 있다. 보통의 서류나 아날로그 증거는 복제를 하면 할수록 정보의 감소가 발생한다. 그리고 위조나 변조를 하면 흔적이 남기 마련이다. 하지만 디지털 증거는 아무리 복제 · 위조 · 변조를 하더라도 정보의 감소도 발생하지 않고 흔적도 남지 않는다. 따라서 디지털 증거는 압수된 원본을 제대로 보관하여 법정에 원본을 그대로 제출하는 것이 중요하다. 증거의 압수에서 법정제출까지 위조나 변조의 가능성이 있다면 증거로 사용할 수 없다. 이를 디지털 증거의 원본성과 동일성이라고 한다.

여섯째, 사이버 범죄는 전문가 또는 경영 내부자의 범행이 많다. 컴퓨터와 네트워크의 조작, 사용방법 및 소프트웨어에 대한 전문지식이 있어야만 가능한 것이다.

세계를 무대로 하는 검은 커넥션, 조직범죄

조직범죄란 최소한 3명 이상이 경제적 이익을 얻기 위해 일정한 계층과 질서규범을 가지고 구성한 조직 또는 이들에 의해 행해지는 범죄라고 정의된다. 범죄조직은 특정 다수인이 일정한 범죄를 수행할 공동목적하에서 이루어진 계속적 결합체로서 단순한 다중의 집합과는 달리 그 단체를 주도하는 최소한의 통솔체제를 갖춘 조직이다.

조직범죄는 정치조직과 달리 경제적 이득을 목적으로 하므로 비이념적이고 수직적 권력구조를 갖는다. 조직구성원은 매우 제한적이며 배타적이고 조직은 영속성, 분업체계, 규칙을 갖고 있다. 조직범죄는 목표달성을 위해 폭력과 뇌물 등 범죄행위를 자행하며 특정지역이나 사업을 독점한다.

범죄조직의 활동영역은 매우 다양한데 특히 국제적 성격이 강하다. 무기와 마약의 밀매는 이미 국제범죄가 되었다. 최근에는 성매매, 인신매매, 불법이민 알선 등에도 국제조직이 깊이 관여한다.

조직범죄는 기업과 유사한 조직을 이용한 범죄이고 국제적으로 이루어지기 때문에 거대한 자금이 오간다. 이 과정에서 범죄조직은 돈세탁을 하여 범죄로 얻은 이익을 지키려고 한다. 이에 각국은 조직범죄를 잡기 위해 자금세탁에 대한 수사와 범죄수익 환수에 노력하고 있다. 자금세탁 수사와 범죄수익 환수에는 국제연합을 비롯한 국제사회의 협조가 필수적이다. 우리나라도 「범죄수익 은닉의 규제와 처벌 등에 관한 법률」을 제정하여 범죄수익 환수를 위해 노력하고 있다.

08
범죄자를 건전한 시민으로

형 벌

현대판 죄와 벌, 형벌

범죄의 무게만큼 범죄인을 미워하고 처벌해야

범죄인의 유죄가 결정되면 이제 범죄인을 처벌해야 한다. 형벌을 정하는 것이다. 처벌을 통해 피해자의 감정은 어느 정도 치유되며 사회는 정의를 수립한다. 형벌은 범죄행위에 대해 내리는 처벌, 법익의 박탈이다. 형벌은 범죄자를 새로운 사람으로 교화할 수도 있고 혹은 사회에서 영원히 격리할 수도 있다. 범죄인의 인생을 좌우하는 문제다. 형벌은 범죄행위와 균형이 맞아야 할 뿐 아니라 범죄인에게도 적합한 것이어야 한다. 피해자의 피해회복은 범죄인에 대한 재판이나 형벌이 아닌 다른 절차에서 다른 방법으로 이루어져야 한다는 것은 앞에서 언급했다.

형벌은 범죄에 비례해야 한다. 무거운 범죄에 대해서는 무거운 형

319

벌을, 가벼운 범죄에 대해서는 가벼운 형벌을 내려야 한다. 범죄인이 초범이고 선량한 사람이더라도 살인과 같은 무거운 죄를 지었다면 중형을 피하기 어렵다. 그리고 범죄인이 전과가 많고 평소 불량한 생활을 했더라도 가벼운 죄를 지었다면 그에 걸맞은 형벌을 내려야 한다.

형벌의 기준이 되는 범죄는 살인이다. 살인은 전통적으로 가장 무거운 죄이고 가장 대표적인 범죄다. 우리 「형법」은 살인죄에 대해 사형, 무기징역, 5년 이상의 징역형을 법정형으로 정한다. 따라서 살인죄보다 더 잔혹한 범죄만 이 이상으로 처벌할 수 있을 뿐, 그렇지 않은 범죄는 이보다 낮게 처벌해야 한다.

형벌은 범죄인에게도 관심을 두어야 한다. 범죄인이 다시 재범에 빠지지 않고 정상적인 사회생활을 하도록 하는 것은 형사절차의 목표 중의 하나이다. 따라서 형벌 역시 범죄인의 갱생과 관련되어 있고 그 출발점이 되어야 한다. 이런 면에서 범죄인의 갱생을 완전히 막는 형벌, 즉 사형이나 가석방 없는 종신형은 그 자체로 가혹한 형벌일 뿐 아니라 형벌의 목적에도 맞지 않는다.

잔인하고 비인간적인 형벌 금지

형벌은 범죄인에게 내리는 처벌이지만 역시 문명국가의 테두리를 벗어나서는 안 된다. 과도한 형벌, 잔인한 형벌, 비인간적 형벌은 반인권적이고 반문명적이다. 폭력을 폭력으로, 부정의를 부정의로 갚는 것은 원초적인 복수일 뿐이다.

잔인하고 비인간적인 형벌 금지는 「국제인권법」의 원칙이다. 국제연합의 '시민적 및 정치적 권리에 관한 국제규약'은 "누구든지 고문이나 잔인하고 비인도적이고 굴욕적인 취급 또는 형벌(*cruel, inhuman or degrading treatment of punishment*)을 받지 않는다"고 규정한다. 이 규약에는 우리나라도 가입했다. 「국제인권법」의 이 원칙은 미국 「헌법」에까지 거슬러 올라간다. 미국 「수정헌법」제8조는 잔인하고 비정상적인 형벌(*cruel and unusual punishments*)을 과하지 못한다고 규정한다.

잔인하고 비인간적인 형벌의 대표적 사례는 신체에 직접 폭행을 가하는 형벌이다. 근대 이전 동서양을 막론하고 신체에 대한 직접 폭행은 형벌 중의 하나였다. 동양의 「형법」을 최종적으로 정리한 중국 명나라의 「대명률」은 태형과 장형을 인정했다. 조선은 「대명률」을 기본 법률로 채택했기 때문에 역시 태형과 장형이 있었다. 흥부가 다른 사람을 대신해 매를 맞고 돈을 버는 유명한 장면은 이러한 현실에 기반한 것이다.

시민혁명 이후 확립된 원칙 중의 하나는 사람의 신체에 직접 폭행을 가하지 말라는 것이다. 문명화와 인간화 징표 중의 하나다. 형벌로서 체형은 금지되고 수사과정의 고문이나 가혹행위도 엄격히 금지된다. 학교나 군대에서 문제가 되는 체형도 당연히 금지된다. 필요 이상의 장기간의 구금도 잔인하고 비인간적인 형벌이다.

사형에 대한 고찰

원초적이지만 잔인한 형벌

사형은 사람의 생명을 빼앗는 형벌이다. 「형법」에서 규정하는 형벌 중 가장 중한 형벌로서 극형이라고도 한다. 사람이 사회를 이루어 살면서부터 인정된 사형은 형벌 중 가장 원초적이고 본능적인 형벌이다. 역사적으로 보면 기원전 18세기 바빌로니아의 《함무라비 법전》에서 최초로 성문화되었다. 우리 역사에서는 고조선의 「8조 법금」이 사형을 규정했다.

기록으로 남긴 것이 이 정도이니 사형제도는 훨씬 오래전부터 존재해온 것이 틀림없다. 어쩌면 사형은 사람의 본성에 속하는 것일지 모른다. 이런 이유로 잔혹한 범죄가 발생하면 사형을 선고하고 집행해야 한다는 의견이 여론을 일시에 지배한다. 사람의 생명을 잔혹하게 빼앗는 범죄에 대한 처벌로 사형 이외에 다른 형벌은 가볍게 보이기 마련이다.

사형제도에 대한 반대의견은 사형제도만큼 오래되지는 않았지만 꾸준히 있어왔다. 살인은 주체가 누구든 그리고 방법이 어떻든 사람의 생명을 빼앗는다는 점에서 같기 때문에 사형은 국가에 의한 살인이라는 비판을 받는다. 살인을 추방해야 할 범죄라고 하면서 국가가 살인을 하는 것은 모순이다. 국가는 시민의 생명을 보호하는 것이 존립 이유인데 사형제도는 이 목적을 직접 위반한다. 또한 사형은 집행한 후에 오판임이 밝혀져도 이를 바로잡을 방법이 없다. 사람의 생명은 하나이기 때문이다. 그리고 형벌의 목적은 범죄인의 개선과 교육에 있는데 사람을 죽이면 이 목적은 달성할 수 없다.

사형존치론과 사형폐지론은 오래전부터 대립해왔다. 사형존치론은 사형제도가 옛날부터 있어왔고, 잔인한 범죄에 대한 억제력이 있으며, 아직 국민들이 사형폐지에 반대한다는 점을 근거로 한다. 직관적이고 감정적이다. 이에 비해 사형폐지론은 좀더 철학적이고 과학적이다. 인권의 관점에서 사형을 잔인하고 비인간적인 형벌이라고 본다.

최근 세계의 추세는 사형폐지로 흐르고 있다. 유럽은 이미 사형을 폐지했고 미국의 많은 주도 사형을 폐지했다. 우리나라도 사형이 법률상 존재하지만 1997년 12월 김영삼 대통령의 사형집행 이후 20여 년간 사형이 집행된 적이 없는 사실상 사형폐지 국가다. 사형이 10년 이상 집행되지 않으면 사실상 사형폐지 국가로 분류된다.

봉건시대의 극단적인 국가권위 유지 방식

사형은 가장 원초적인 형벌이다. 사람을 가두는 징역이나 벌금형이 없는 상태에서 중한 죄는 모두 사형으로 처벌했다. 이렇게 주요 형벌이 사형이 되면 사형 방법으로 형벌의 엄격함을 드러낼 수밖에 없다. 사형집행 방법만이 아니라 사체마저 왕이 마음대로 처분한다는 것을 보여주어 왕의 권위를 높이는 데 이용되었다. 이렇게 되니 사형 후 시신을 온전히 보존하는 것은 왕으로부터 받는 매우 큰 은전이었다. 역사적으로 보면 귀족만이 시신을 보존할 수 있었다.

역사상 유명한 사형집행 방법으로는 토마스 모어의 사례를 들 수 있다. 영국이 낳은 위대한 법률가이자 사상가, 정치가인 토마스 모어는 사형을 선고받았다. 영국 교회 수장으로서 왕의 권위를 인정하는 수

장령에 공개 맹세하라는 요구를 거절하고 침묵했기 때문이다. 그는 1535년 반역죄로 재판에 회부되었다. 재판은 헨리 8세와 크롬웰의 뜻대로 진행되었고 토마스 모어는 사형을 선고받았다. 사형의 집행방법도 선고되었다.

> 대역죄인 토머스 모어를 사형에 처한다. 죄인은 런던시에서 티번까지 이송되어 그곳에서 반쯤 죽을 때까지 목이 매였다가, 다시 반쯤 죽을 때까지 물속에 담긴 뒤, 아직 살아 있는 상태에서 사지를 자르고 배를 갈라 내장을 꺼내 불에 태우며 잘려진 신체조각들은 런던의 4대문에, 머리는 런던 다리 위에 효시한다. [1]

현재의 감각으로는 사형집행 방법을 선고한 것도 이상하지만 반쯤 죽을 때까지 목을 매고, 반쯤 죽을 때까지 물속에 담근다는 표현도 이상하다. 사람을 죽이되 가장 고통스러운 방법으로, 가장 잔혹하게, 가장 구경할 만한 내용이 많게 사람을 죽이는 것이다. 이 모든 것은 사형집행 과정을 시민들에게 보여주어 왕의 권위에 도전하지 말 것을 경고하기 위한 것이었다.

하지만 실제 토마스 모어의 사형은 목을 자르는 참수형으로 이루어졌다. 왕이 그동안의 공적을 감안해 감형한 것이다. 토머스 모어는 사형집행인에게 "내 목이 짧으니 신경을 좀 써 주시고"라고 했다고 한다.

사형집행 방법의 또 다른 유명한 사례는 미셸 푸코에 의해 알려졌다. 미셸 푸코는 유명한 《감시와 처벌: 감옥의 역사》라는 책의 서두에 사형집행 방법을 자세히 소개했다. 루이 15세를 살해하려다 실패

---

1 레너드 케스터 · 사이먼정, 2014, 《세계를 발칵 뒤집은 판결 31》, 현암사, 330면.

한 다미엥에 대한 유죄판결 내용이다. 다미엥은 토마스 모어만큼 운이 좋지는 않아 유죄판결 내용대로 집행되었다. 너무 잔인해서 믿기 어려울 정도이다.

> 손에 2파운드 무게의 뜨거운 밀랍으로 만든 횃불을 들고, 속옷 차림으로 파리의 노트르담 대성당의 정문 앞에 호송차로 실려와 공개적으로 사죄할 것. 호송차로 그레브 광장으로 옮겨간 다음, 그곳에 설치될 처형대 위에서 가슴, 팔, 넓적다리, 장딴지를 뜨겁게 달군 쇠집게로 고문을 가하고 그 오른손은 국왕을 살해하려 했을 때의 단도를 잡게 한 채, 유황불로 태워야 한다. 계속해서 쇠집게로 지진 곳에 불로 녹인 납, 펄펄 끓는 기름, 지글지글 끓는 송진, 밀랍과 유황의 용해물을 붓고 몸은 네 마리의 말이 잡아들여 사지를 절단하게 한 뒤, 손발과 몸은 불태워 없애고 그 재는 바람에 날려 버린다. [2]

잔인한 사형집행 방법은 사형수가 빨리 죽지 못하도록 하는 것이 관건이다. 빨리 죽으면 고통을 줄 수 없기 때문이다. 사형집행인에게는 목숨을 끊는 기술도 필요했지만 고통을 가하면서도 죽음을 지연시키는 기술도 필요했다. 죽는 과정이 길어지면서 사형집행 과정 자체가 사형수에게도 고통을 주었다. 만일 사형집행인의 기술이 좋지 않으면 목을 도끼로 여러 번 내려쳐야 하는 문제도 생겨났다.

이러한 문제를 해결하기 위해 프랑스는 혁명 이후 유명한 단두대, 길로틴을 도입했다. 길로틴은 사형을 신분의 구별 없이 모두 평등하고 인간적인 방법으로 집행하기 위해 고안되었다. 왕, 귀족, 천민 등 신분에 관계없이 목을 잘랐다는 점에서 평등했고 고통을 최소화하기

---

2 미셸 푸코, 2010, 《감시와 처벌: 감옥의 역사》, 나남, 23면.

위해 단칼에 실수 없이 사형을 집행했으니 과학적이고 인간적이었다. 지금은 잔인한 사형집행 방법으로 널리 알려진 길로틴이 인간적이라는 이유로 도입되었다고 하니 이전의 사형집행방식이 얼마나 잔인했는지 능히 알 수 있다.

조선에도 잔인한 사형방식이 있었다. 육시, 거열, 요참, 난장, 능지처참 등이 그것이다. 조선에서 가장 잔인하게 사형당한 사람은 아마 김옥균일 것이다. 김옥균은 1884년 갑신정변을 주도했다가 실패한 후 1894년 상하이에서 조선 정부가 파견한 자객 홍종우에 의해 살해되었다. 당시 조선 정부는 청나라로부터 유해를 인도받아 유해의 목과 사지를 절단하고 능지처참에 처했다. 능지처참은 경사가 완만한 언덕을 천천히 올라가듯이 사람을 천천히 죽인다는 뜻인데 사람을 기둥에 묶어 놓고 산채로 살점을 도려내어 사람을 죽이는 형벌이다. 시체에다 능지처참을 했으니 당시 고종과 민비가 얼마나 김옥균을 미워했는지 추측할 수 있다.

인권의식의 성장과 사형 존폐위기

사형제도는 잔혹한 집행방식이 사라진 후에도 여전히 유지되었고, 그 방법에 대한 고민도 계속되었다. 즉, 죽음은 사람이 가장 마지막에 맞이하는 의식이므로 사형에 처할 때는 그에 걸맞은 대우를 해야 한다는 인식이 일찌감치 있었던 것이다.

나치시대에 히틀러에 이은 2인자였던 괴링은 뉘른베르크 재판에서 총살형을 기대했는데 법정은 교수형을 선고했다. 괴링은 이를 피하기 위해 청산가리로 자살을 선택했다. 죽음을 바라보는 괴링의 시각이 잘 나타난다. 그의 눈에도 명예로운 죽음과 불명예 죽음이 있었던 것이다.

괴링과 대비되는 인물은 일본 군국주의의 대표자인 도조 히데키다. 군인출신인 그는 일본의 수상으로서 태평양전쟁을 감행한 전범으로 체포 당시에 체포를 굴욕이라고 생각하고 권총으로 자살을 시도했다. 당시 일본의 군인들은 살아서 적의 포로가 되는 치욕을 당하지 말라는 교육을 받았는데 도조 히데키는 이런 교육을 직접 창안하고 실행한 사람이었다. 그러나 어처구니없게 권총 자살은 실패했고 그는 전범재판으로 교수형을 선고받고 집행되었다. 육군대장까지 지낸 인물이 권총으로 자살을 시도했으나 실패했다고 하니 자살이 쇼가 아닌가 하는 생각도 든다.

잔인한 사형집행 방법은 사형폐지의 주요한 논거 중의 하나다. 사형집행 방법이 비인간적이고 혐오스럽기 때문이다. 현대의 사형은 사형집행 과정에서 고통을 최소화하는 것을 목표로 한다. 현대 사형방법의 특징은 사형집행 과정을 철저히 비밀로 한다는 것이다. 사형집행 과정에 검사나 의사, 종교인, 관계자들이 참여하기는 하지만 대중에게는 공개하지 않는다. 재판은 공개하고 형벌은 비공개로 하는 것은 형벌 집행방법이 잔인하고 비인간적이라는 의미가 숨어 있다. 그리고 형벌을 받는 수형자의 인격을 존중하는 의미가 있다. 이에 비해 과거 봉건시대에는 재판은 비공개, 형벌은 공개했다. 백성에게 겁을 주어 왕을 두려워할 것을 목표로 했기 때문이다.

현대 사형의 대표적인 집행방법은 목을 매다는 교수형, 총으로 쏘는 총살형, 전기로 죽이는 전기형, 독극물을 이용하는 독살 등이 있다. 모두 실수 없는 확실한 형의 집행방법으로 알려져 있다. 하지만 반드시 그런 것은 아니다.

이때 의문이 드는 것 중의 하나는 한 번 사형을 집행했는데 죽지 않았을 경우 다시 집행해야 하는가 하는 점이다. 당연히 다시 집행을 할 수 있다고 상식적으로 생각하겠지만 국가의 잘못으로 형을 잘못 집행해 놓고 다시 형을 집행하는 것은 문제가 있다. 예를 들어 국가가 형기를 채웠다고 석방했다가 나중에 확인해 보니 아직 형이 모두 집행되지 않은 경우 다시 수형자를 교도소로 데려올 수는 없다. 이중의 고통이 되기 때문이다.

사형의 경우 집행을 했는데 사형수가 죽지 않는 경우가 발생할 수 있다. 상상하기 힘든 일이지만 미국에서 실제로 벌어진 일이다. 1946년 미국의 윌리 프란시스는 전기형으로 사형이 집행되었으나 사망하지 않았다. 다시 프란시스를 전기의자에 앉히는 것이 논란을 불러일으켰다. 미국 연방대법원은 간신히 5 대 4로 다시 사형을 집행해도 좋다는 결론을 내렸다.[3] 여러 모로 사형제도는 위기에 처해 있다.

동아시아 최초의 사형폐지국, 대한민국

우리나라는 사형이 사실상 폐지된 국가로 분류된다. 「국제인권기준」은 10년 동안 사형을 집행하지 않으면 사형이 사실상 폐지된 국가로 인정한다. 김영삼 대통령 임기말인 1997년 12월 사형이 집행된 이후 지금까지 사형이 집행되지 않았으니 벌써 20여 년이 지났다. 동아시아에서는 유일하다. 중국과 북한은 꾸준히 사형을 선고하고 집행한

---

3 레너드 케스터 · 사이먼 정, 2012, 《미국을 발칵 뒤집은 판결 31》, 현암사, 193면.

다. 최근 북한의 가장 유명했던 사형집행 소식은 2013년 장성택의 사형 소식이다. 중국의 사형집행 소식은 항상 주요 뉴스 중의 하나이다. 일본 역시 아베 정권 이후 1년에 한두 명씩 꾸준히 사형을 집행한다. 사형문제에 관한 한 우리나라는 동아시아의 인권 선진국이다.

우리나라는 2002년 이후 사형과 무기징역 선고의 수가 대폭 줄어들었다. 《사법연감》에 의하면 제1심 형사공판 사건 사형 및 무기징역 인원수는 〈표 8-1〉과 같다.

2014년은 2002년보다 사형은 7분의 1, 무기징역은 4분의 1 정도 감소했다. 그렇다고 전체 범죄사건 수가 늘어난 것은 아니다. 《검찰연감》에 의하면 전체 사건 수와 그중에 기소하여 재판을 받은 사건은 정체하거나 혹은 줄어들었다.

표 8-1 제1심 형사공판 사건 사형 및 무기징역 인원수 동향

연도	사형	무기징역
2002	7	118
2003	5	102
2004	8	79
2005	6	94
2006	6	56
2007	0	96
2008	3	58
2009	6	70
2010	5	70
2011	1	32
2012	2	23
2013	2	27
2014	1	31

출처: 법원행정처, 2015, 《사법연감》.

사형존치론의 근거 중의 하나는 사형의 위협 때문에 범죄가 억제된
다는 것이다. 그러나 통계는 이와 다른 이야기를 한다. 사형이 집행되
지 않음에도 불구하고 오히려 범죄는 줄어들고 있다. 그리고 사형이
나 무기징역을 선고할 만큼 잔혹한 범죄도 줄고 있다. 치안 상태 역시
큰 변화가 없는 것이 현실이다. 물론 간혹 잔혹범죄나 엽기적인 범죄
는 발생하지만 형사정책을 변경할 정도는 아니라고 본다.

앞으로도 어떤 대통령이 나오더라도 다시 사형을 집행하여 사형국
가로 전락하는 오명은 쓰지 않을 것으로 믿는다.

표 8-2 전체 사건 수 및 기소사건 수, 공판사건 수 동향

연도	전체 사건 수	기소사건 수	공판사건 수
2002	2,414,841	1,342,482	166,423
2003	2,437,128	1,298,812	159,039
2004	2,602,171	1,370,339	155,609
2005	2,373,846	1,145,597	128,338
2006	2,402,972	1,094,113	137,790
2007	2,548,883	1,217,284	155,704
2008	2,736,064	1,316,987	166,641
2009	2,820,395	1,196,776	172,353
2010	2,398,984	1,014,849	160,407
2011	2,259,500	917,335	182,436
2012	2,316,969	902,552	196,484
2013	2,389,660	910,158	182,322

출처: 대검찰청, 2014, 《검찰연감》.

끝이 아닌 새출발, 자유형

신체의 자유를 빼앗는 형벌, 징역 · 금고 · 구류

자유형은 신체의 자유를 박탈하는 형벌이다. 궁극적 목적은 자유의 박탈이 아니라 범죄인을 교화하는 것이다. 사형이 사실상 폐지된 지금 가장 무거운 형벌이다. 만일 과도하게 행사된다면 수형자가 다시 사회에 복귀할 수 없게 된다. 현대 사회는 고도로 조직화되었기 때문에 일반시민들도 적응하기 힘든 것이 현실이다. 징역과 금고로 사회에서 단절된 수형자가 다시 사회에 적응하기는 더 힘들다. 이런 점을 감안하여 자유형의 형기가 결정되어야 한다.

자유형에는 노동을 시키는 징역, 노동을 시키지 않는 금고, 단기간 30일 미만만 선고할 수 있는 구류 등 세 가지가 있다.

사회의 축소판, 교도소

신체의 자유를 박탈하는 자유형의 목적은 수형자를 교육하여 사회에 복귀하도록 하는 데 있다. 자유를 박탈하고 사회와 격리하는 데 그쳐서는 안 된다. 경미한 범죄를 여러 번 저질렀다고 하여 사회에서 완전히 격리시키는 것은 범죄의 무게와 균형도 맞지 않고 교육을 포기하는 반인권적 처분이다.

따라서 교도소 내의 처우는 가능한 한 사회 내 처우와 유사해야 한다. 석방 이후 사회생활에 적응할 수 있도록 교도소 내 규율과 시설이 마련되어 있어야 한다. 교도소도 역시 사회의 일부이고 교도소 내에서 생활하는 수형자도 사회구성원 중의 하나이다. 교도소 환경이 나쁘면 그만큼 사회 환경도 좋지 않고 교도소의 인권상황이 열악하면 그만큼 사회의 인권상황도 열악한 것이다.

특히 의료시설은 사회 내 시설과 동일해야 한다. 만일 수형자에 대한 의료시설이 열악하여 수형자에게 질병이 발생한다면 예정되지 않은 불이익, 형벌을 가하는 것이다. 이 경우 교도소를 나왔을 때 사회가 치료해 주어야 한다. 제때에 치료하지 못하여 병을 키우게 되면 사회의 비용도 증가한다.

우리나라는 경향적으로 수형자의 수가 줄어들고 있다. 인권 측면에서 보면 바람직한 현상이다.

표 8-3 수용인원의 변화 동향

연도	수용인원	기결구금자	미결구금자	교도관 대비 평균 수용인원
2002	61,084	38,173	22,911	5.0
2003	58,945	37,692	21,253	4.7
2004	57,184	36,546	20,638	4.5
2005	52,403	35,110	17,293	4.1
2006	46,721	31,905	14,816	3.4
2007	46,313	31,086	15,227	3.2
2008	46,684	32,316	14,368	3.2
2009	49,467	33,179	16,288	3.4
2010	47,471	32,652	14,819	3.1
2011	45,845	31,644	14,201	3.0
2012	45,488	31,302	14,186	2.9
2013	47,924	32,278	15,646	3.1
2014	50,128	32,751	17,377	3.1

출처: 법무부, 각 연도, 《법무연감》.

수용자 수는 10여 년 전보다 1만 5천 명 정도 줄어들었다. 1990년대 중반과 비교하면 2만 명 정도가 줄었다. 이 정도는 5백 명 규모의 교도소를 30~40개나 짓지 않아도 되는 규모이다. 앞에서 살펴본 바와 같이 전체 범죄 수도 줄었고 사형과 무기징역 등 극형이 선고되는 경우도 줄어들었다. 이것은 과거 우리가 너무 많은 사람들을 교도소에 수용했었음을 의미함과 동시에 그때에 비해 사회 전체적으로 인권상황이 개선되고 있음을 보여준다. 물론 인권의 여러 측면 중의 일부분에 한정한 이야기이다. 아직도 우리 사회의 인권수준이 낮다는 점은 말할 것도 없다.

수용자 수가 줄어드는 것은 그만큼 교육과 개선에도 영향을 미친다. 교도관 대비 평균 수용인원을 살펴보면 확실히 개선되어 왔음을 알 수 있다. 교정공무원의 수도 증가했지만 수용인원의 감소가 더 결정적이다.

자본주의 사회의 중벌, 재산형

재산형은 범죄인으로부터 재산을 박탈하는 형벌이다. 범죄인에게 일정 금액을 지급하도록 하는 벌금형이 대표적이다. 최소 벌금은 5만 원이고 최대액수의 제한은 없다. 벌금 이외에 5만 원 이하를 부과하는 과료, 범죄이득을 박탈하는 몰수형이 있다.

재산형은 자본주의 사회에서 가장 중요한 형벌로 자리를 잡아가고 있다. 그러나 재산이 많은 자에게는 효과가 없고 재산이 없는 자에게는 가혹하다는 문제가 있다. 이를 해결하기 위해 재산의 정도에 비례하여 벌금형을 정하는 일수 벌금형 도입이 모색되고 있다. 그리고 범죄이득 박탈은 뇌물범죄, 조직범죄, 국제범죄, 마약범죄 등에서 중요한 문제가 되고 있다.

제한적인 자격정지, 명예형

명예형은 범죄인으로부터 일정한 자격을 박탈하는 형벌이다. 이름은 명예형이지만 실제로 명예를 추락시키는 것은 아니다. 일정한 자격을 상실시키는 자격상실, 일정한 자격을 일정한 기간 동안 정지시키는 자격정지가 있다.

자격상실과 자격정지는 모든 자격을 박탈하는 것이 아니라 일부 자격만 박탈한다. 공무원이 되는 자격, 공법상의 피선거권 등이 그것이다. 선거권도 제한되었으나 헌법재판소는 2014년 유기징역, 유기금고를 받아 집행유예 기간 중에 있거나 그 형을 집행받고 있는 자의 선거권은 제한해서는 안 된다고 결정했다. 이처럼 명예형으로 제한되는 자격도 축소되고 있다.

헌법재판소의 이 결정은 수형자들도 사회구성원의 일부임을 잘 보여준다. 수형자들도 사회를 대표하는 대표자의 선거에 참여함으로써 사회의 방향이나 정책에 관여할 수 있음을 말하는 것이다. 앞에서 말한 바와 같이 수형자들 역시 사회와 하나의 공동체를 이루고 있다.

현대 사회의 다양한 처벌

경고만으로 충분한 벌, 집행유예와 선고유예

형을 선고한다고 하여 반드시 집행할 필요는 없다. 범죄인에 따라서는 수사, 재판, 그리고 형의 선고만으로도 충분한 경고가 될 수 있다. 평생 한 번 겪을까 말까 하는 일을 겪고 나면 다시는 범죄를 저지르지 않겠다는 결심을 하는 경우도 있다. 형을 집행하지 않아도 될 경우는 초범에 범죄가 경미한 경우가 대부분이다. 이때를 대비하여 교도소에 수용하지 않는 집행유예나 다른 처벌이 마련되어 있다.

집행유예는 형을 선고하되 교도소에 수용하지 않고 문자 그대로 일정 기간 형의 집행을 유예, 연기하는 것을 말한다. 유예기간이 아무런 문제없이 지나면 형의 선고는 효력을 잃게 되므로 징역형이나 금고형을 집행할 수 없다. 그렇지 않고 유예기간 동안 고의로 다른 범죄를 저질러 금고 이상의 실형을 선고받으면 집행유예는 효력을 잃는다. 이렇게 되면 새로운 범죄로 인한 형벌에다 집행유예를 선고받은 형까지 모두 집행된다.

집행유예는 사람의 자유를 빼앗는 징역형의 가혹함을 완화한다. 굳이 징역형을 집행하지 않아도 재범을 저지르지 않는 사람은 있기 마련이다. 징역형을 집행하면 부작용을 피할 수 없다. 가족, 직장, 사회로부터 멀어짐으로써 형벌 이후 사회 복귀에 어려움이 발생한다. 최근 사회의 고도화는 범죄인의 사회복귀를 점점 어렵게 만들고 있다는 점을 잊어서는 안 된다. 그리고 교도소에서 범죄의 세계와 가까워지는 것도 문제이다. 집행유예는 이러한 단기 자유형의 폐해를 최소화하고 사회복귀의 가능성을 높인다. 그리고 국가 재정상에도 많은 도움이 된다. 수용에 따른 부담을 줄일 수 있기 때문이다.

다만 집행유예는 무거운 범죄에 무거운 형벌을 선고하는 경우에는 허용되지 않는다. 3년 이하의 징역 또는 금고의 형을 선고하는 경우 양형사유를 참작하여 1년 이상 5년 이하의 기간 동안 집행을 유예할 수 있다. 이 때문에 징역 3년에 집행유예 5년이라는 유명한 말이 탄생했다. 횡령, 배임, 사기, 뇌물과 같은 중대범죄를 저지른 재벌, 정치인에 한정된 사례이지만 말이다.

선고유예는 경미한 범죄에 대해 형의 선고 자체를 유예하는 것을 말한다. 집행유예는 형을 선고하고 집행만 유예하는 것이지만 선고유예는 한 단계 앞서 형 선고 자체를 유예하는 것이다. 그리고 유예기간이 아무런 문제없이 지나면 면소된 것으로 간주한다. 다시 재판을 할 수 없다. 다만 선고유예가 취소될 경우에 대비해 선고할 형을 정해 놓는다. 형벌 중 가장 가볍다. 따라서 대상도 1년 이하의 징역이나 금고, 자격정지 또는 벌금의 형을 선고하는 경우에 한정되고 형을 선고하지 않아도 재범의 위험이 없어야 한다.

집행유예는 징역형을 집행하지 않으므로 범죄인에 대한 경고기능이 약해질 수 있다. 이를 보완하기 위해 보호관찰, 사회봉사 명령, 수강명령 등의 제도가 있다.

보호관찰은 범죄인의 재범방지와 사회복귀를 촉진하기 위하여 교정시설에 수용되지 않은 상태에서 범죄인을 지도, 감독하는 것을 말한다. 집행유예제도의 핵심이다. 사회봉사 명령은 유죄가 인정된 범죄자를 일정한 기간 내에 지정된 시간 동안 무보수로 근로에 종사하도록 하는 제도로서 5백 시간 이내에서 실시한다. 수강명령은 일정한 시간 지정된 장소에 출석하여 강의, 훈련, 상담을 받는 제도다.

　다만 집행유예에 따르는 부수처분은 법에 정해진 것에 한한다. 양심의 자유에 반하는 범죄행위의 반성 강요, 범죄행위를 공개하는 취지의 내용 발표, 금전 출연의 사회공헌 계획의 이행 등을 명하는 것은 법률상 규정이 없고 양심과 행동의 자유에 반하기 때문에 허용될 수 없다.

다양화되는 성폭력 범죄 처벌

성폭력 범죄는 여성의 정체성을 파괴하는 잔혹한 범죄다. 또한 범죄가 범죄인의 일정한 성적 취향을 반영하는 것으로서 재범의 위험이 높다. 피해자에게 미치는 영향도 크고 범행방법도 잔인하고 엽기적인 경우가 많아 사회에 미치는 영향도 크다. 잔혹한 성폭력 범죄가 발생하면 사회는 화들짝 놀라 이에 대한 대응을 마련할 수밖에 없다. 이런 이유로 성폭력 범죄의 처벌은 다양하게 마련되어 있다.

　하지만 이러한 처벌만으로 성폭력 범죄를 막을 수 없다는 점 역시 지적되어야 한다. 여성이 장시간 저임금 노동에 시달리고 밤늦게 가로등도 없는 골목길을 걸어서 퇴근할 수밖에 없는 노동현실, 아동이 과도한 학습에 치여 제대로 놀 수 없고 또한 놀 만한 공간도 없는 현실을 그대로 두고 처벌만 강화한다고 성폭력 범죄를 해결할 수 없다. 장시간 노동하지 않아도 되는 충분한 복지, 골목길을 걸어도 안전하다고 느낄 수 있는 수준의 공간배치와 치안이 우선 제공되어야 한다. 노동과 사회구조가 여성과 아동을 존중하는 방향으로 바뀌어야 한다. 강력한 처벌은 가혹한 처벌로 이어질 뿐, 범죄의 뿌리는 제거할 수 없다.

이수명령 제도는 성폭력 범죄를 저질러 유죄판결을 받는 사람에 대해 성폭력 치료프로그램의 이수를 명령하는 제도다. 그 내용은 일탈적 이상행동의 진단·상담, 성에 대한 건전한 이해를 위한 교육, 그 밖에 성폭력 범죄를 범한 사람의 재범예방을 위해 필요한 사항 등이다.

신상정보 등록 및 공개제도는 성폭력 범죄로 유죄판결을 받은 자의 신상을 법무부에서 등록해 관리하고 여성가족부가 일반 공중에 공개하는 제도이다. 등록정보는 일반 공개 이외에 성폭력 범죄를 저지른 자가 거주하는 읍·면·동의 아동·청소년의 친권자 또는 법정대리인이 있는 가구, 어린이집 원장, 유치원의 장, 초·중·고등학교의 장, 주민센터의 장 등에게 일일이 고지된다.

법 앞의 평등을 지향하는 양형기준제

유무죄가 결정되면 어떤 형벌을 얼마나 과할 것인가를 정한다. 이를 형벌의 양을 정한다는 의미에서 양형이라고 한다. 재판을 받는 입장에서는 유무죄보다는 양형이 더 중요할 수 있다. 특히 우리나라 정식재판에서 무죄를 받는 확률은 1~2% 정도다. 무죄비율이 이렇게 낮은 것에 대해서는 여러 가지 해석이 있다. 무죄가 될 만한 사건은 기소를 하지 않기 때문이라고 해석할 수도 있다. 하지만 무죄율이 이렇게 낮은 것은 재판이 수사결과를 추인하는 자리에 지나지 않는다는 비판을 면하기 어렵다.

어쨌든 무죄율이 낮은 현실에서 피고인에게는 양형이 유무죄보다 더 중요하다. 양형은 기본적으로 범죄의 정도와 피고인의 사정을 고려하여 결정한다. 문제는 범죄의 정도와 피고인의 사정이 천차만별이라는 점이다.

살인죄의 경우만 하더라도 양형기준은 3가지 유형으로 나뉜다. 대법원 양형위원회가 만든 양형기준에 의하면 제1유형은 동기에 특히 참작할 사유가 있는 살인으로 극도의 생계곤란으로 삶을 비관하여 살인에 이른 경우, 피해자로부터 장기간 가정폭력, 성폭력, 스토킹 등 지속적인 육체적, 정신적 피해를 당한 경우가 이에 해당한다. 제2유형은 보통 동기에 의한 살인으로 보통의 살인이 이에 해당한다. 제3유형은 동기에 특히 비난할 사유가 있는 경우, 살인에 대한 희열 등 살해욕의 발로인 경우, 상속재산 또는 보험금을 노린 살인 등 재산적 탐욕에 기인한 경우, 조직폭력 집단 간의 세력다툼에 기인한 경우 등이 이에 포함된다. 이처럼 살인죄만 하더라도 범죄의 정도나 피고인의 사정이 천차만별이다. 이런 이유로 양형은 다종다양하다.

하지만 동일한 범죄에 대한 형벌의 양은 기본적으로 같아야 한다. 이럴 때 법 앞의 평등이 실현된다. 권력에 의해, 그리고 돈에 의해 형량이 좌우되면 그것은 곧 유권무죄, 유전무죄라는 극단적인 상태가 되어 버린다. 이러한 현실을 막기 위해 법률은 양형위원회를 두어 양형기준을 정하도록 규정하고 있다. 양형기준을 정할 때의 원칙은 다음과 같다.

① 범죄의 죄질, 범정(犯情) 및 피고인의 책임 정도를 반영할 것
② 범죄의 일반예방과 피고인의 재범 방지 및 사회복귀를 고려할 것
③ 같은 종류 또는 유사한 범죄에 대해서는 고려해야 할 양형 요소에 차이가 없으면 양형에서 서로 다르게 취급하지 아니할 것
④ 피고인의 국적, 종교 및 양심, 사회적 신분 등을 이유로 양형상 차별을 하지 아니할 것

양형기준은 공개되고 법관은 형의 종류를 선택하고 형량을 정할 때 이를 존중해야 한다. 그러나 법적 구속력은 없다. 그렇다고 너무 구속력이 없으면 어렵게 양형기준을 만들 이유가 없다. 이 때문에 사실상의 구속력을 인정한다. 법관이 양형기준을 벗어난 판결을 하는 경우에는 판결서에 양형의 이유를 적어야 한다. 논리적, 심리적 구속력을 부여하는 것이다. 이러한 양형의 원칙과 구속력은 배심원의 평결에도 동일하게 적용된다. 자세한 양형기준은 대법원 양형위원회에서 공개하고 있고 법관이 배심원에게 설명한다.

09
새날엔 시민의 재판이 중심
국민참여재판의 개혁방향

국민참여재판은 미완성이다. 「국민의 형사재판 참여에 관한 법률」은 "국민참여재판의 시행경과에 대한 분석 등을 통하여 국민참여재판 제도의 최종적인 형태를 결정하기 위하여 대법원에 국민사법참여위원회를 둔다"고 하여 국민참여재판의 최종형태를 추후에 결정할 것이라고 예고한다.

국민참여재판이 미완성이므로 최종형태를 어떻게 할 것인가를 두고 많은 시민과 학자들이 논쟁하고 있다. 방향은 국민참여재판을 내용과 형식 면에서 모두 확대하는 것이다. 국민참여재판 제도를 축소하거나 폐지하여 다시 법관재판으로 되돌아갈 수는 없다. 법률도 국민참여재판의 최종형태를 결정하도록 하고 있을 뿐 국민참여재판의 존폐까지 검토하도록 규정하지는 않는다. 이 장에서는 시민주권주의 관점에서 아직 미흡한 국민참여재판의 개혁방향을 살펴본다.

배심제를 형사재판의 기본형으로

다스리는 자와 다스림을 받는 자는 동일해야 한다

배심재판은 민주주의 시대에 국민주권주의, 시민주권주의를 재판에서 실현하는 가장 좋은 방법이다. 사법 자체를 민주화할 수 있으며 시민을 위한 재판을 넘어 시민에 의한 재판을 만들 수 있다. 역사적으로 보아도 민주주의와 배심재판은 운명을 같이한다. 시민이 시민을 재판한다는 배심제의 구상은 다스리는 자와 다스림을 받는 자가 동일해야 한다는 민주주의 근본 원칙과 상통한다. 시민들도 재판에 직접 참여함으로써 민주주의를 경험할 수 있고 배울 수 있다.

국가공권력의 남용을 통제하는 데 배심재판 이상의 방법은 없다. 국가가 공권력을 남용하여 시민의 자유와 권리, 재산을 침해할 때 시민의 대표인 배심원이 이를 통제할 수 있기 때문이다.

민주주의 원리를 재판에서 구현하는 배심제는 재판의 기본형태가 되어야 한다. 배심제가 재판의 기본형태가 되어야 한다는 것은 다음 두 가지를 포함한다. 첫째, 원칙적으로 무겁고 중요한 사건은 모두 배심재판의 대상이 되어야 한다. 둘째, 판사가 아닌 배심원들이 사실관계를 인정해야 한다. 사실관계 판단은 배심원이, 법률 적용은 판사가 담당해야 한다.

배심재판은 중한 사건에 집중한다

배심재판이 재판의 기본형태가 되면 모든 형사사건이 배심재판의 대상이 된다. 하지만 배심재판으로 모든 재판을 운영하려면 많은 인력과 예산이 든다. 시간도 엄청나게 걸리고 번거롭다. 사법업무도 국가업무의 일종인 만큼 이에 대한 정책적 판단이 필요하다. 그리고 사건에 따라서는 신속히 재판하는 것이 오히려 피고인에게 유리한 경우도 있다.

따라서 경미한 사건, 예를 들어 시민의 자유와 권리에 대한 침해가 미약한 범죄인 경우에는 배심재판이 아닌 법관재판으로 진행할 수 있다. 음주운전이나 무면허운전, 상처가 남지 않는 가벼운 폭행이나 모욕, 이웃집 사이의 다툼 등은 사안이 경미하고 간단하며 오히려 신속히 재판하는 것이 당사자에게 유리하다.

이때 필요한 원칙이 선택과 집중의 원칙이다. 시민의 자유와 권리를 심각하게 침해하는 무겁고 중요한 사건은 배심재판으로 신중히 처리하고 그렇지 않은 사건은 법관재판으로 신속히 처리하는 것이 선택과 집중의 원칙이다.

무겁고 중요한 사건이더라도 피고인 본인이 원하지 않는 경우 굳이 배심재판을 할 필요는 없다. 구체적인 재판과정에서는 피고인의 선택을 존중해야 한다. 피고인에게 무엇이 유리하고 불리한지는 피고인이 결정해야 하고 법원은 이를 존중해야 한다. 다만 배심재판의 가능성이나 내용을 알지 못해 배심재판을 선택하지 못하는 잘못을 저지르지 않도록 피고인을 도와주는 장치는 필요하다. 법률전문가인 변호인을 선임하여 변호인의 도움을 받도록 하는 것이 가장 간명한 방법이다.

더 많은 사건을 배심재판으로 진행한다

배심재판이 활성화되려면 배심재판이 지금보다 훨씬 많이 그리고 자주 이루어져야 한다. 배심재판의 본고장인 미국과 같이 최소한 정식으로 진행되는 형사재판의 2~3% 정도는 배심재판으로 이루어져야 한다. 이렇게 될 때 배심재판이 재판의 기본형태라는 사실을 시민들과 판사가 자연스럽게 받아들일 것이다.

우리의 정식재판, 즉 서류로 하는 약식재판이 아니라 법정에 출석하여 진행하는 공판사건은 2014년 현재 269,077건이고 10년 평균 261,106건이다. 따라서 최소한 5천 건 정도는 배심재판으로 진행되어야 한다. 이런 측면에서 보면 현재 배심재판의 수는 너무 적다.

배심재판의 수를 늘리기 위해서는 시민에 대해서는 배심재판 홍보가 필요하고 피고인에 대해서는 자세한 설명이 필요하다. 그리고 제도적으로 법원이 배제결정을 할 수 있는 경우를 줄여야 한다. 또한 법원은 제도를 운용하면서 피고인의 의사를 최대한 존중하여 배제결정을 자제해야 한다.

한편, 피고인이 국민참여재판을 원함에도 검사가 국민참여재판 배제를 법원에 신청할 수 있도록 하자는 의견이 있다. 2014년 법무부가 국회에 제출한 「국민의 형사재판 참여에 관한 법률」 개정안은 검사에게 국민참여재판 배제신청권을 부여하고 있다. 이 개정안은 시민의 배심재판을 받을 권리를 제약하고 국민참여재판을 축소하려는 목적에서 나온 것이다. 국민참여재판을 부정적으로 보는 검찰과 법무부의 시각을 확인할 수 있다.

법무부의 개정안은 검사에게 국민참여재판 회부신청권까지 부여하고 있다. 이렇게 되면 피고인인 시민이 원하지 않더라도 국민참여재판을 받아야 하는 경우가 발생한다. 하지만 시민이 국민참여재판을 받을 권리는 국가공권력의 횡포로부터 자신을 지키기 위한 권리이지 의무가 아니다. 만일 피고인이 국민참여재판이 법관재판보다 불리하다고 생각하는데도 국민참여재판을 강요한다면 이는 불리한 재판을 강요하는 것으로 피고인의 방어권을 침해한다. 국민참여재판은 항상 피고인이 신청하는 경우에만 인정될 수 있을 뿐이다.

법무부의 개정안은 피고인을 보호하고 국가공권력을 통제하기 위한 국민참여재판을 피고인을 공격하기 위한 제도로 변질시키는 것이다. 법무부의 개정안은 철회되어야 하고 국민참여재판을 확대시키는 방향의 개정안이 마련되어야 한다.

법관재판 중심의 사고방식은 사라져야 한다

국민참여재판, 배심제를 재판의 기본형으로 하는 데 장애요인은 여러 곳에 있다. 대표적인 예는 국민참여재판에 대응하는 법관재판 절차를 '통상절차'라고 부르는 법률용어 사용의 문제다. 「국민의 형사재판 참여에 관한 법률」은 "법원은 피고인의 질병 등으로 공판절차가 장기간 정지되거나 피고인에 대한 구속기간의 만료, 성폭력 범죄 피해자의 보호, 그 밖에 심리의 제반 사정에 비추어 국민참여재판을 계속 진행하는 것이 부적절하다고 인정하는 경우에는 직권 또는 검사·피고인·변호인이나 성폭력 범죄 피해자 또는 법정대리인의 신청에 따라 결정으로 사건을 지방법원 본원 합의부가 국민참여재판에 의하지 아니하고 심판하게 할 수 있다"고 하면서 이 절차를 통상절차 회부라고 부른다. 이 법률에 의하면 법관재판이 통상재판이다.

보통 통상재판이라는 말은 일반적으로 행해지는 재판이라는 의미도 있지만 이를 넘어 재판의 기본형태라는 의미도 지닌다. 아무래도 많이 이루어지는 것이 기본형임은 틀림없다.

우리는 근대 사법 역사상 한 번도 배심재판을 경험하지 못했다. 경험하지 않은 현상은 항상 어색한 법이다. 우리가 법관재판을 정상적이고 기본적인 형태로 생각하는 것은 어쩌면 자연스러운 현상일지도 모른다.

하지만 이미 살펴본 바와 같이 세계적으로 배심재판은 광범위하게 이루어지고 있다. 그리고 민주주의 발전과정에서 배심재판이 확대되고 있다. 배심재판이 국가공권력의 남용을 억제하고 시민의 자유와 권리를 지키는 데 가장 적합한 제도이기 때문이다. 민주주의가 더욱 필요하고 시민의 인권을 보호해야 할 필요성이 더 높아진 지금 요구되는 재판형태는 배심재판이다. 아직 남아 있는 법관재판이 재판의 기본형태이고 배심재판은 예외적인 형태라는 사고방식은 하루속히 불식시켜야 한다. '통상절차 회부'라는 용어는 '법관재판 회부'라는 용어로 바뀌어야 한다.

권고적 효력을 기속적 효력으로

배심원 평결은 판사가 뒤집을 수 없어야 한다

배심원의 평결은 사실인정에 관한 한 최종적이어야 하고 판사가 함부로 뒤집어서는 안 된다. 판사는 법률전문가이지 사실판단 전문가가 아니다. 형사재판에서 다루어지는 대부분의 사실은 건전한 상식을 가진 시민이라면 충분히 판단할 수 있다. 더구나 우리나라는 시민의 수준이 상당히 높기 때문에 사실인정에 어려움이 거의 없다. 교육수준은 세계 최고다. 한글의 우수성 덕분이지만 문맹은 적고 대부분이 문자를 해독할 수 있다. 그리고 미국과 같은 인종이나 종교의 문제는 거의 없는 편이다. 과거에는 판사만이 고등교육을 받고 전문적 지식을 쌓았다고 할 수 있지만 지금은 대부분의 시민이 고등교육을 받고 해당 분야에 전문지식을 가지고 있다. 전문성이나 사회성이 판사보다 적은 것이 아니다.

이런 면에서 한 명 또는 3명의 판사가 사실을 판단하는 것보다 9명 혹은 12명의 배심원이 치열한 토론을 통해 사실을 인정하는 것이 훨씬 정확하다. 그리고 국가의 입장이 아닌 시민의 입장에서 판단하므로 훨씬 안전하다.

만일 배심원의 평결을 판사가 아무렇게나 뒤집을 수 있다면 왜 어렵게 배심원을 모아 재판을 하는지 이해할 수 없는 지경에 이른다. 배심원은 재판의 장식물이 되어 재판의 정당성만 보장하는 역할을 하게 된다. 일반시민의 건전한 상식에 기초한 판단을 존중한다면 당연히 그 결정인 평결에 대해 기속적 효력을 부여해야 한다. 이렇게 될 때 배심원은 법원의 장식물이 아니라 실제 재판을 하는 주체가 된다.

법무부의 「국민의 형사재판 참여에 관한 법률」 개정안은 배심원의 평의, 평결 절차 또는 내용이 헌법·법률·명령·규칙 또는 대법원 판례에 위반되는 경우, 평결의 내용이 논리법칙 또는 경험법칙에 위반되는 경우, 그 밖에 평의·평결의 절차 또는 내용이 부당하다고 인정할 만한 사유가 있는 경우에 법원이 배심원의 평의·평결을 배척할 수 있도록 제안한다. 배심원의 평의·평결의 효력을 오히려 지금보다 약화시키려고 의도하고 있다.

이렇게 되면 모든 국민참여재판이 법관재판이 되고 배심원들이 결정할 수 있는 것은 아무것도 없게 된다. 일반시민의 건전한 상식을 반영할 수도 없고, 배심원을 통해 법원을 견제할 수도 없다. 국가공권력 견제를 통해 시민의 자유와 인권을 지킬 수 없어 배심재판의 기본 목적을 달성할 수 없다.

법무부의 개정안은 배심재판에 대한 기본적 이해가 부족할 뿐 아니라 배심재판에 적대적이기까지 하다. 이 개정안의 궁극적 목적은 배심재판을 없애는 것이겠지만 그렇게는 할 수 없으니 배심재판이 아닌 배심원이 구경하는 법관재판, 즉 배심입회재판을 만들고 싶은 것이다. 현 법무부의 개정안은 철회되어야 한다.

배심원 수는 현재보다 늘려야 한다

배심원 평결에 판사를 구속하는 기속력을 부여하기 위해서는 배심원 수가 증가해야 한다. 배심원은 기본적으로 12명으로 구성되어야 한다. 반드시 12명이어야 할 논리적 필연성은 없지만 배심제 역사는 그

것이 가장 적합한 수임을 보여준다. 12명보다 많으면 토론은 불가능하고 12명보다 적으면 신중한 판단을 하기 어렵다. 특히 중한 사건, 사형이나 무기징역을 선고할 수 있는 사건에서는 12명이 반드시 필요하다. 신중하게 심리해야 하기 때문이다.

현행법은 5명, 7명, 9명의 배심원을 구성할 수 있도록 되어 있다. 이를 일괄하여 12명으로 규정하는 것이 바람직하다. 다만 예외적으로 일부 가벼운 사건이나 당사자가 무죄를 다투지 않고 자백하는 사건에서는 숫자를 줄일 수 있다. 그렇다고 하여 5명까지 줄일 수는 없고 최소 배심원은 9명이 되어야 할 것이다.

유죄평결은 만장일치를 원칙으로 한다

배심원의 유죄평결은 다수결이 아닌 만장일치여야 한다. 배심원의 만장일치는 피고인이 유죄라는 확신, 합리적 의심이 없을 정도의 확신을 준다. 앞에서 살펴본 대로 형사재판에서 유죄인정은 합리적 의심이 없을 정도로 증명되어야 한다. 유죄인정은 피고인에게 회복할 수 없는 피해를 미치기 때문이다.

현재 국민참여재판의 배심원 평결은 유무죄에 대해 만장일치를 원칙으로 하지만 만일 만장일치에 도달하지 않으면 다수결의 방법으로 하게 되어 있다. 이렇게 되면 최소한 두 가지 문제가 발생한다.

첫째, 간신히 한 명이 많아서 유죄를 평결한 경우의 문제다. 현행대로 9명의 배심원이라고 가정해 보면 5명이 유죄, 4명이 무죄라고 판단했음에도 유죄를 선고한다면 이것은 언뜻 보아도 합리적 의심이 남는 유죄판결이다. 건전한 상식을 가진 시민 중 거의 절반이 유죄인정에 합리적 의심이 있다고 본 것이므로 합리적 의심이 없는 확신을 갖고 유죄선고를 했다고 할 수 없다. 따라서 건전한 상식을 가진 일반시민의 합리적 의심을 없애려면 만장일치가 되어야 한다.

둘째, 다수결 방식은 토론의 장애물이 될 수 있다. 만장일치로 유죄를 결정해야 한다면 유죄인정을 위해 치열한 토론이 벌어질 수밖에 없다. 유죄를 주장하는 사람은 무죄를 주장하는 사람을 최선을 다해 설득하게 되고 반대의 경우도 같다. 다수의 의견과 다른 배심원은 자신의 의견을 바꿀 것인지를 두고 심각하게 고민하게 된다. 영화 〈12명의 성난 사람들〉에서 주인공 헨리 폰다가 다른 사람을 설득하여 무죄판결을 끄집어낼 수 있었던 근본 원인은 만장일치 시스템 때문이다. 하지만 다수결이 되면 상대방을 설득하는 노력을 쉽게 포기할 수 있다. 유죄인정에 그만큼 신중하지 않게 되는 것이다.

배심원의 유죄평결은 만장일치로 이루어져야 한다. 그렇지만 마지막까지 만장일치가 되지 않을 경우도 있을 수 있다. 이때에는 예외적으로 가중 다수결로 평결해도 될 것이다. 12명의 배심원이라면 10명의 찬성으로 유죄를 평결할 수 있다고 본다. 다만 전제조건은 필요하다. 하루 이상의 충분한 토론 시간이 주어지고 배심원이 최선을 다해 토론해야 한다는 전제조건이다.

배심원 평결에 대한 상소는 제한되어야

배심원의 사실인정에 대한 상소는 제한되어야 한다

현행 국민참여재판은 상소가 제한 없이 인정된다. 법관재판과 같이 법률문제와 사실문제에 대해 불만이 있다면 피고인이나 검사 모두 항소와 상고를 할 수 있다. 특히 배심제의 본고장 미국과는 달리 무죄판결에 대해서도 검사는 상소를 할 수 있다. 이에 따라 동료 시민에 의해 무죄로 판결받은 피고인이 다시 판사들만으로 구성된 항소심과 상고심에서 유죄판결을 받을 위험에 처한다.

배심재판을 지향하는 국민참여재판의 항소는 사실오인을 이유로 허용되어서는 안 되고 법률문제에 불만이 있는 경우에 한정되어야 한다. 법률을 잘못 적용했거나 법률해석을 잘못한 경우, 법률이 정한 절차를 위반한 경우에만 상소가 허용되어야 한다. 즉, 법원과 배심원이 법에 정해진 절차에 따라 구성되지 않은 경우, 진술거부권을 고지하지 않고 얻은 자백이나 영장에 의하지 않고 수집한 물증 등 사용해서는 안 되는 위법한 증거를 증거로 사용한 경우, 변호인이 없음에도 불구하고 국민참여재판을 강행한 경우, 배심원에 대한 재판장의 설명이 잘못된 경우, 피고인이나 변호인에게 최후진술을 할 기회를 주지 않은 경우 등이 이에 해당한다.

국민참여재판에서 상소를 제한해야 하는 이유는 다음과 같다.

첫째, 배심재판은 사실인정에 관한 한 건전한 상식을 가진 일반시민이 판단하도록 한 제도이다. 그런데 사실인정이 잘못되었다고 해서 상소를 하여 상소심 판사가 사실인정을 해 버린다면 배심재판을 사실상 법관재판으로 대체해 버리는 것이 된다. 이렇게 되면 국민참여재판은 하나의 장식품으로 전락한다.

둘째, 상소심에서는 배심원을 구성할 수 없다. 법관은 1심 법관과 상소심 법관에 차이가 있을 수 있다. 상소심 법관이 더 많은 사건을 처리해 보았고 법률지식이 더 많다고 가정할 수 있기 때문이다. 하지만 상소심 배심원이 1심 배심원보다 더 나을 수는 없다. 모두 일반시민이기 때문이다. 하나의 사건에 배심원은 단 한 번 구성될 뿐이다. 그렇다면 검사와 피고인이 공방을 직접 벌이는 1심 재판에서 배심원을 구성해야 하고 사실인정에 관한 1심 배심원의 의견이 그 사건에 관한 한 최종의견이 되어야 한다.

셋째, 법률적용이나 해석에 잘못이 있어 항소심이 항소를 인정하더라도 직접 사건을 판단해서는 안 된다. 만일 항소심에서 1심 판결을 파기하고 직접 재판해 버리면 피고인에게 배심재판을 받을 기회를 박탈하기 때문이다. 항소심은 판결을 파기환송하고 1심 법원이 다시 배심원을 구성하여 재판해야 한다.

한편, 배심원의 사실인정에 대한 상소제한은 배심원의 평결에 구속적 효력을 부여하는 것과 동시에 추진해야 한다. 모두 배심원 평결의 효력을 강화하는 방안이다.

검사의 무죄 항소는 배제되어야 한다

국민참여재판의 항소 중 검사의 항소는 더 제한되어야 한다. 배심제의 본고장인 미국처럼 검사의 무죄판결에 대한 항소는 허용되지 않아야 한다. 무죄판결에 대해 검사의 항소를 인정하면 동료 시민인 배심원들에 의해 무고한 것으로 판명된 피고인을 두 번, 세 번 유죄판결을 받을 위험에 빠뜨린다.

검사의 무죄판결 항소를 제한하더라도 검사에게 불리하지 않다. 검사는 국가와 사회를 대리하여 국가공권력을 동원해 수사하고 재판을 이끈다. 검사로 대표되는 국가는 이미 피고인에 대해 압도적 위치에 있다. 변호인이 선임되어 피고인을 돕더라도 사정은 크게 변하지 않는다.

피고인에 대해 압도적 위치에 있는 검사는 법정에서 피고인의 유죄를 합리적 의심이 없을 정도로 입증해야 한다. 만일 배심원이 무죄로 평결했다면 이는 검사가 자신의 의무를 다하지 못한 것이 된다. 이런 상태에서 항소를 허용하면 검사의 잘못을 상소심 판사에게 전가시키고 검사에게 두 번, 세 번의 기회를 주는 것이 된다. 원래 많은 무기를 가진 검사에게 또 다른 무기를 주는 셈이다.

그리고 검사의 무죄판결 항소는 검사에게는 아무런 부담이 없다. 하지만 동료 시민에 의해 무죄판결을 받은 피고인은 다시 유죄판결을 받을 위험에 처한다. 매우 심각한 불이익이고 불균형이다. 이처럼 검사의 무죄판결 항소를 제한할 때 검사와 피고인의 평등은 간신히 확보할 수 있다. 물론 검사도 법률적용이나 해석이 잘못되었거나 법률이 정한 절차를 지키지 않은 경우와 같이 법률문제에 불만이 있을 때에는 항소를 할 수 있다.

한편, 피고인의 유죄판결에 대한 항소는 제한이 없다. 법률문제에 불만이 있는 경우는 당연히 항소할 수 있고 사실오인에 대해서도 일정한 경우 상소할 수 있다. 국민참여재판에서 제출할 수 없었던 새로운 결정적 증거가 있다면 상소를 통해 잘못을 바로잡아야 한다. 아무리

절차를 다 지켰다고 하더라도 무고한 자를 처벌해서는 안 되고 오판을 방치해서는 안 된다. 1심 판결 후 형이 폐지되거나 변경 또는 사면이 있을 때, 간통죄와 같이 범죄가 위헌임이 결정되었을 때에도 피고인에게 상소를 허용해야 한다. 피고인의 행위가 범죄가 되지 않거나 처벌할 필요가 없다고 선언되었기 때문이다.

검사에 대항하는 피고인의 방어권은 강화해야

배심재판인 국민참여재판이 제대로 정립되려면 피고인의 방어권이 강화되어야 한다. 일반시민인 배심원을 설득하는 데 직업 공무원이자 법률전문가인 검사에 대항하여 일생에 거의 처음으로 재판을 받는 피고인이 자유롭고 대등하고 유능하게 변호할 가능성은 없다. 재판이 시작되는 순간부터 불균형이 발생한다. 이런 불균형이 있으면 공정한 재판이라 할 수 없다. 검사와 피고인은 법률지식에 관한 한 마치 성인과 어린이에 비유할 수 있다.

이러한 불균형을 시정해 주는 역할을 변호인이 한다. 법률전문가인 변호사가 변호인이 되어 피고인을 도와야 피고인은 제대로 자신을 방어할 수 있다. 피고인이 충분히 방어권을 행사해야 공정한 재판이 된다. 나치에 대한 뉘른베르크 재판에서도 변호인은 선임되었다. 우리의 국민참여재판도 변호인이 선임되어야만 재판을 할 수 있는 필요적 변호사건이다.

하지만 현행법은 피고인이 국민참여재판을 신청할 것인지 아닌지 결정할 때에는 변호인의 도움을 받지 못하게 되어 있다. 국가가 변호인을 선임하는 단계는 국민참여재판이 시작된 이후이다. 그러나 피고인에게는 국민참여재판 신청 여부가 매우 중요한 문제이기 때문에 이 때에도 법률전문가인 변호인이 꼭 필요하다. 그러므로 재판을 시작하기 전에 국민참여재판을 신청할지 결정하기 위해서 피고인이 변호인을 신청한다면 국가가 변호인을 선임해 주는 체제를 갖출 필요가 있다. 현행 제도보다 변호인 선임의 단계를 앞당기는 것이다.

이 시스템은 피고인으로서 재판을 받는 단계에 앞서 피의자로서 수사를 받는 단계에서 필요시 국선변호인을 선임해 주는 형사공공변호인 제도 구상과 관련이 있다. 즉, 재판 단계뿐만 아니라 수사 단계와 재판 전 단계에서 모두 피고인에 대한 변호인의 지원이 이루어진다면, 피고인의 인권 보호와 공정한 재판이 실현되어 사법의 신뢰 제고에도 긍정적인 영향을 미칠 것이다.